MEMECO ARII

HITORIJIME MY HERO 07

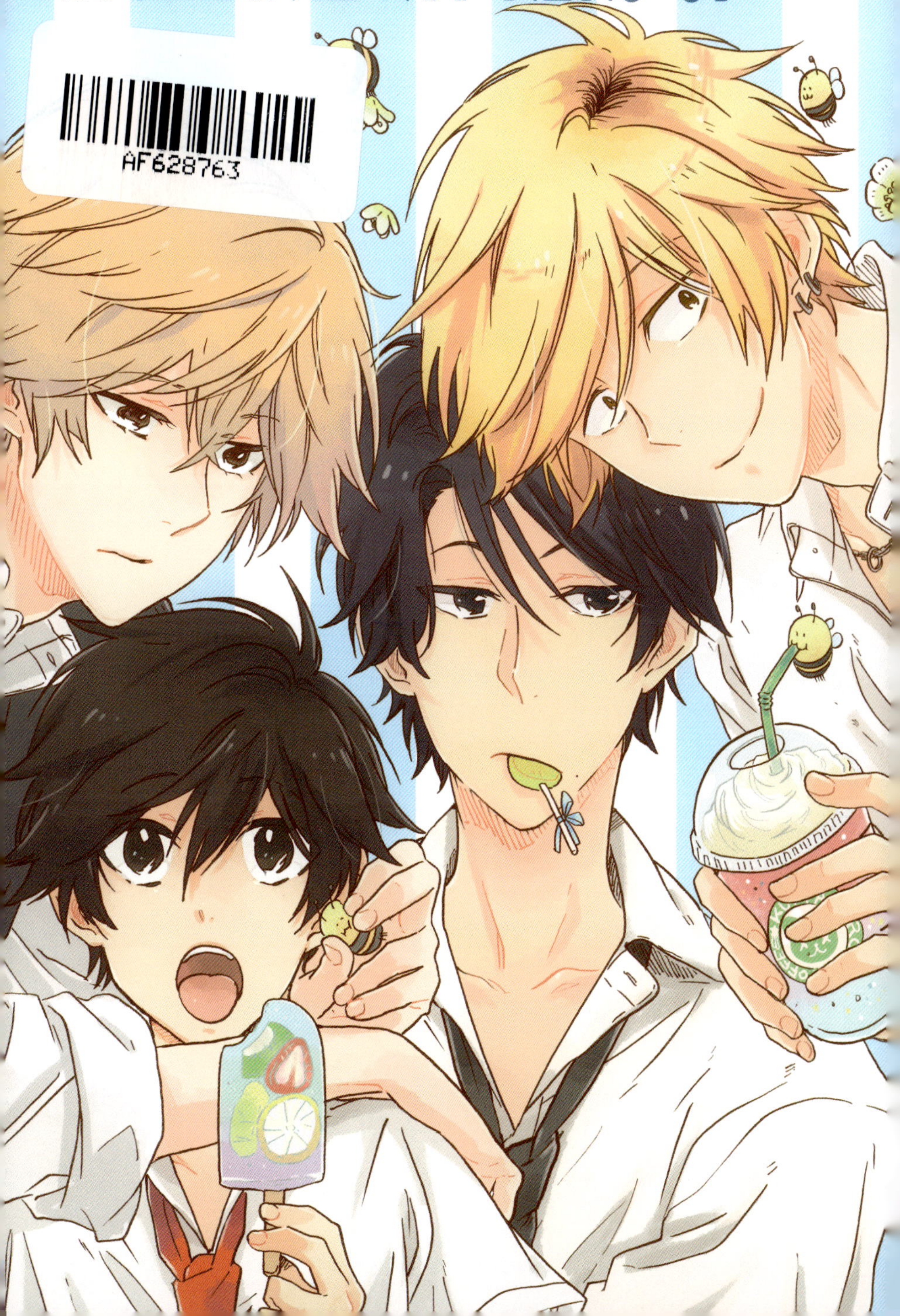

HITORIJIME MY HERO
INHALT

#31 → S. 3
#32 → S. 29
#32.5 → S. 43
#33.5 → S. 51
#33 → S. 63
HITORIJIME BOYFRIEND #6 → S. 77
HITORIJIME BOYFRIEND #7 → S. 97
HITORIJIME MY FRIEND - SHICE, CHAOS UND WINTER 1 → S. 117
HITORIJIME MY FRIEND - SHICE, CHAOS UND WINTER 2 → S. 130
ZUSATZ-KAPITEL - DER NIE HEIMKEHRENDE VATER UND DER WAHRE PAPA - → S. 143
EXTRA - 1 KG LIEBE HAT 7200 KCAL - → S. 153

#31

HITORIJIME MY HERO

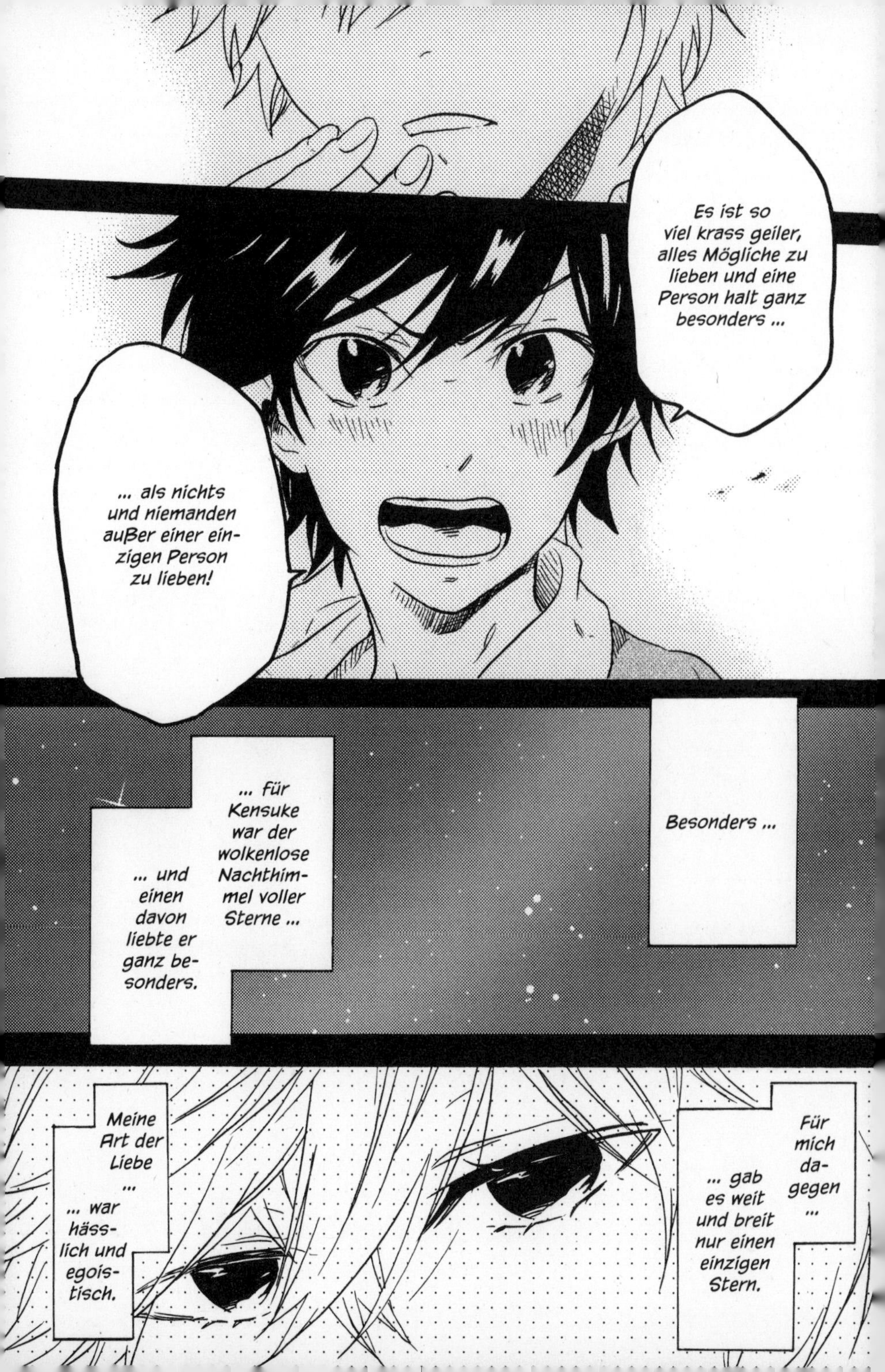
Es ist so viel krass geiler, alles Mögliche zu lieben und eine Person halt ganz besonders ...
... als nichts und niemanden außer einer einzigen Person zu lieben!
Besonders ...
... für Kensuke war der wolkenlose Nachthimmel voller Sterne ...
... und einen davon liebte er ganz besonders.
Für mich dagegen ...
... gab es weit und breit nur einen einzigen Stern.
Meine Art der Liebe ...
... war hässlich und egoistisch.

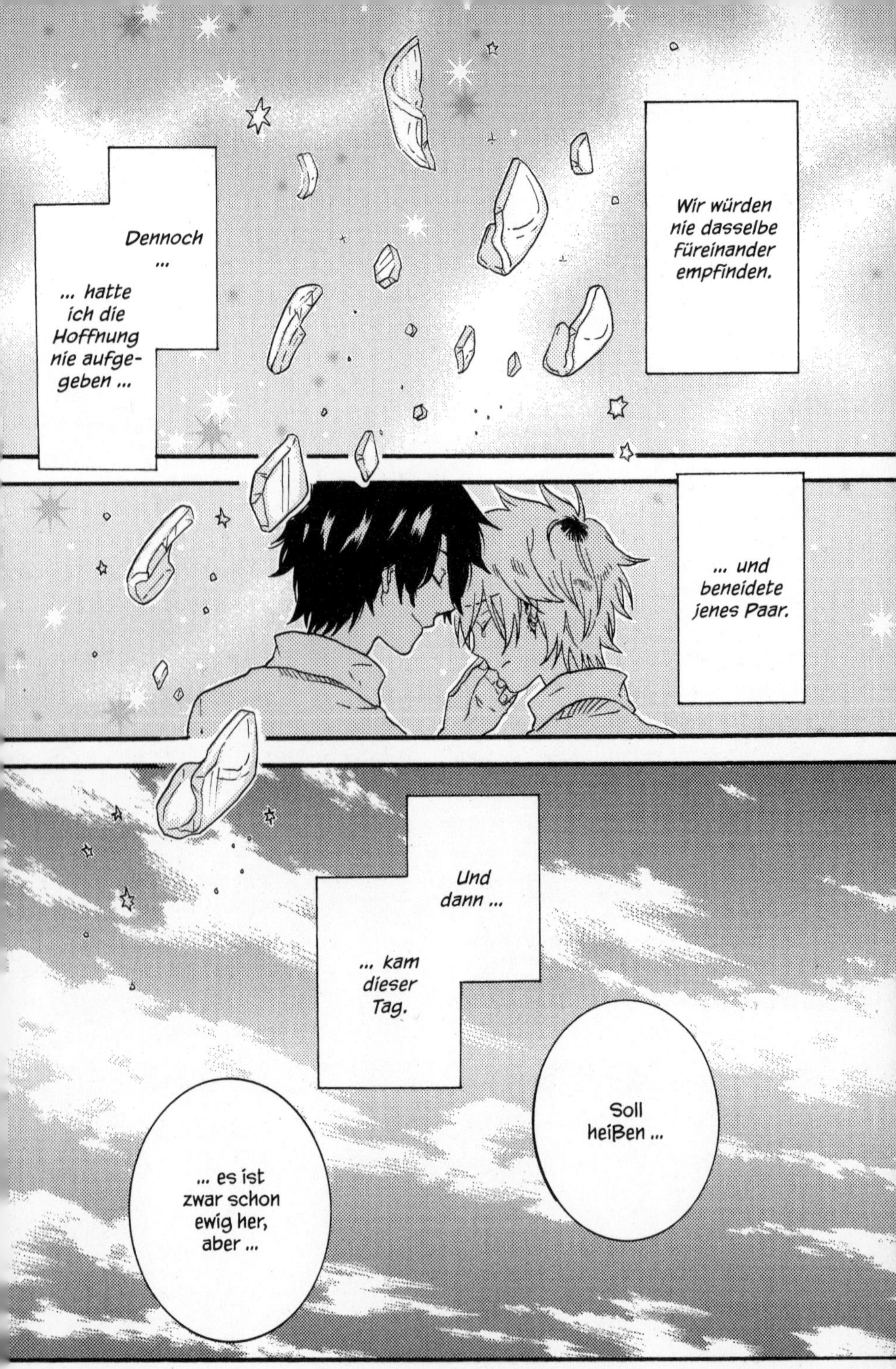
Wir würden nie dasselbe füreinander empfinden.
Dennoch ...
... hatte ich die Hoffnung nie aufgegeben ...
... und beneidete jenes Paar.
Und dann ...
... kam dieser Tag.
Soll heißen ...
... es ist zwar schon ewig her, aber ...

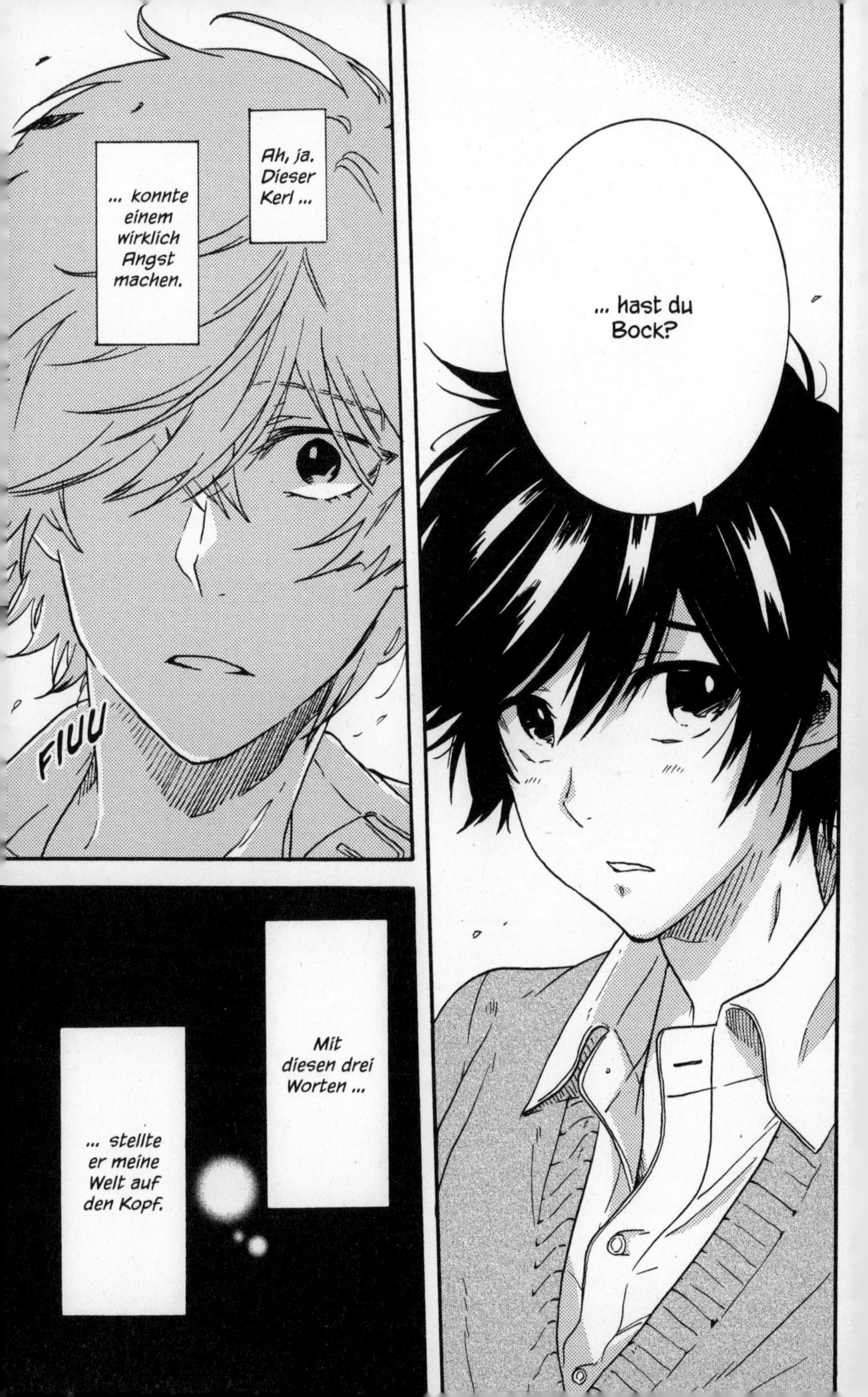
... hast du Bock?
Ah, ja. Dieser Kerl ...
... konnte einem wirklich Angst machen.
FIUU
Mit diesen drei Worten ...
... stellte er meine Welt auf den Kopf.

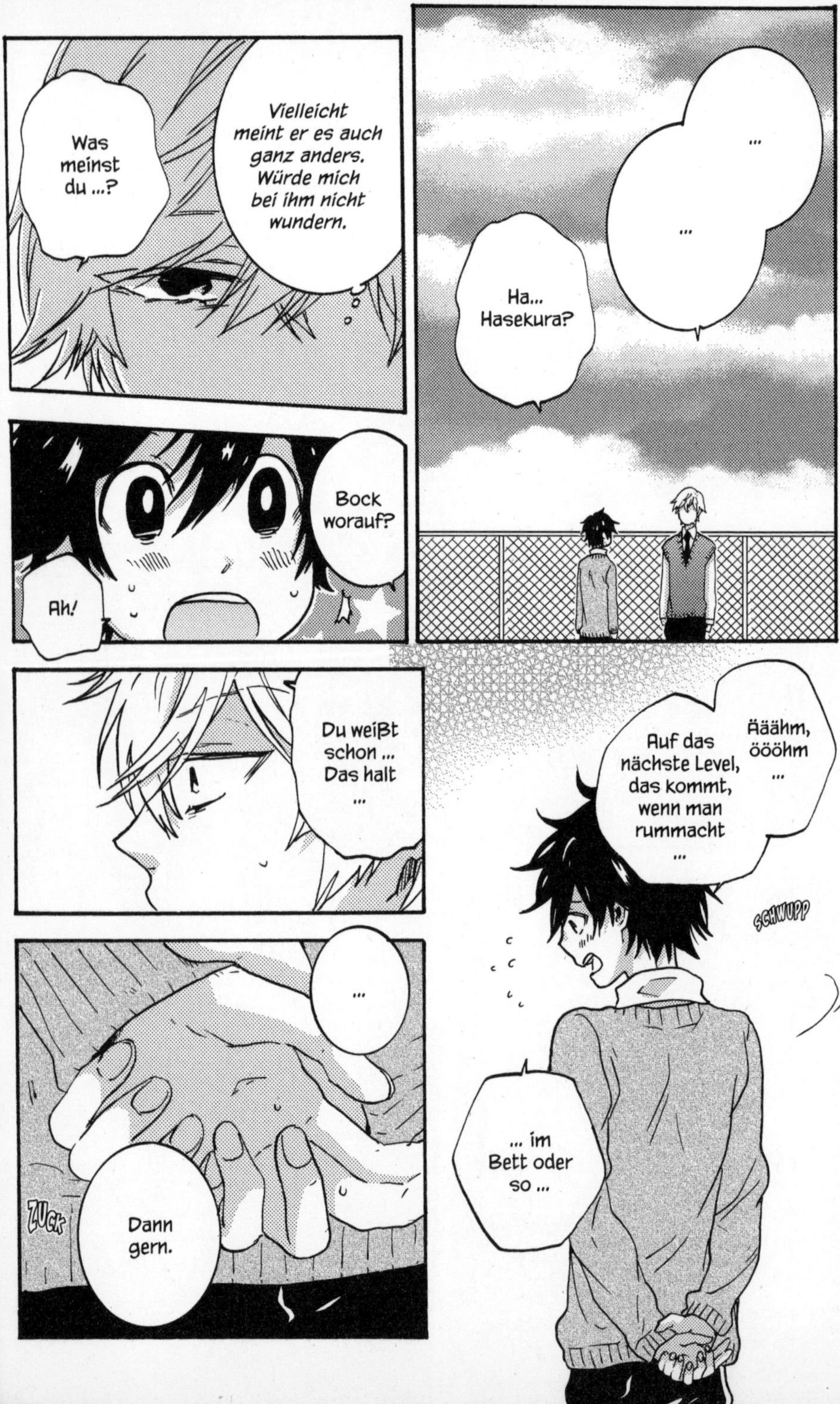
...
...
Ha... Hasekura?
Vielleicht meint er es auch ganz anders. Würde mich bei ihm nicht wundern.
Was meinst du ...?
Bock worauf?
Ah!
Äääähm, öööhm ...
Auf das nächste Level, das kommt, wenn man rummacht ...
... im Bett oder so ...
SCHWUPP
Du weißt schon ... Das halt ...
...
Dann gern.
ZUCK

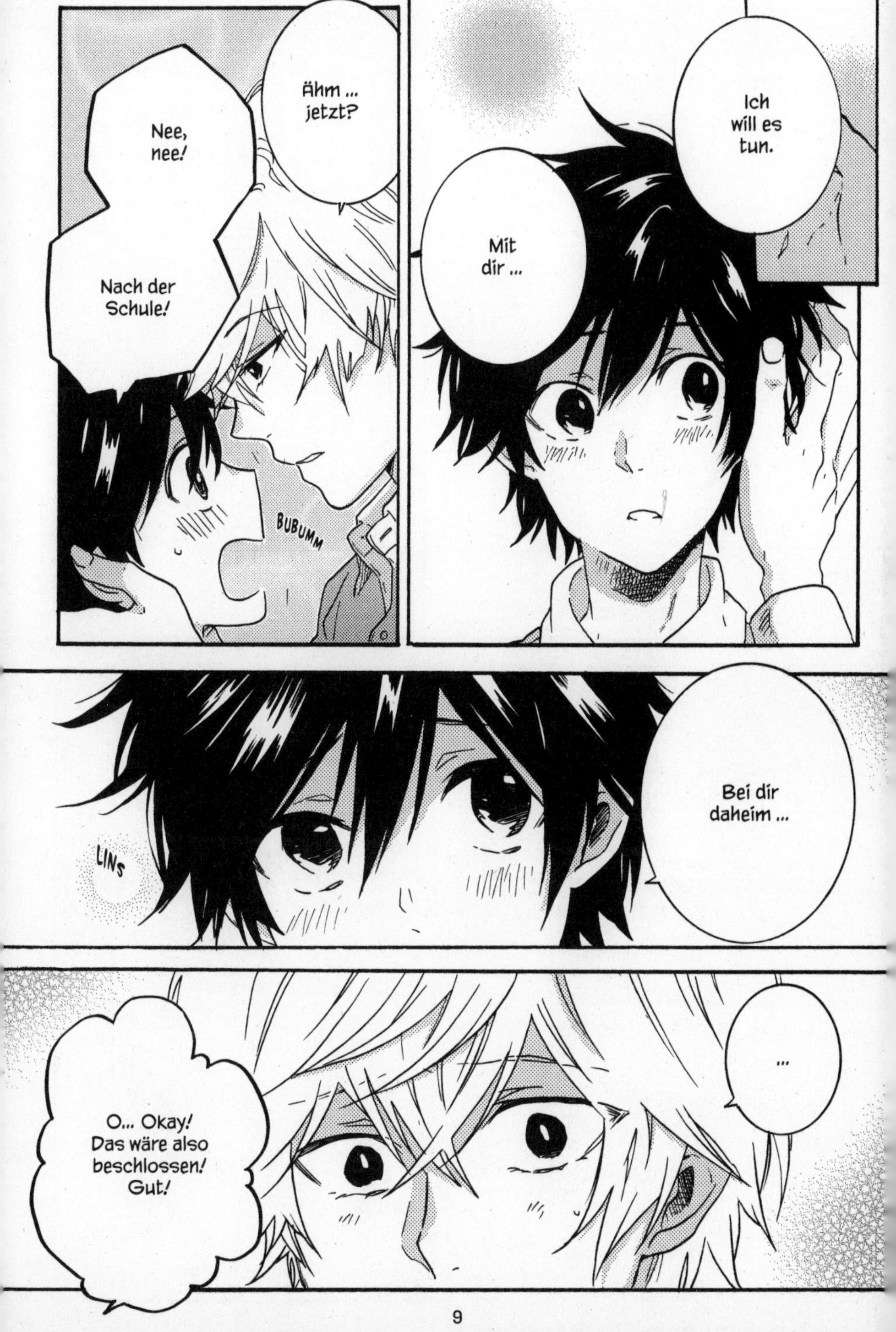
Ich will es tun.
Mit dir ...
Ähm ... jetzt?
Nee, nee!
Nach der Schule!
BUBUMM
Bei dir daheim ...
LINS
...
O... Okay! Das wäre also beschlossen! Gut!

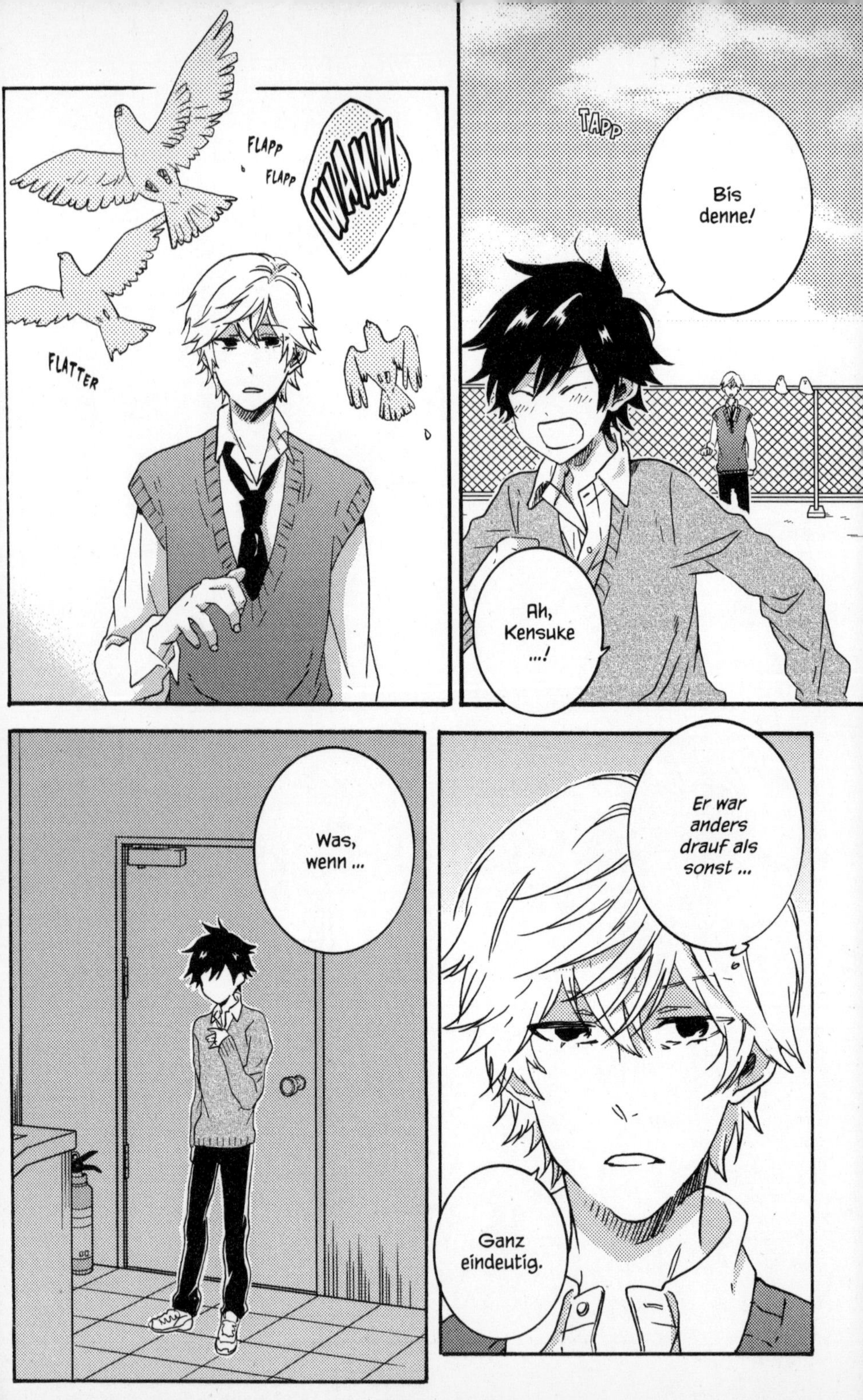
TAPP
Bis denne!
Ah, Kensuke ...!
FLAPP
FLAPP
WAMM
FLATTER
Er war anders drauf als sonst ...
Ganz eindeutig.
Was, wenn ...

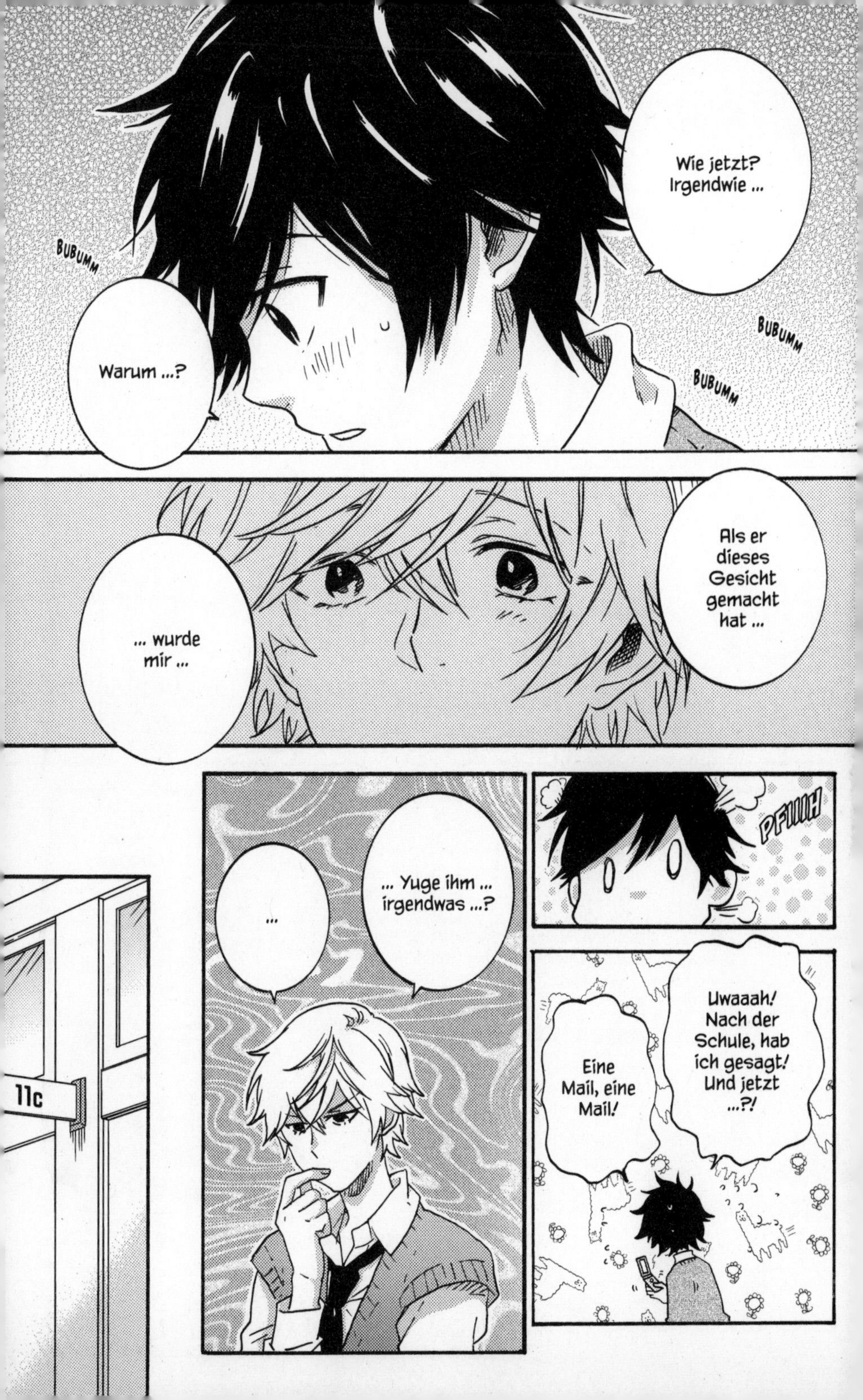
Wie jetzt? Irgendwie ...
BUBUMM
BUBUMM
BUBUMM
Warum ...?
Als er dieses Gesicht gemacht hat ...
... wurde mir ...
PFIIIH
Uwaaah! Nach der Schule, hab ich gesagt! Und jetzt ...?!
Eine Mail, eine Mail!
... Yuge ihm ... irgendwas ...?
...
11c

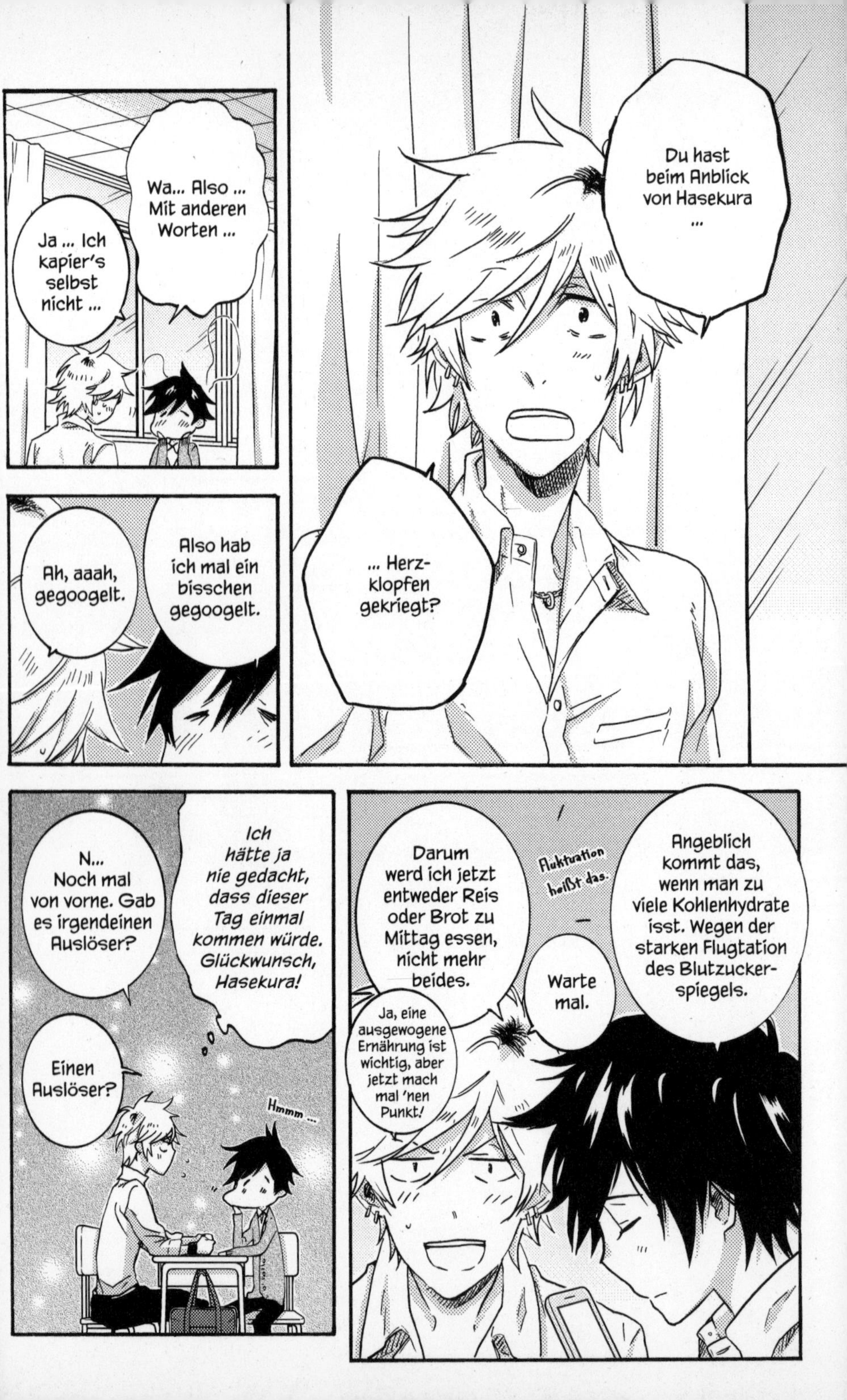
Du hast beim Anblick von Hasekura ...
... Herz-klopfen gekriegt?
Wa... Also ... Mit anderen Worten ...
Ja ... Ich kapier's selbst nicht ...
Also hab ich mal ein bisschen gegoogelt.
Ah, aaah, gegoogelt.
Angeblich kommt das, wenn man zu viele Kohlenhydrate isst. Wegen der starken Flugtation des Blutzucker-spiegels.
Fluktuation heißt das.
Darum werd ich jetzt entweder Reis oder Brot zu Mittag essen, nicht mehr beides.
Warte mal.
Ja, eine ausgewogene Ernährung ist wichtig, aber jetzt mach mal 'nen Punkt!
Ich hätte ja nie gedacht, dass dieser Tag einmal kommen würde. Glückwunsch, Hasekura!
N... Noch mal von vorne. Gab es irgendeinen Auslöser?
Einen Auslöser?
Hmmm ...

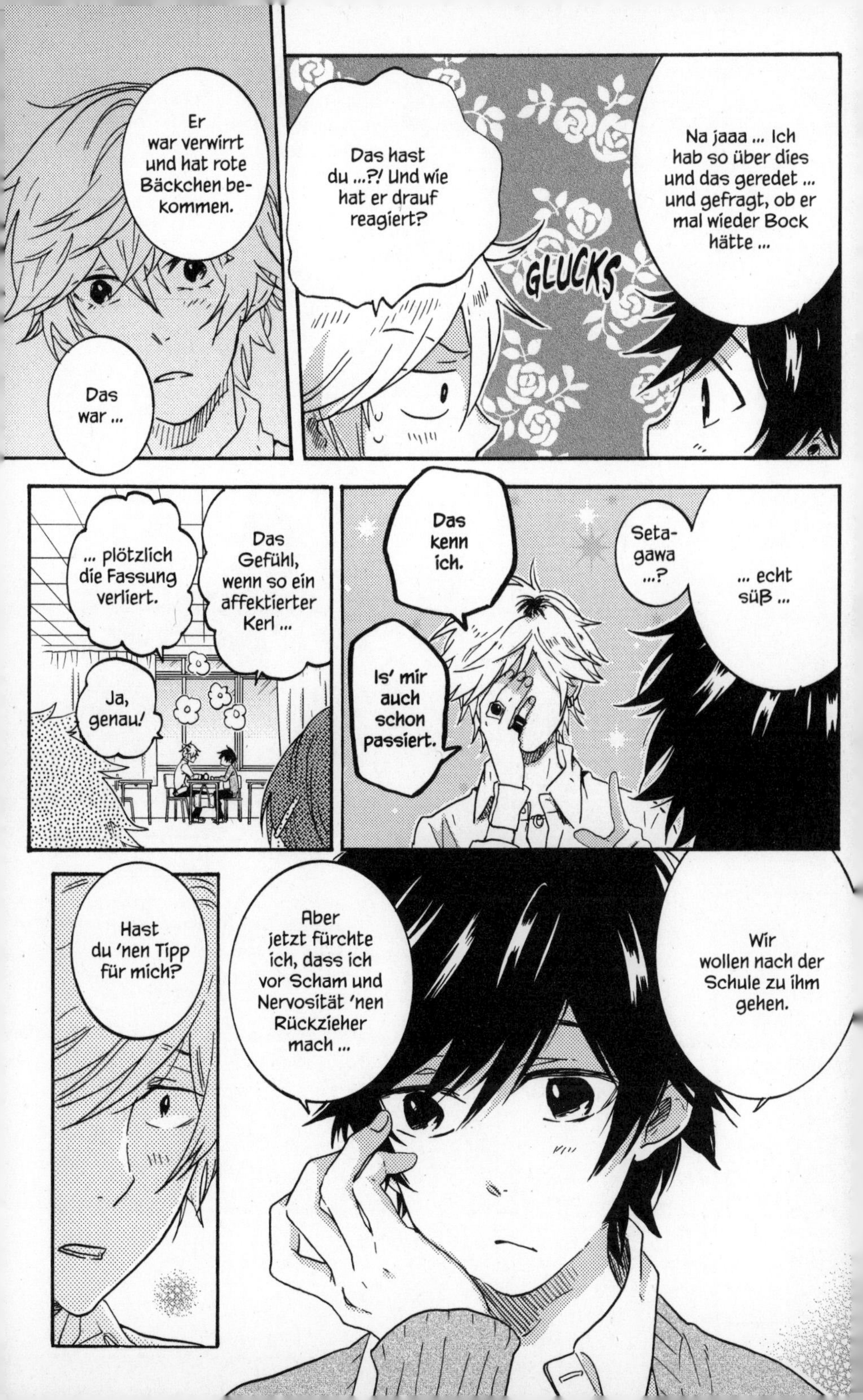
Na jaaa ... Ich hab so über dies und das geredet ... und gefragt, ob er mal wieder Bock hätte ...
GLUCKS
Das hast du ...?! Und wie hat er drauf reagiert?
Er war verwirrt und hat rote Bäckchen bekommen.
Das war ...
... echt süß ...
Seta-gawa ...?
Das kenn ich.
Is' mir auch schon passiert.
Das Gefühl, wenn so ein affektierter Kerl ...
... plötzlich die Fassung verliert.
Ja, genau!
Wir wollen nach der Schule zu ihm gehen.
Aber jetzt fürchte ich, dass ich vor Scham und Nervosität 'nen Rückzieher mach ...
Hast du 'nen Tipp für mich?

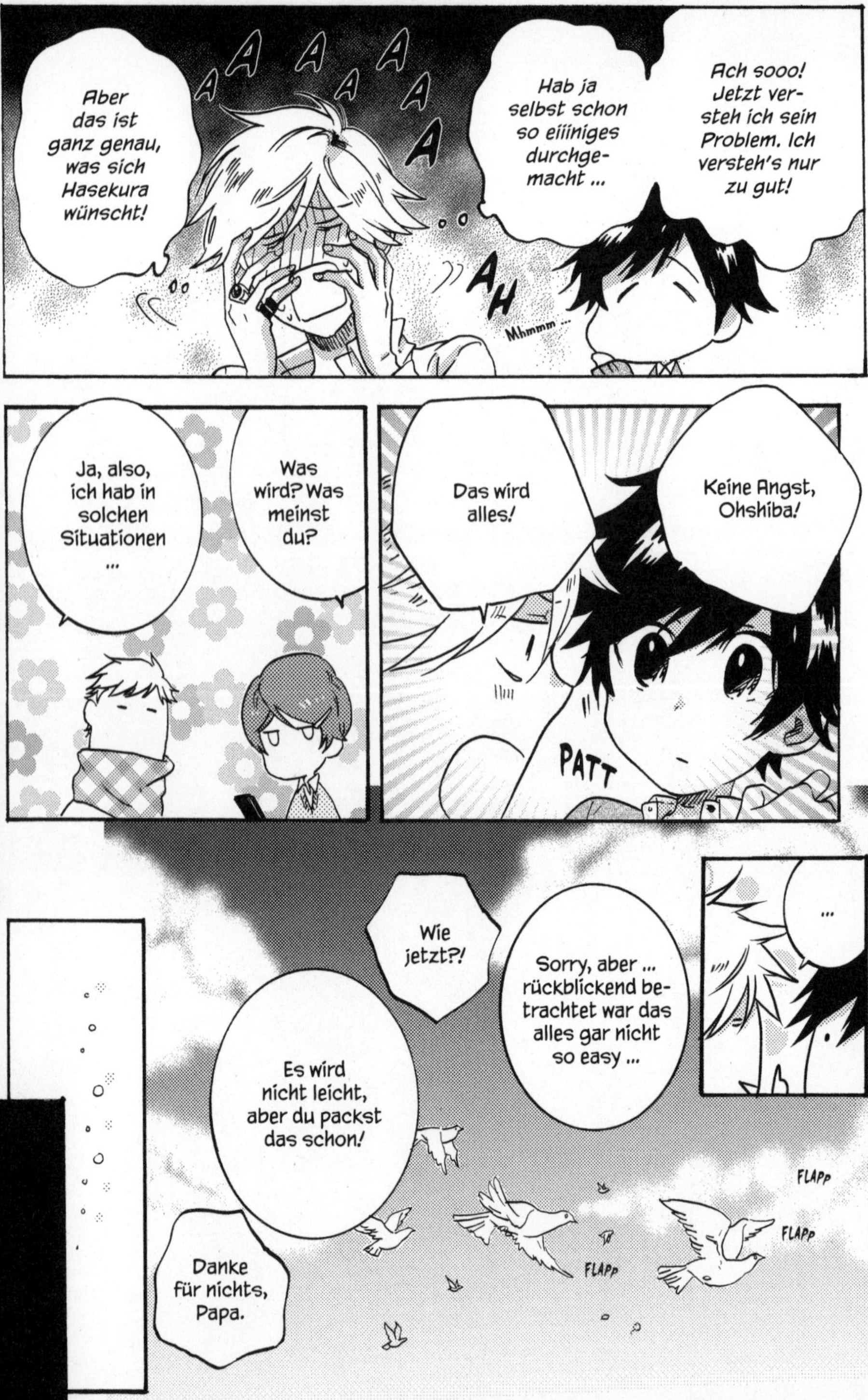
Ach sooo! Jetzt versteh ich sein Problem. Ich versteh's nur zu gut!
Hab ja selbst schon so eiiiniges durchgemacht ...
AAAAAAAA
AH
Mhmmm ...
Aber das ist ganz genau, was sich Hasekura wünscht!
Keine Angst, Ohshiba!
Das wird alles!
PATT
Was wird? Was meinst du?
Ja, also, ich hab in solchen Situationen ...
...
Sorry, aber ... rückblickend betrachtet war das alles gar nicht so easy ...
Wie jetzt?!
Es wird nicht leicht, aber du packst das schon!
FLAPP
FLAPP
FLAPP
Danke für nichts, Papa.

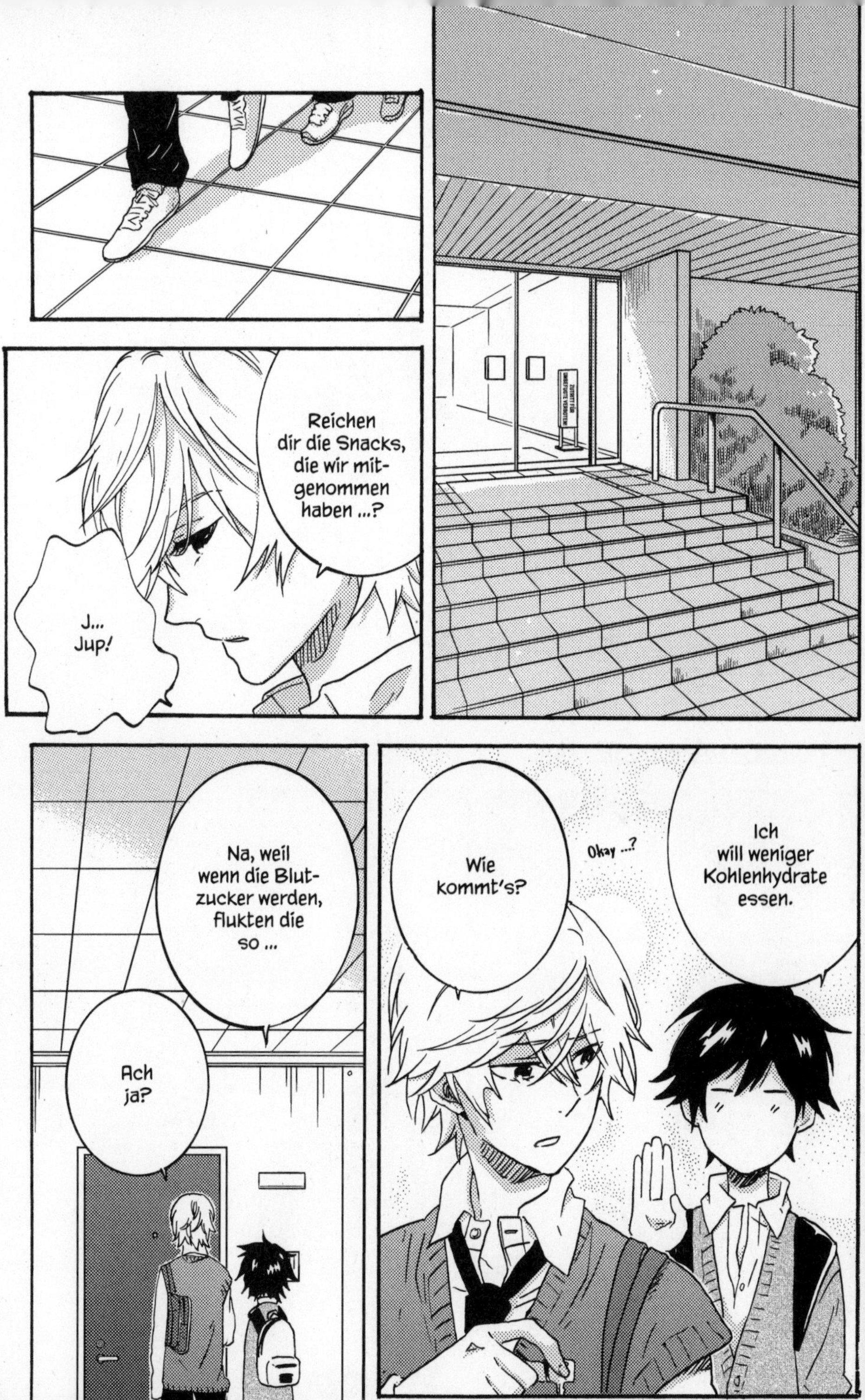
Reichen dir die Snacks, die wir mitgenommen haben ...?
J... Jup!
Ich will weniger Kohlenhydrate essen.
Okay ...?
Wie kommt's?
Na, weil wenn die Blutzucker werden, flukten die so ...
Ach ja?

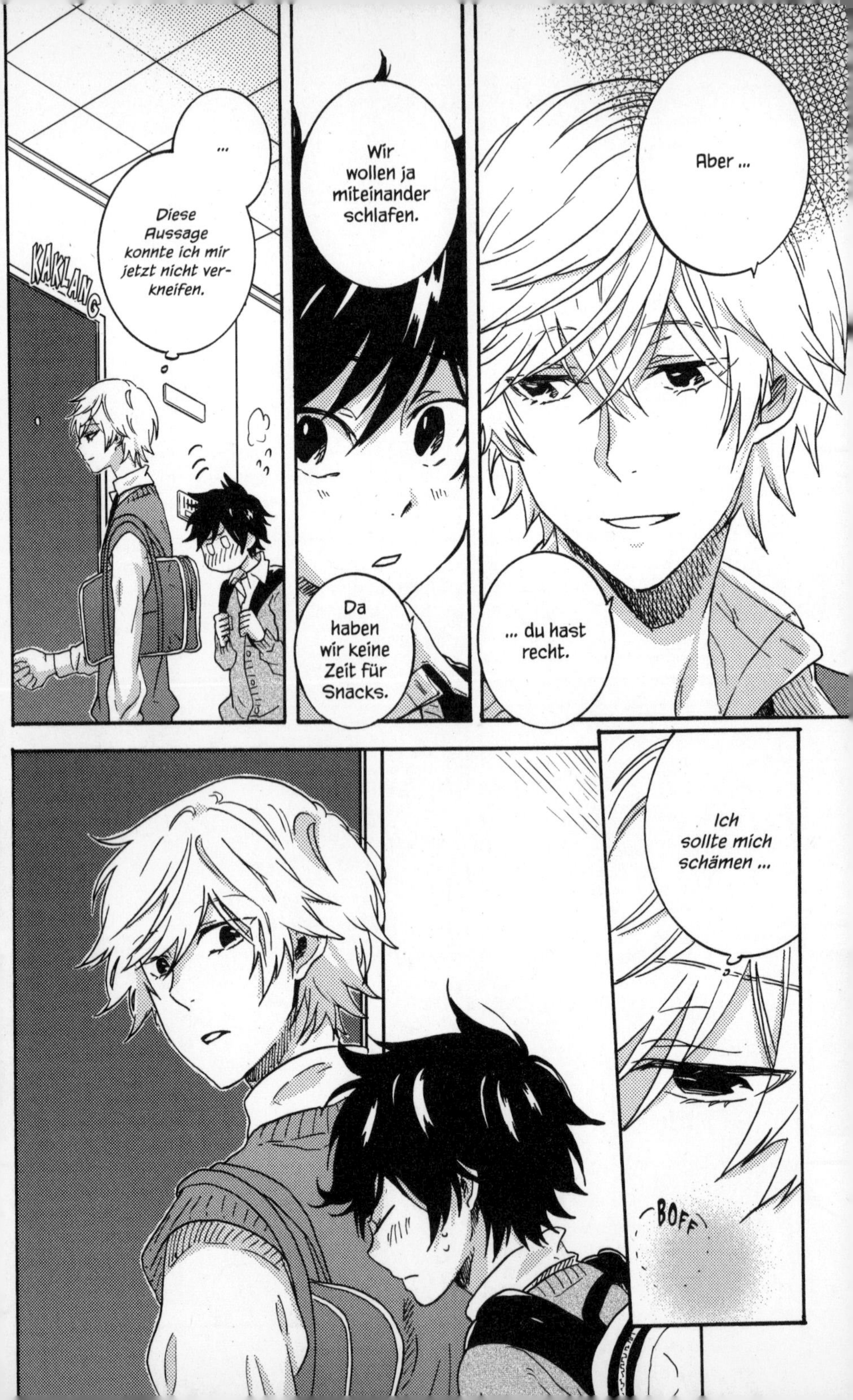
Aber ...
... du hast recht.
Wir wollen ja miteinander schlafen.
Da haben wir keine Zeit für Snacks.
...
Diese Aussage konnte ich mir jetzt nicht verkneifen.
KAKLANG
Ich sollte mich schämen ...
BOFF

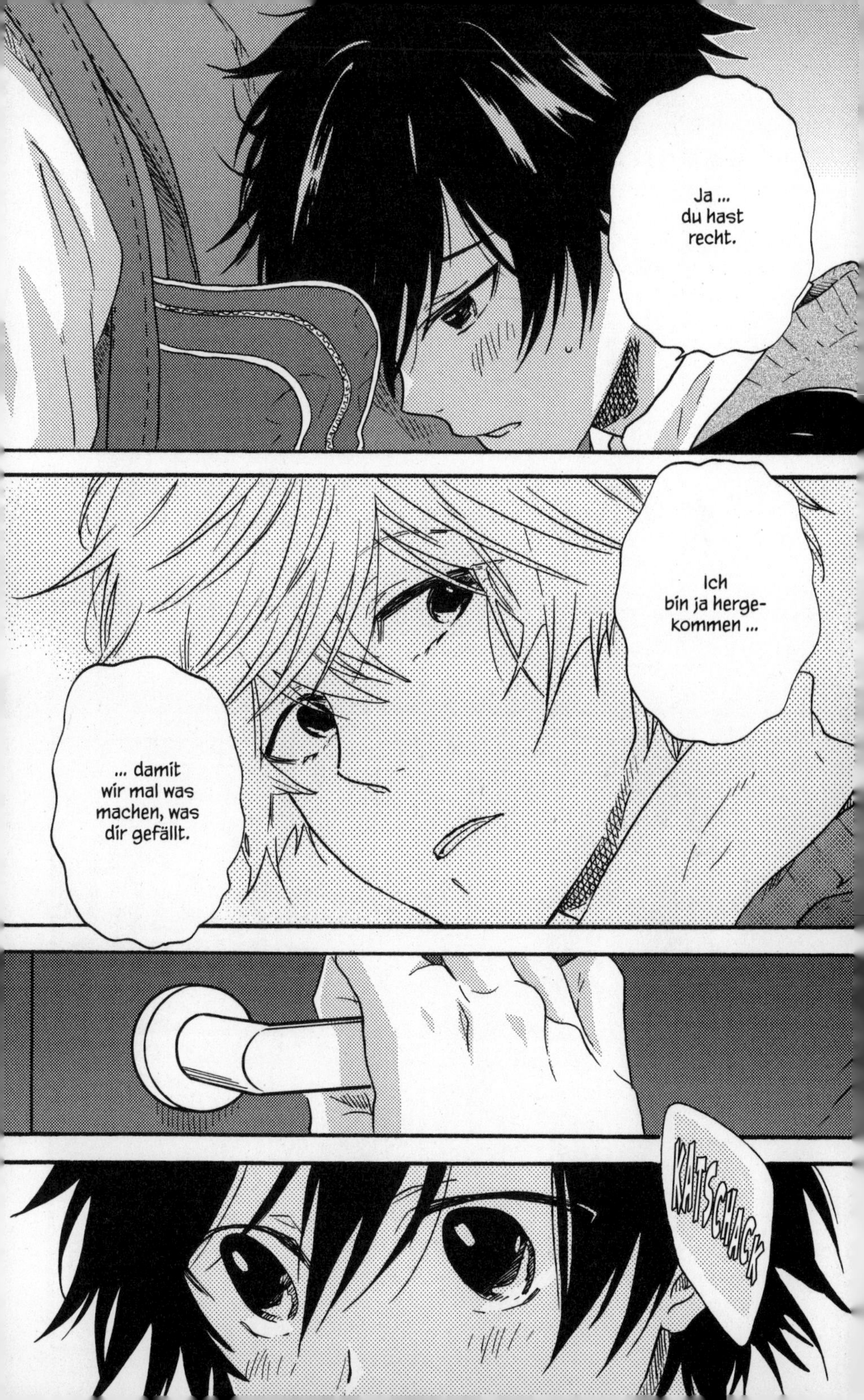
Ja ... du hast recht.
Ich bin ja hergekommen ...
... damit wir mal was machen, was dir gefällt.
KATSCHACK

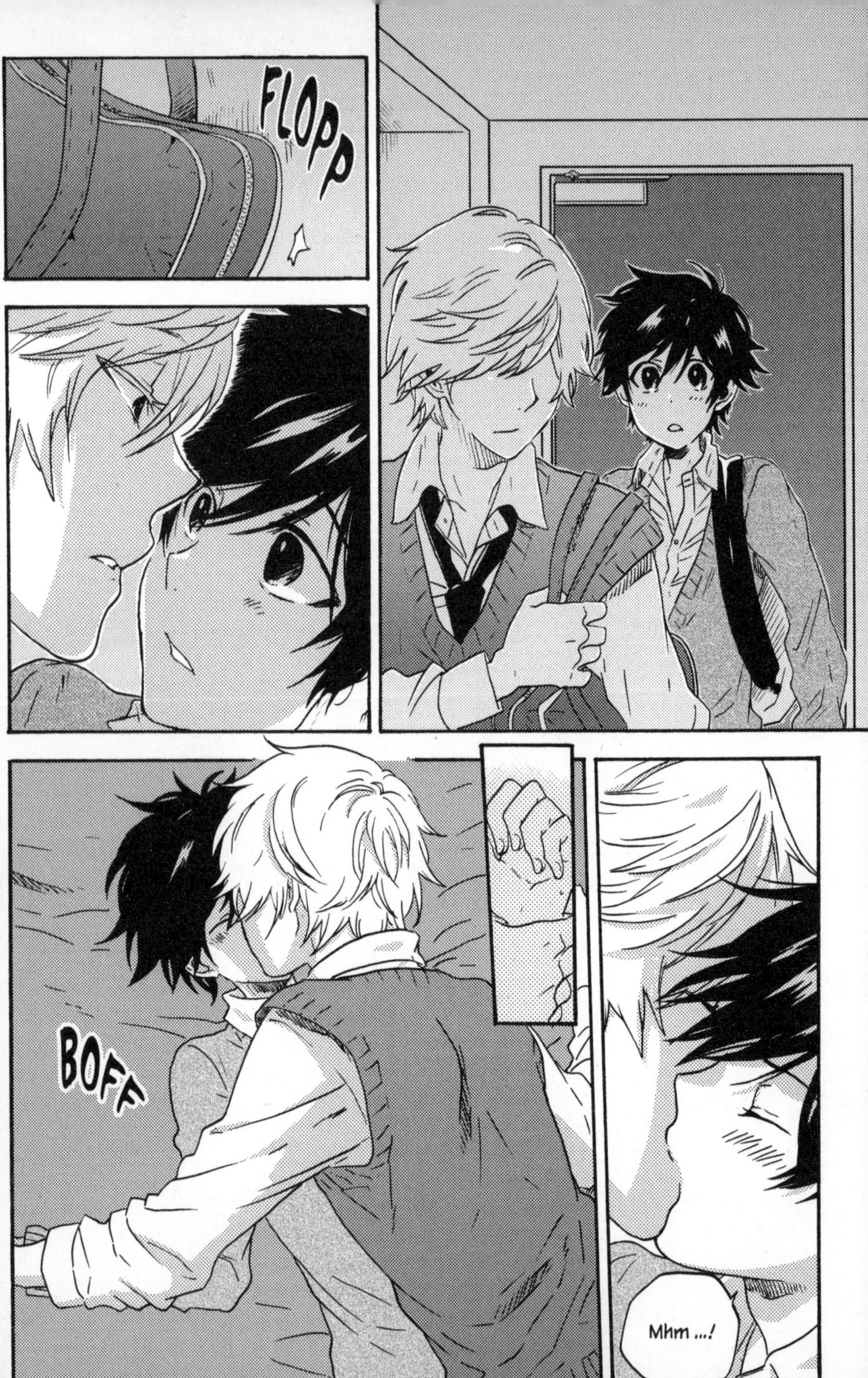
FLOPP
BOFF
Mhm ...!

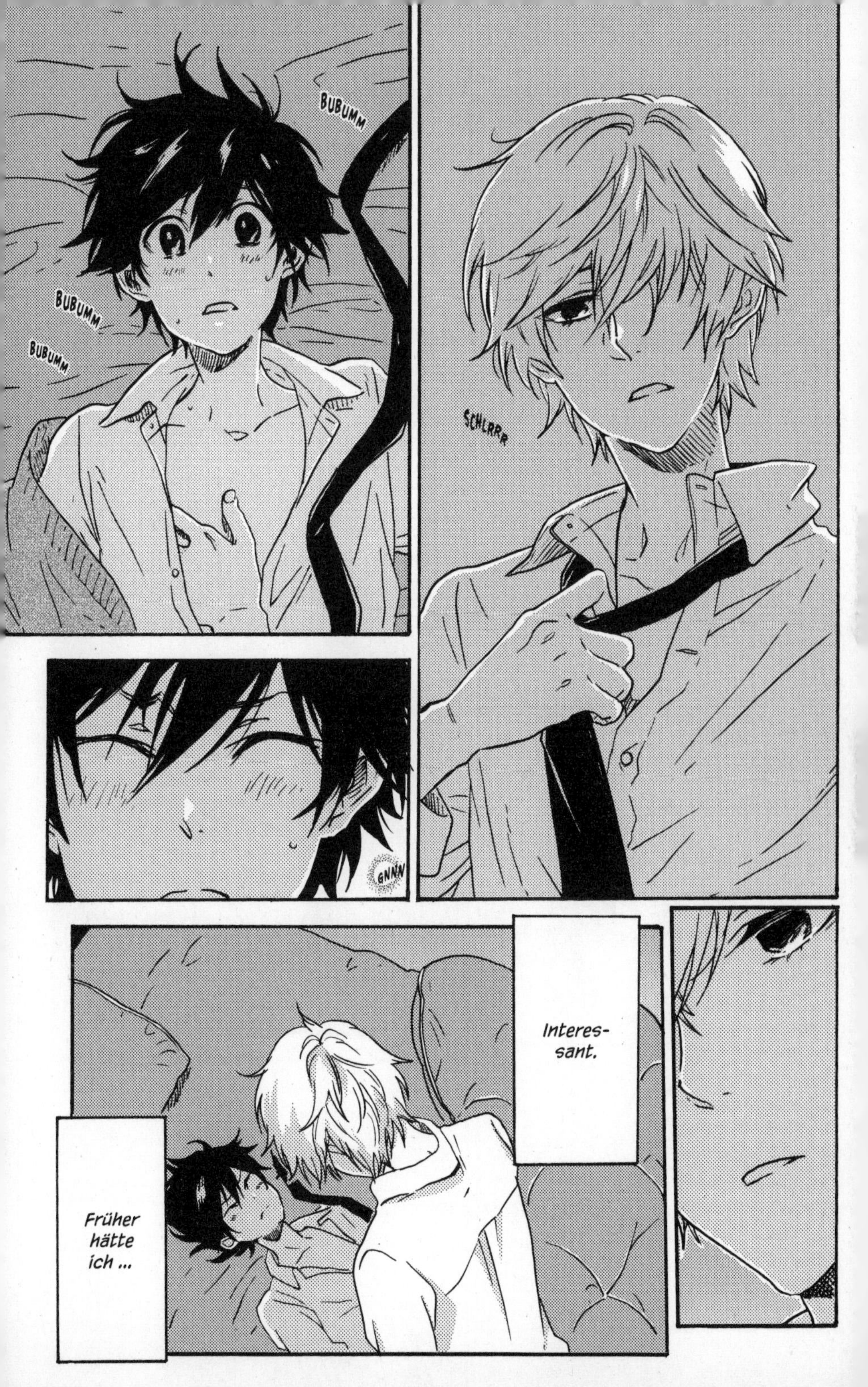

SCHLRRR
BUBUMM
BUBUMM
BUBUMM
GNNN
Interes-
sant.
Früher
hätte
ich ...

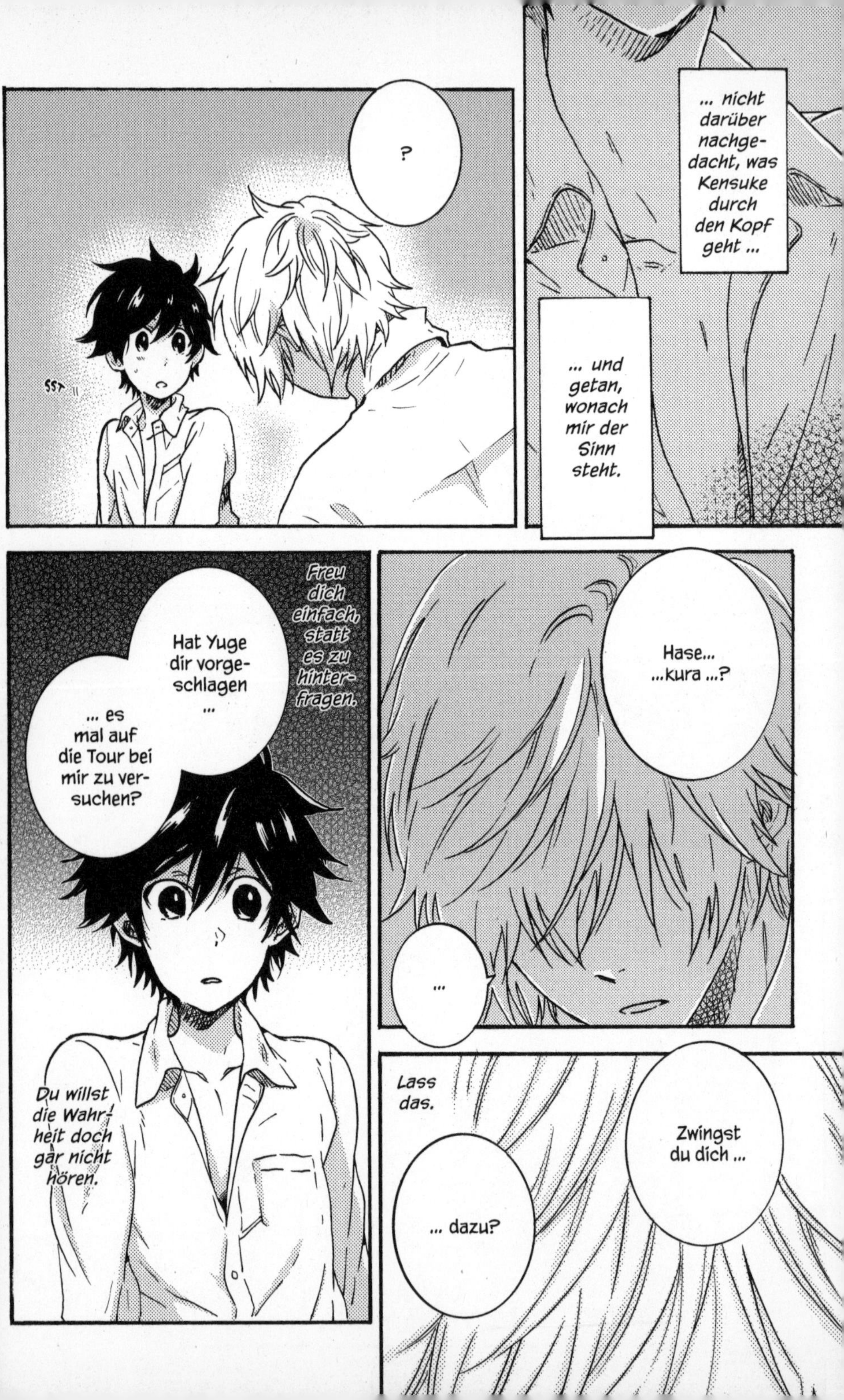
... nicht darüber nachgedacht, was Kensuke durch den Kopf geht ...
... und getan, wonach mir der Sinn steht.
?
SST
Hase... ...kura ...?
...
Freu dich einfach, statt es zu hinterfragen.
Hat Yuge dir vorgeschlagen ...
... es mal auf die Tour bei mir zu versuchen?
Du willst die Wahrheit doch gar nicht hören.
Zwingst du dich ...
... dazu?
Lass das.

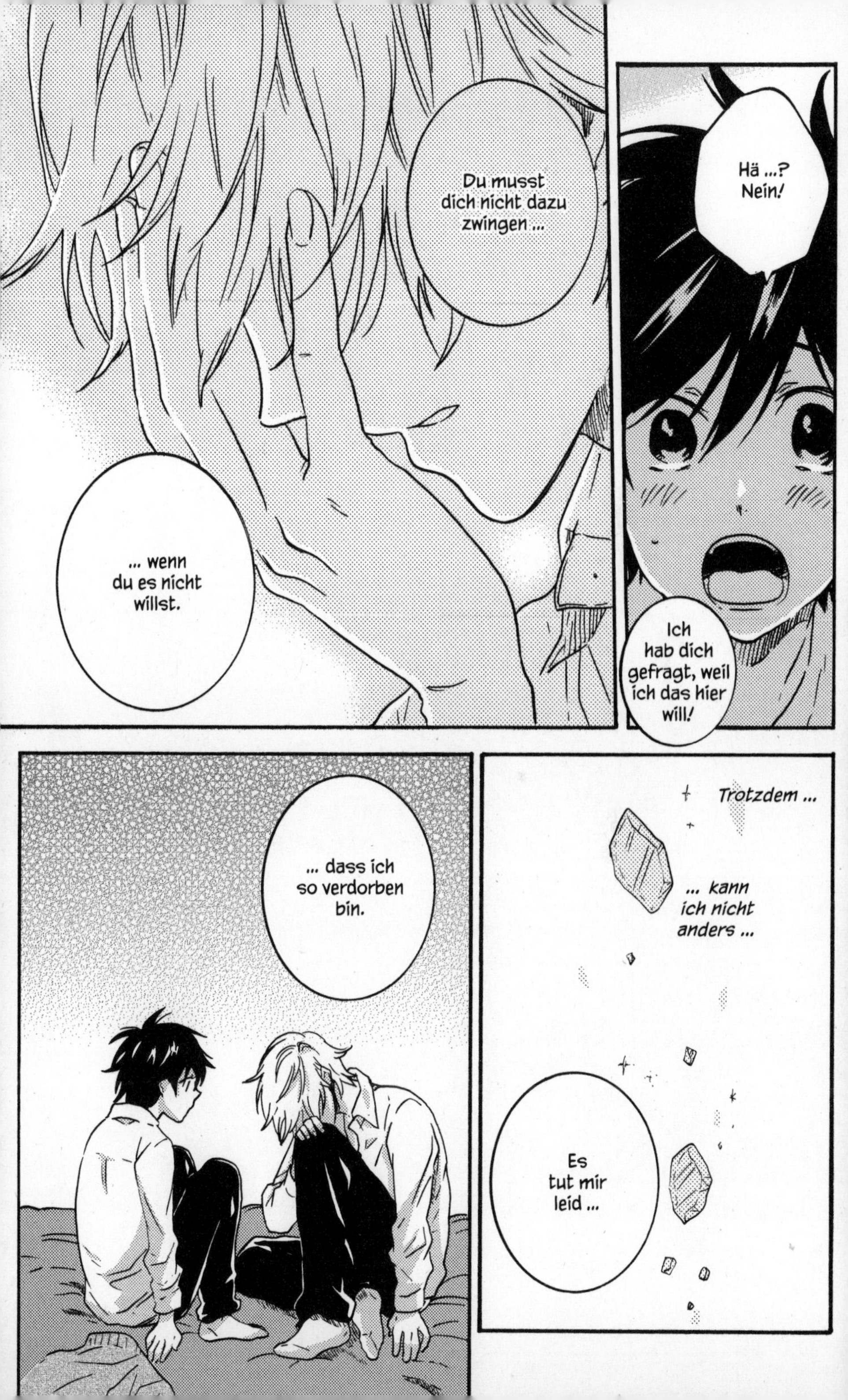
Hä ...? Nein!
Du musst dich nicht dazu zwingen ...
... wenn du es nicht willst.
Ich hab dich gefragt, weil ich das hier will!
Trotzdem ...
... kann ich nicht anders ...
Es tut mir leid ...
... dass ich so verdorben bin.

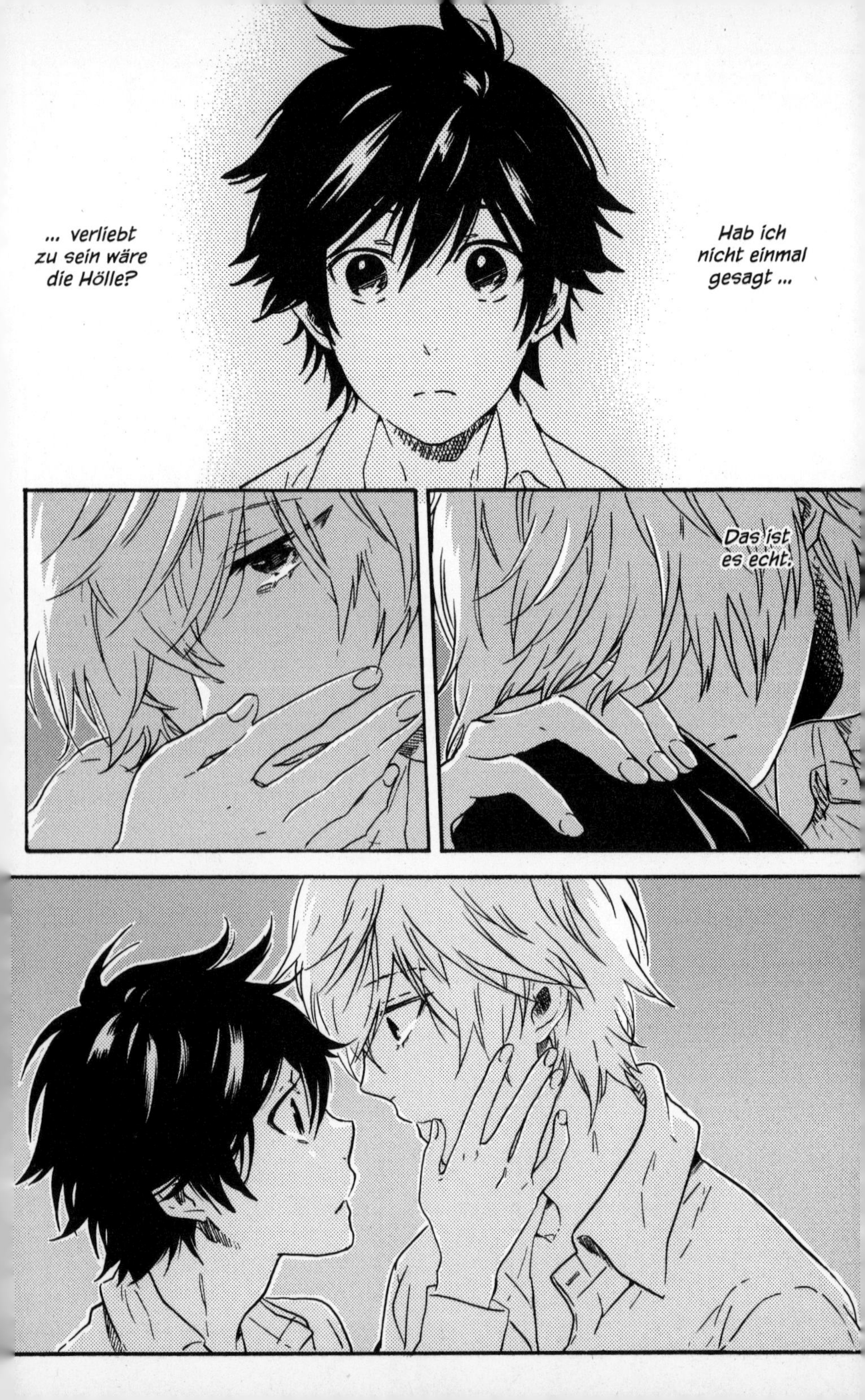
Hab ich nicht einmal gesagt ...
... verliebt zu sein wäre die Hölle?
Das ist es echt.

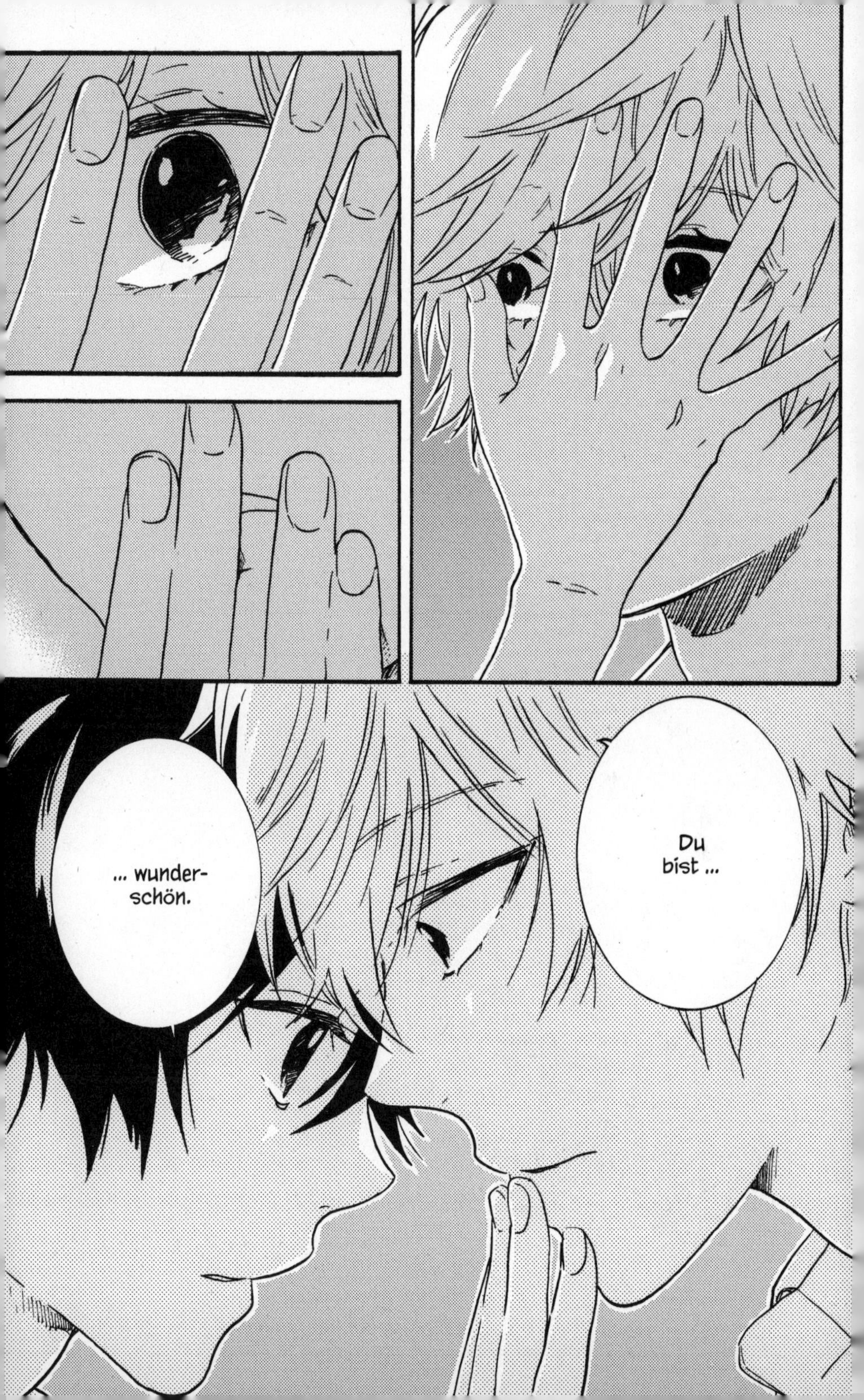
Du bist ...
... wunder-schön.

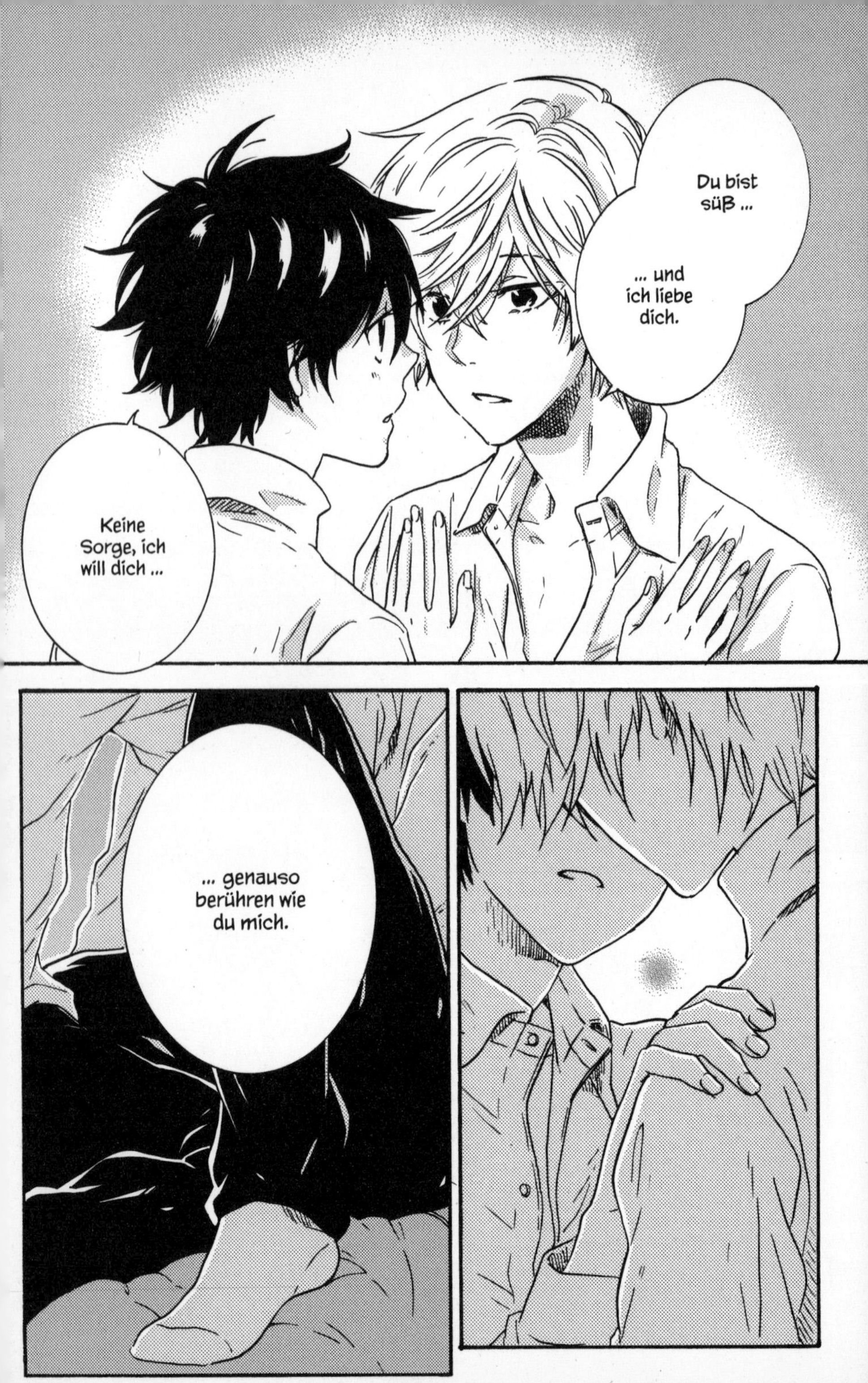
Du bist süß ...
... und ich liebe dich.
Keine Sorge, ich will dich ...
... genauso berühren wie du mich.

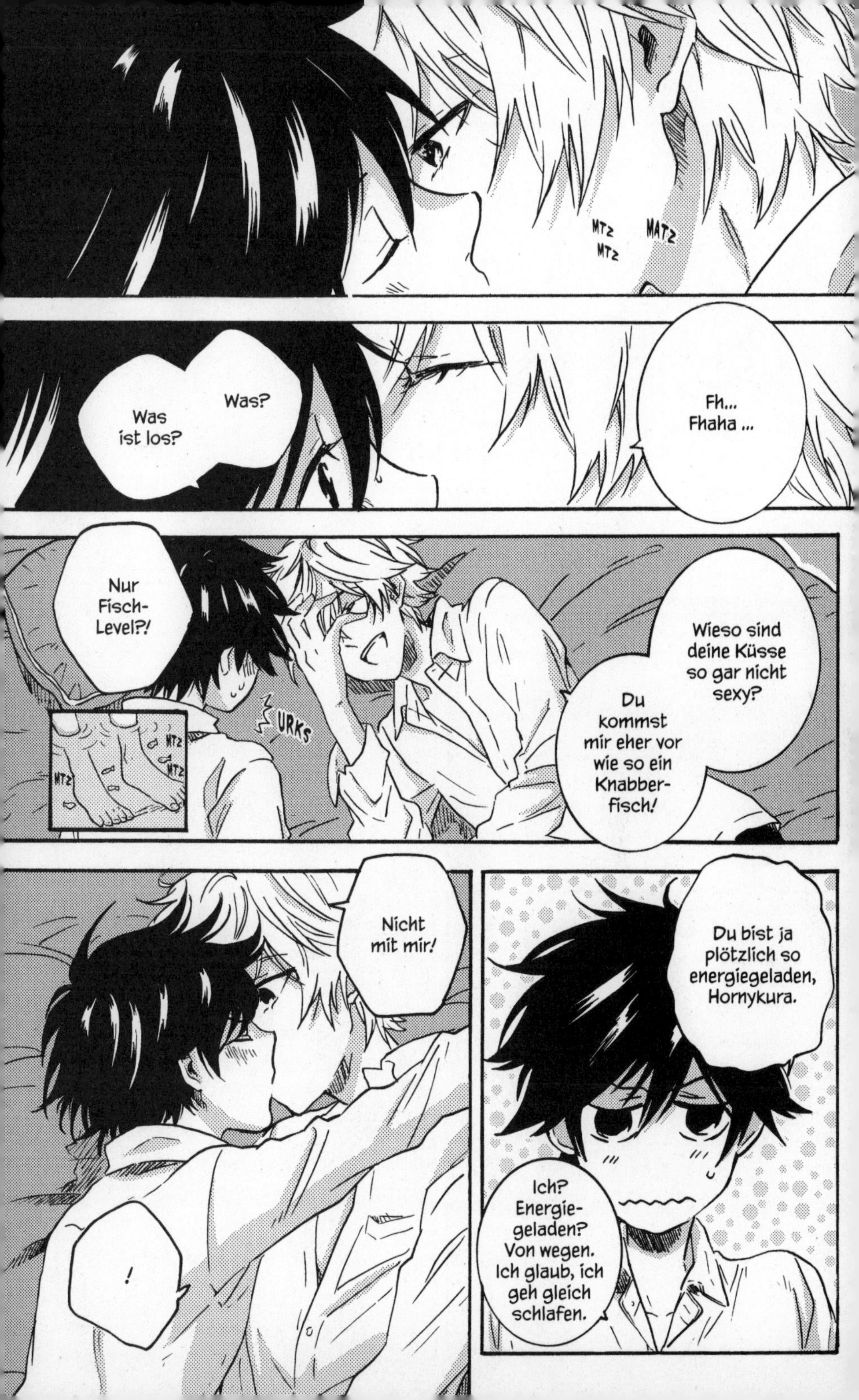
MATZ
MTZ
MTZ
Fh...
Fhaha ...
Was?
Was ist los?
Wieso sind deine Küsse so gar nicht sexy?
Du kommst mir eher vor wie so ein Knabber-fisch!
Nur Fisch-Level?!
URKS
MTZ
MTZ
MTZ
Du bist ja plötzlich so energiegeladen, Hornykura.
Ich? Energie-geladen? Von wegen. Ich glaub, ich geh gleich schlafen.
Nicht mit mir!
!

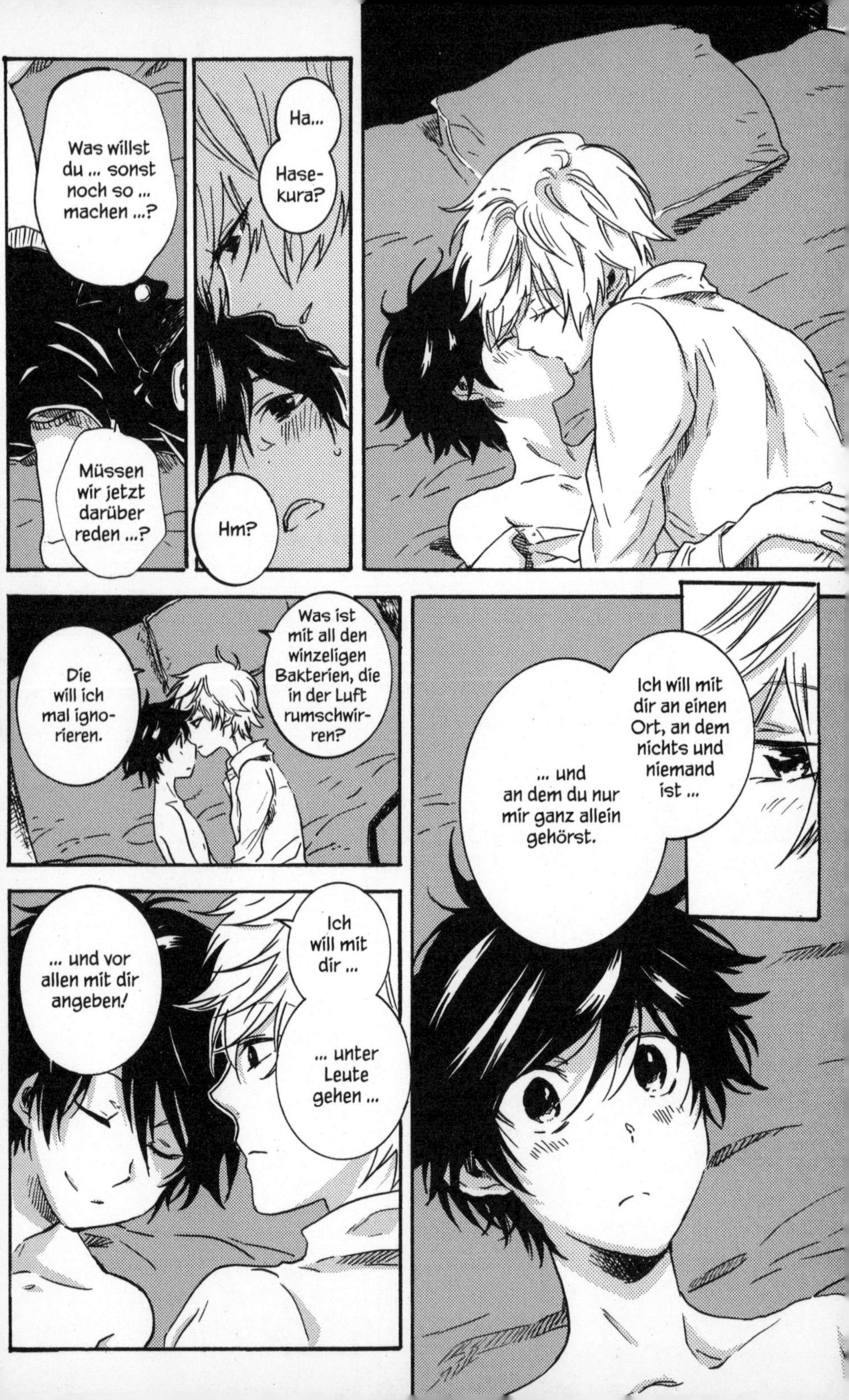
Ha...
Hasekura?
Hm?
Was willst du ... sonst noch so ... machen ...?
Müssen wir jetzt darüber reden ...?
Ich will mit dir an einen Ort, an dem nichts und niemand ist ...
... und an dem du nur mir ganz allein gehörst.
Was ist mit all den winzeligen Bakterien, die in der Luft rumschwirren?
Die will ich mal ignorieren.
Ich will mit dir ...
... unter Leute gehen ...
... und vor allen mit dir angeben!

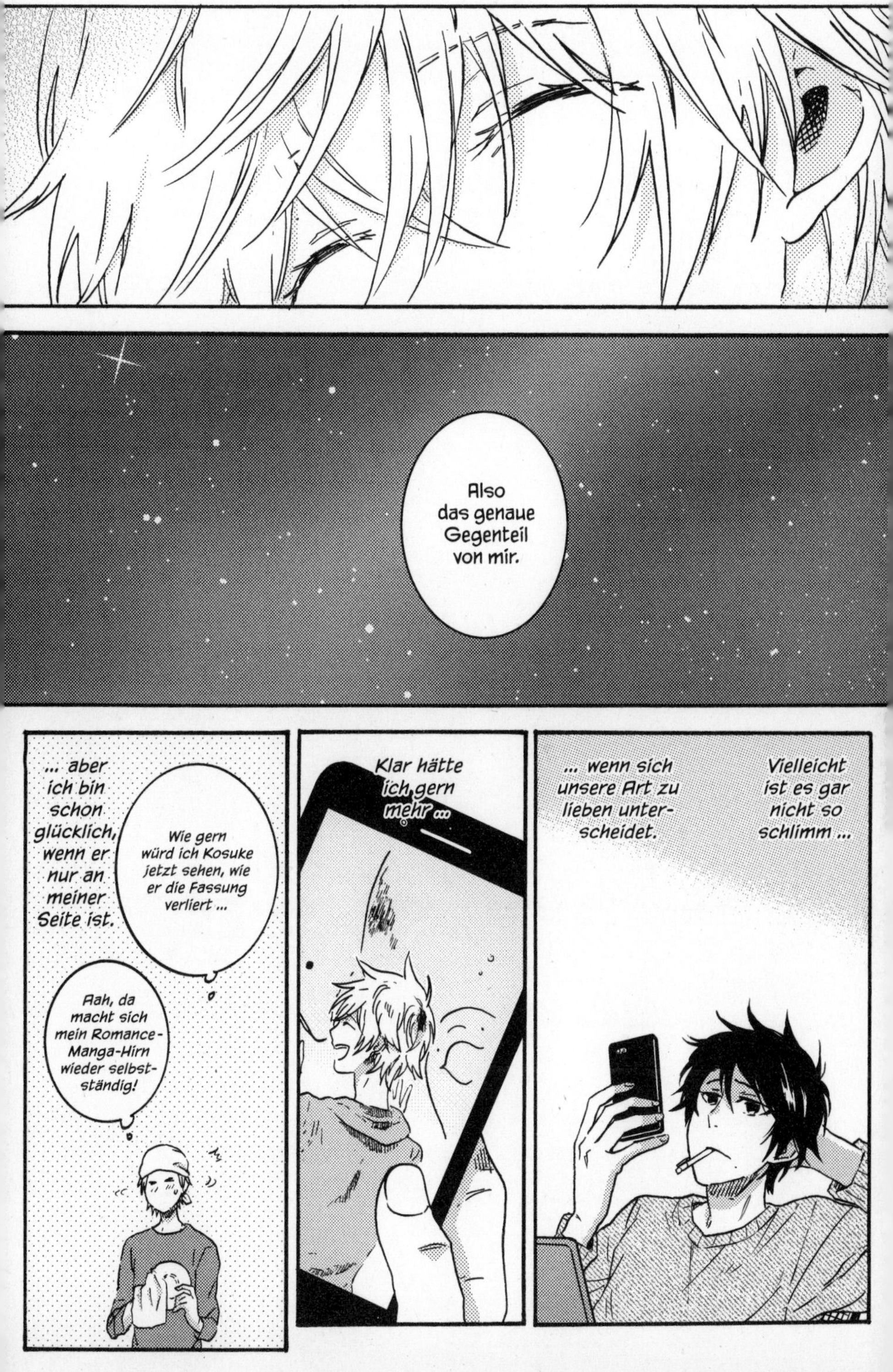
Also das genaue Gegenteil von mir.
Vielleicht ist es gar nicht so schlimm ...
... wenn sich unsere Art zu lieben unter-scheidet.
Klar hätte ich gern mehr ...
... aber ich bin schon glücklich, wenn er nur an meiner Seite ist.
Wie gern würd ich Kosuke jetzt sehen, wie er die Fassung verliert ...
Aah, da macht sich mein Romance-Manga-Hirn wieder selbst-ständig!

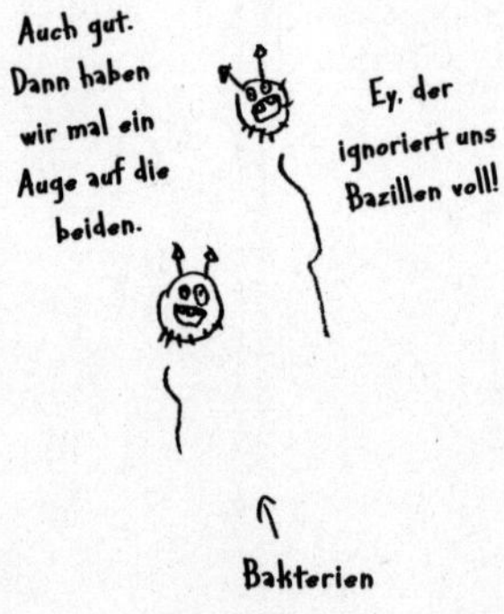

Auch gut. Dann haben wir mal ein Auge auf die beiden.
Ey, der ignoriert uns Bazillen voll!
Bakterien

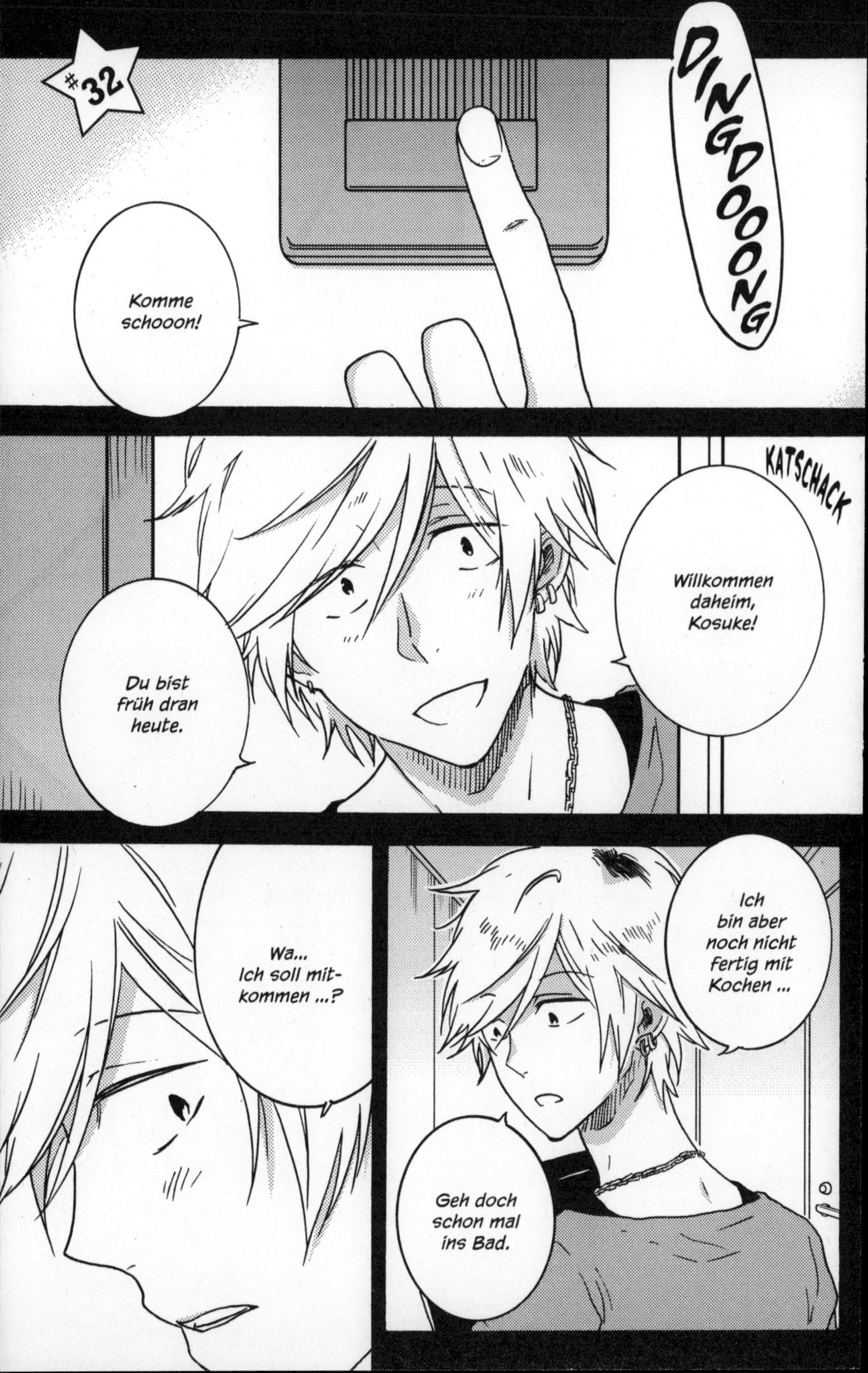
#32
DINGDOOOONG
Komme schoooon!
KATSCHACK
Willkommen daheim, Kosuke!
Du bist früh dran heute.
Ich bin aber noch nicht fertig mit Kochen ...
Geh doch schon mal ins Bad.
Wa... Ich soll mit-kommen ...?

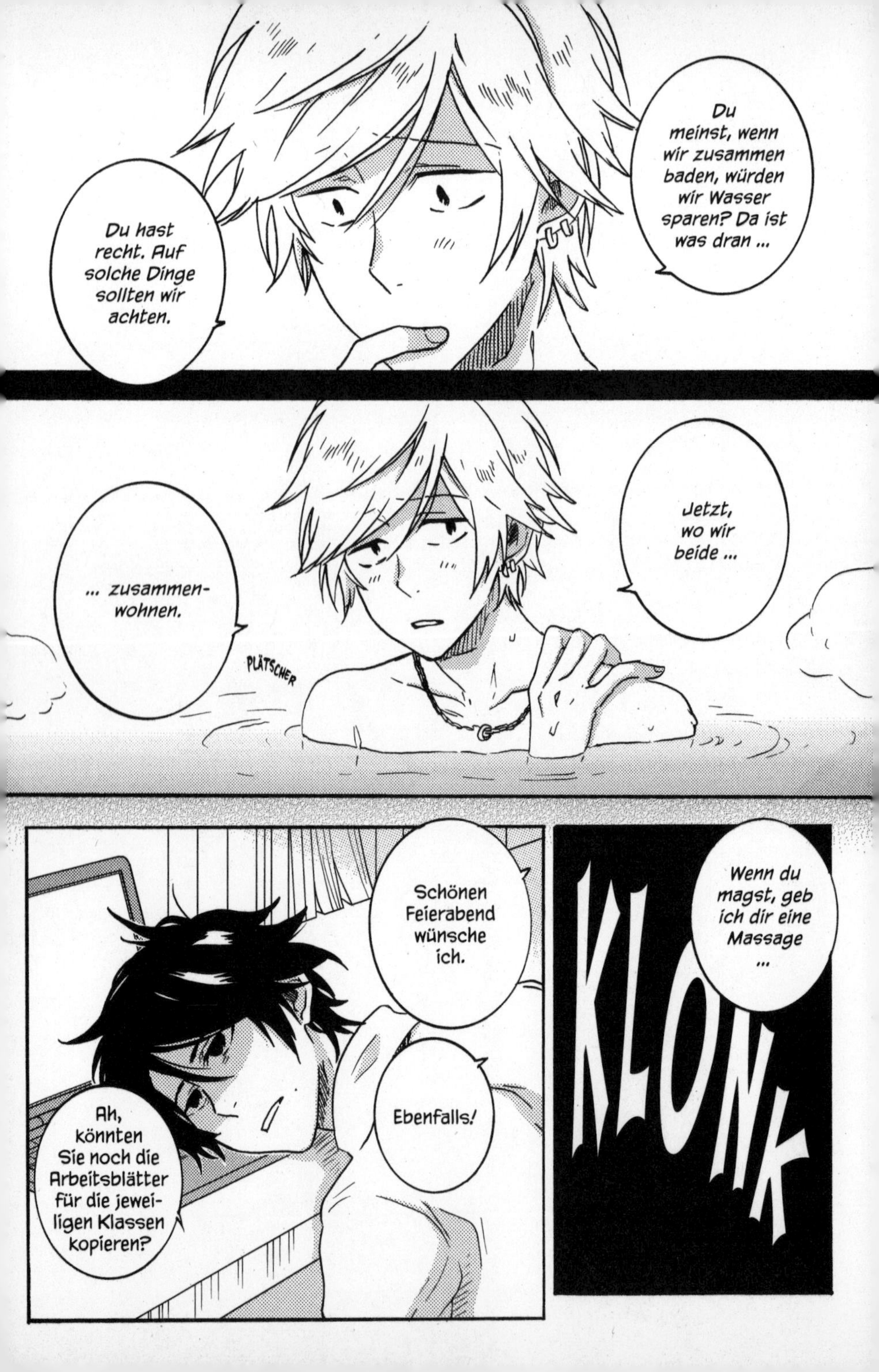
Du meinst, wenn wir zusammen baden, würden wir Wasser sparen? Da ist was dran ...
Du hast recht. Auf solche Dinge sollten wir achten.
Jetzt, wo wir beide ...
... zusammen-wohnen.
PLÄTSCHER
Wenn du magst, geb ich dir eine Massage ...
KLONK
Schönen Feierabend wünsche ich.
Ebenfalls!
Ah, könnten Sie noch die Arbeitsblätter für die jeweiligen Klassen kopieren?

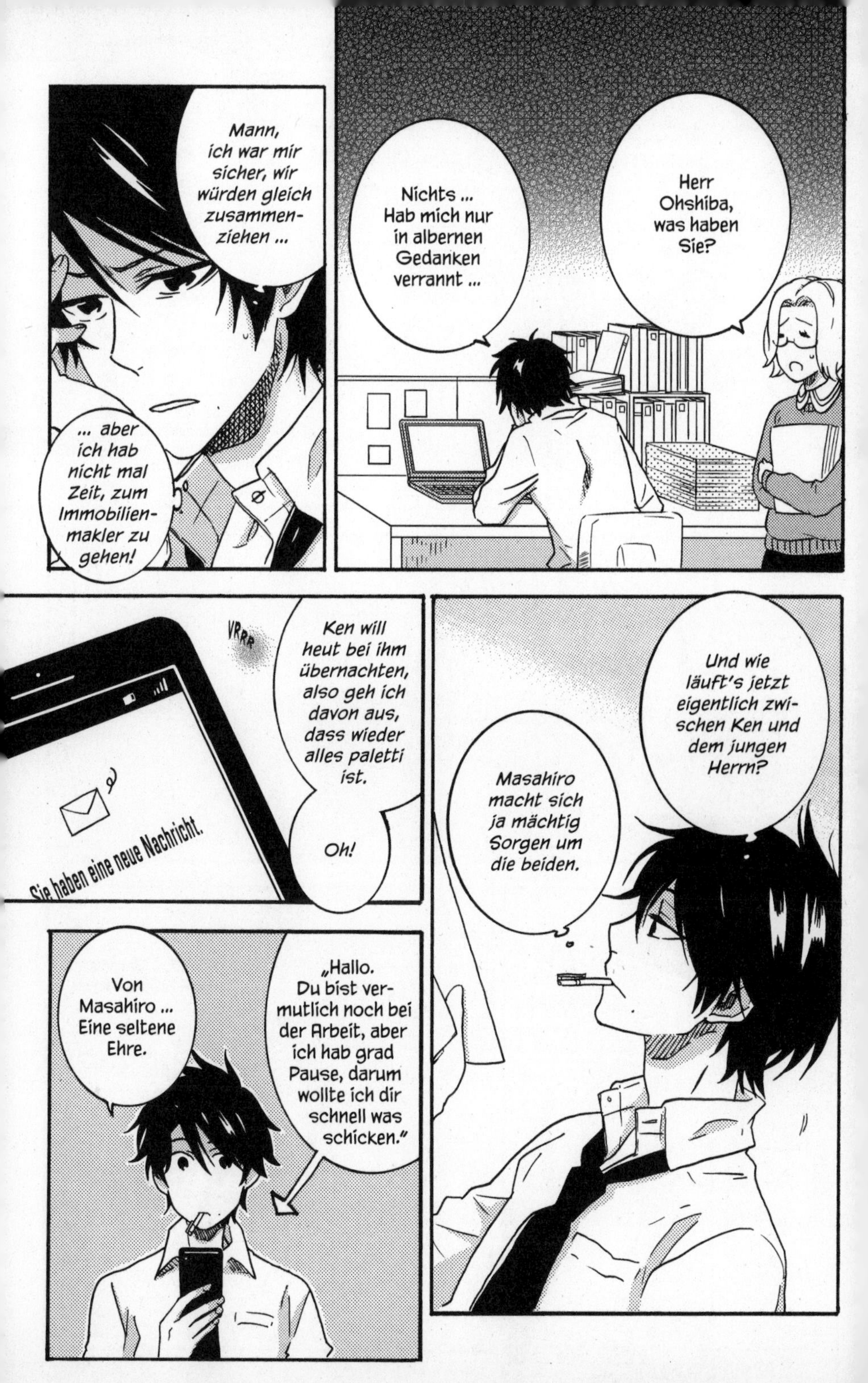
Herr Ohshiba, was haben Sie?
Nichts ... Hab mich nur in albernen Gedanken verrannt ...
Mann, ich war mir sicher, wir würden gleich zusammen-ziehen ...
... aber ich hab nicht mal Zeit, zum Immobilien-makler zu gehen!
Und wie läuft's jetzt eigentlich zwi-schen Ken und dem jungen Herrn?
Masahiro macht sich ja mächtig Sorgen um die beiden.
VRRR
Ken will heut bei ihm übernachten, also geh ich davon aus, dass wieder alles paletti ist.
Oh!
Sie haben eine neue Nachricht.
„Hallo. Du bist ver-mutlich noch bei der Arbeit, aber ich hab grad Pause, darum wollte ich dir schnell was schicken."
Von Masahiro ... Eine seltene Ehre.

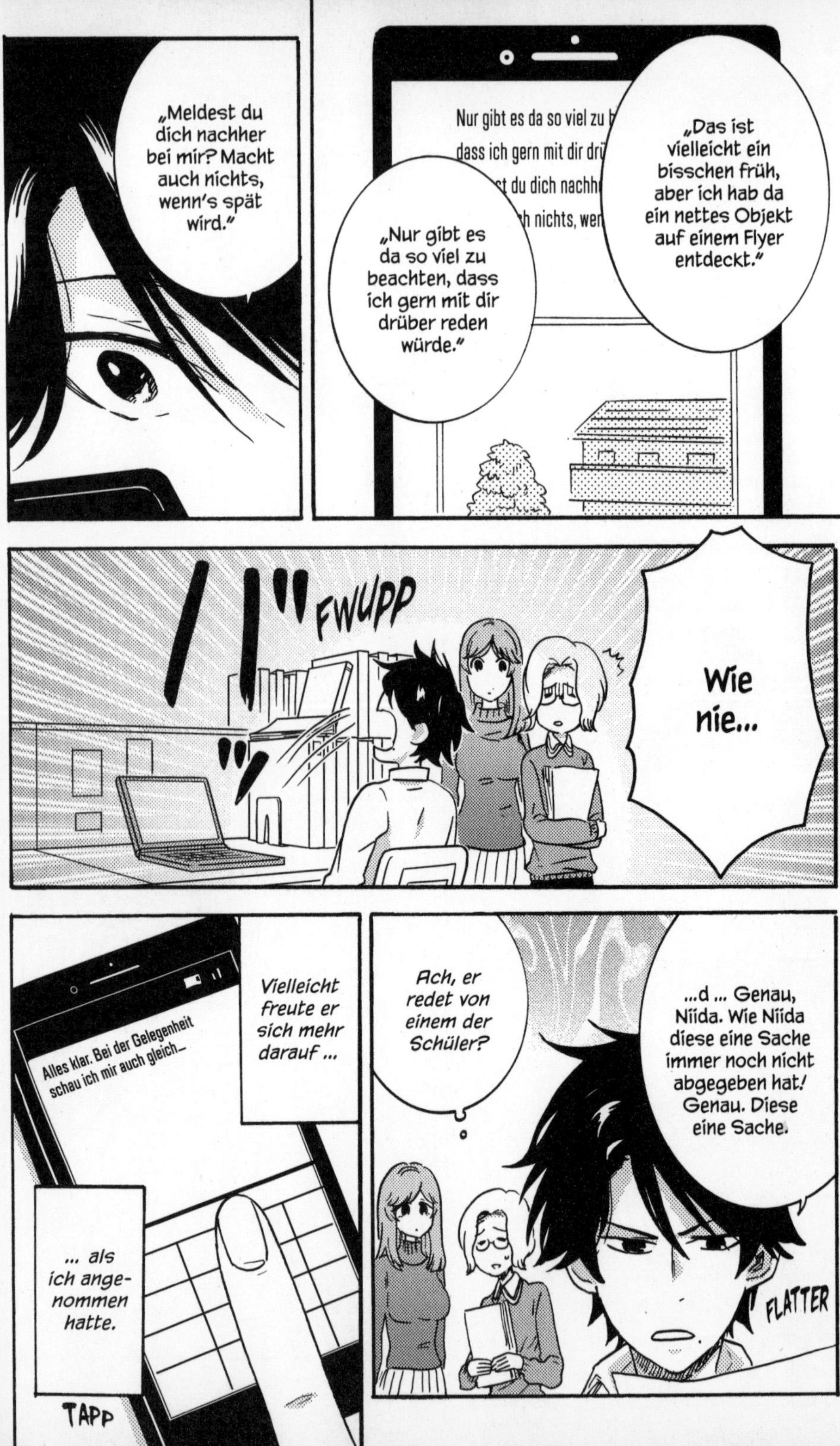
„Das ist vielleicht ein bisschen früh, aber ich hab da ein nettes Objekt auf einem Flyer entdeckt."
„Nur gibt es da so viel zu beachten, dass ich gern mit dir drüber reden würde."
„Meldest du dich nachher bei mir? Macht auch nichts, wenn's spät wird."
FWUPP
Wie nie...
...d ... Genau, Niida. Wie Niida diese eine Sache immer noch nicht abgegeben hat! Genau. Diese eine Sache.
Ach, er redet von einem der Schüler?
FLATTER
Vielleicht freute er sich mehr darauf ...
Alles klar. Bei der Gelegenheit schau ich mir auch gleich...
... als ich angenommen hatte.
TAPP

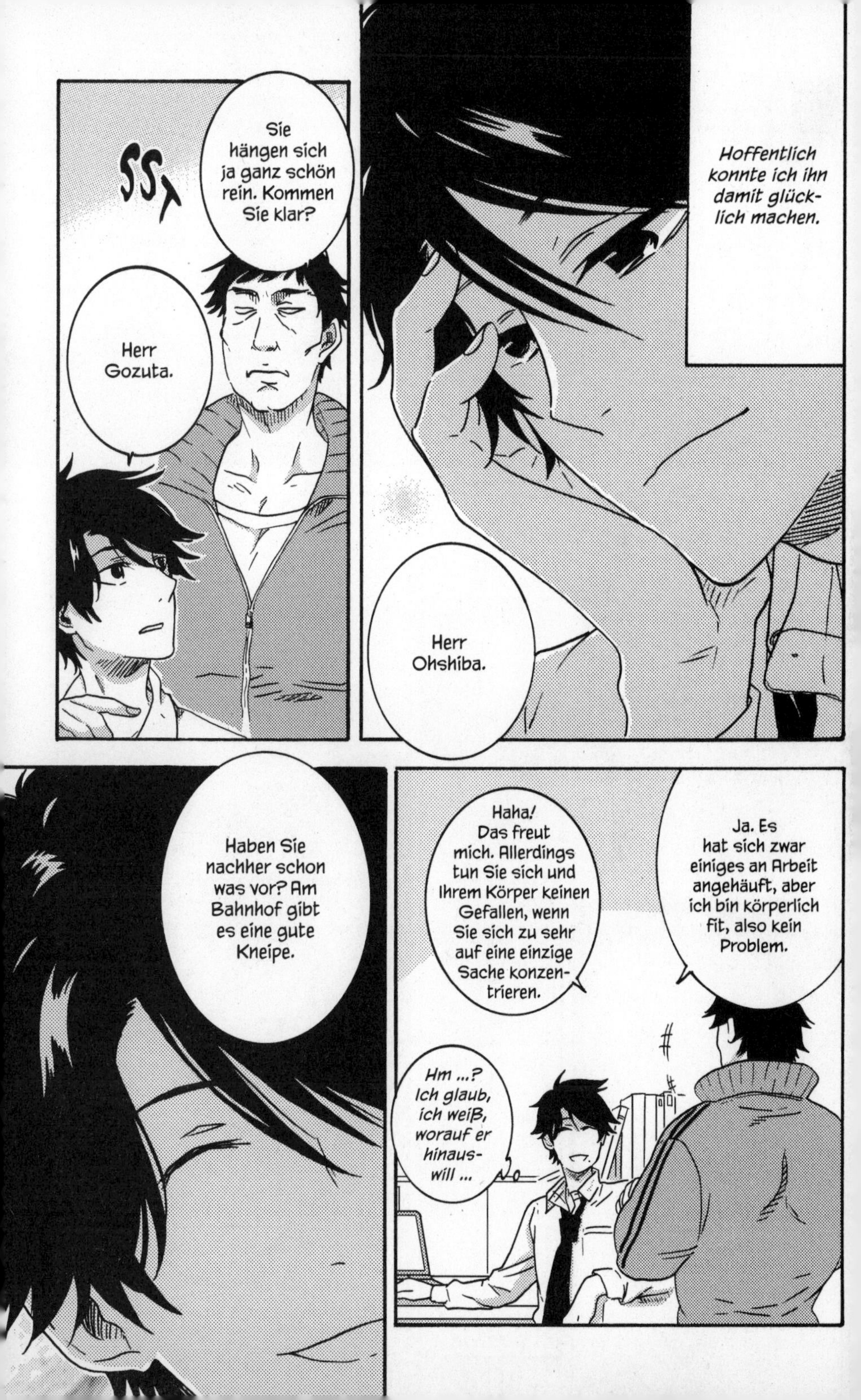
Hoffentlich konnte ich ihn damit glücklich machen.
Herr Ohshiba.
SST
Sie hängen sich ja ganz schön rein. Kommen Sie klar?
Herr Gozuta.
Ja. Es hat sich zwar einiges an Arbeit angehäuft, aber ich bin körperlich fit, also kein Problem.
Haha! Das freut mich. Allerdings tun Sie sich und Ihrem Körper keinen Gefallen, wenn Sie sich zu sehr auf eine einzige Sache konzentrieren.
Hm ...? Ich glaub, ich weiß, worauf er hinauswill ...
Haben Sie nachher schon was vor? Am Bahnhof gibt es eine gute Kneipe.

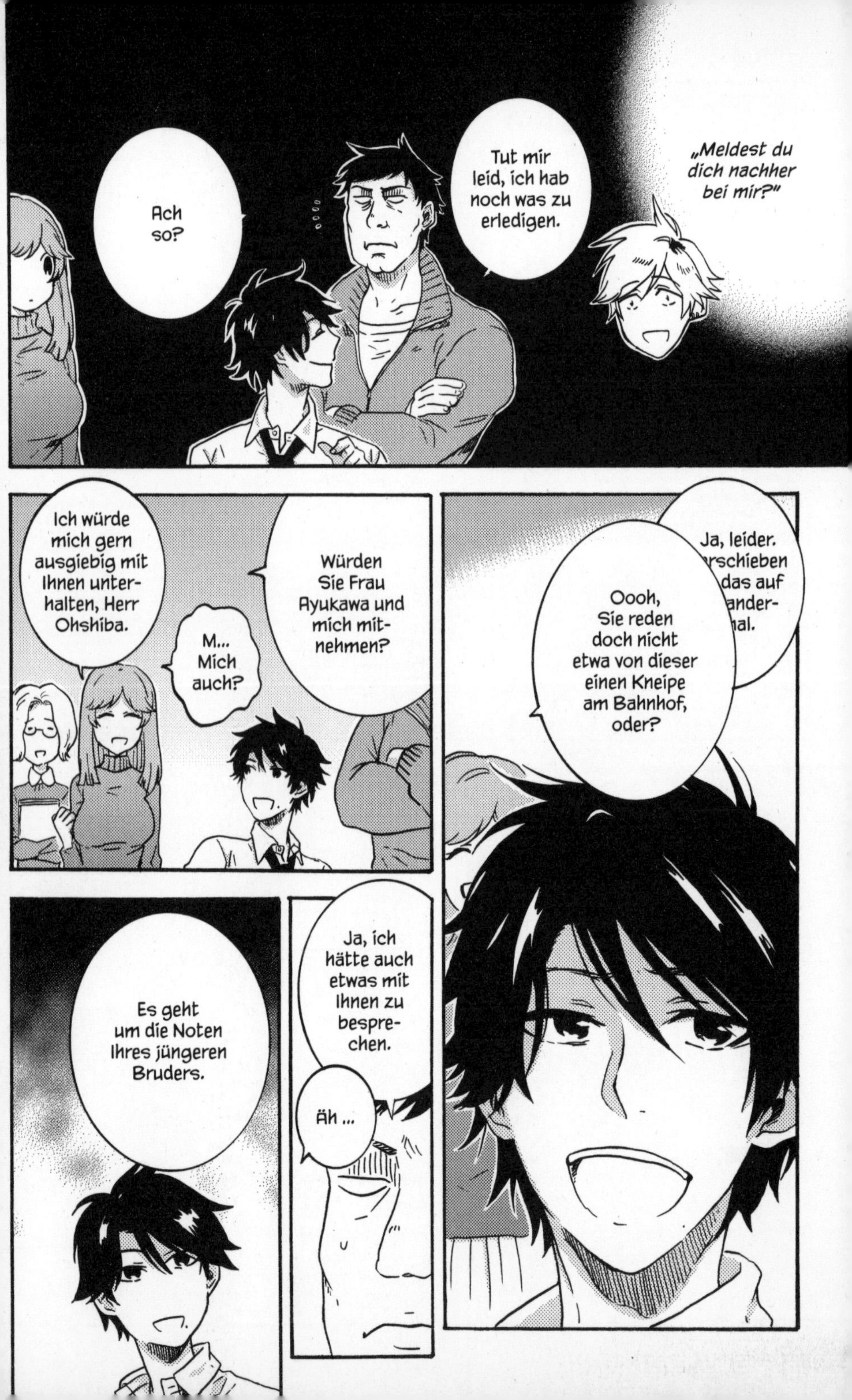
„Meldest du dich nachher bei mir?“
Tut mir leid, ich hab noch was zu erledigen.
Ach so?
Ja, leider.
rschieben das auf ander- mal.
Oooh, Sie reden doch nicht etwa von dieser einen Kneipe am Bahnhof, oder?
Würden Sie Frau Ayukawa und mich mitnehmen?
M... Mich auch?
Ich würde mich gern ausgiebig mit Ihnen unterhalten, Herr Ohshiba.
Ja, ich hätte auch etwas mit Ihnen zu besprechen.
Äh ...
Es geht um die Noten Ihres jüngeren Bruders.

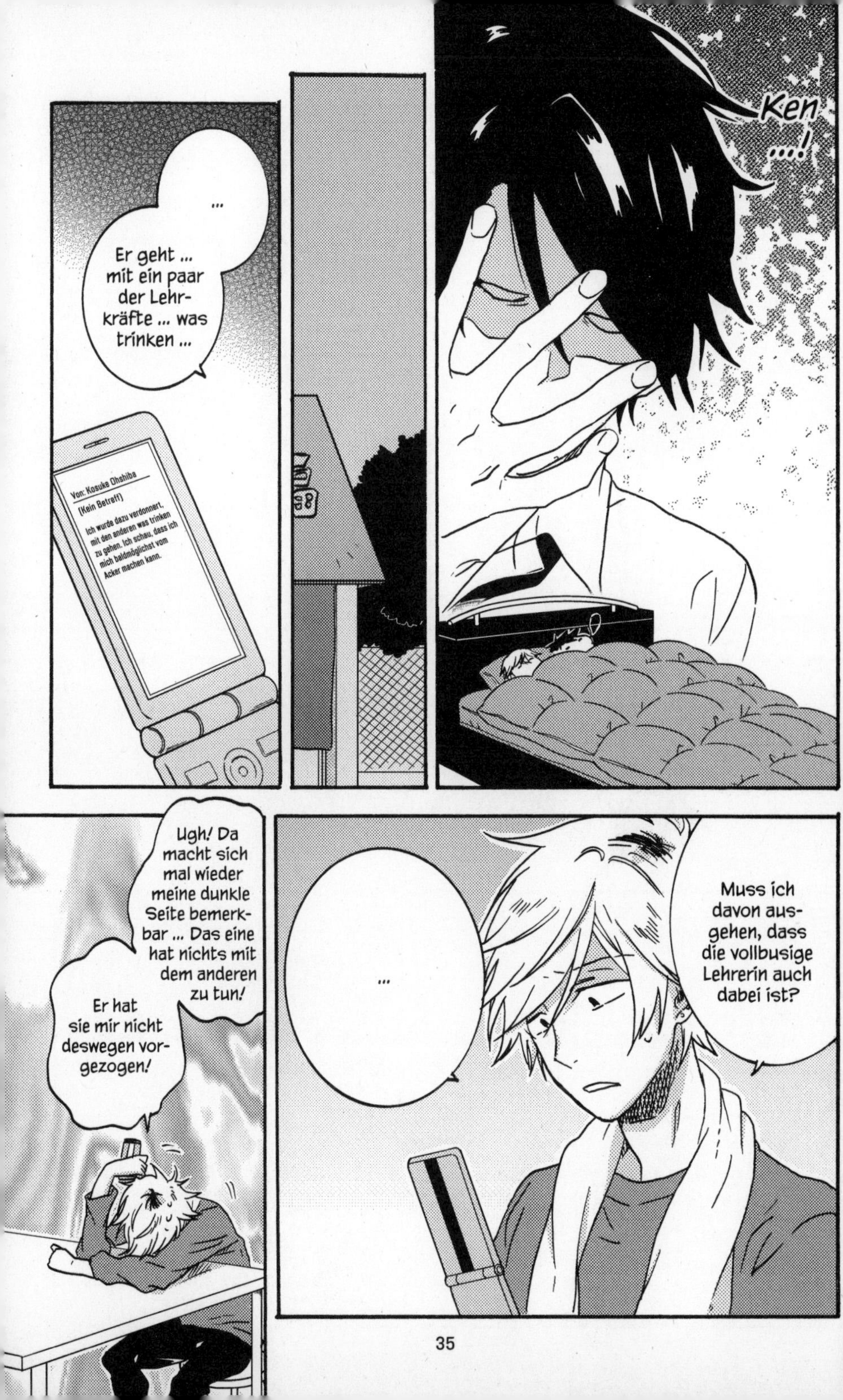
Ken ...!
...
Er geht ... mit ein paar der Lehrkräfte ... was trinken ...
Von: Kosuke Ohshiba
(Kein Betreff)
Ich wurde dazu verdonnert, mit den anderen was trinken zu gehen. Ich schau, dass ich mich baldmöglichst vom Acker machen kann.
Muss ich davon ausgehen, dass die vollbusige Lehrerin auch dabei ist?
...
Ugh! Da macht sich mal wieder meine dunkle Seite bemerkbar ... Das eine hat nichts mit dem anderen zu tun!
Er hat sie mir nicht deswegen vorgezogen!

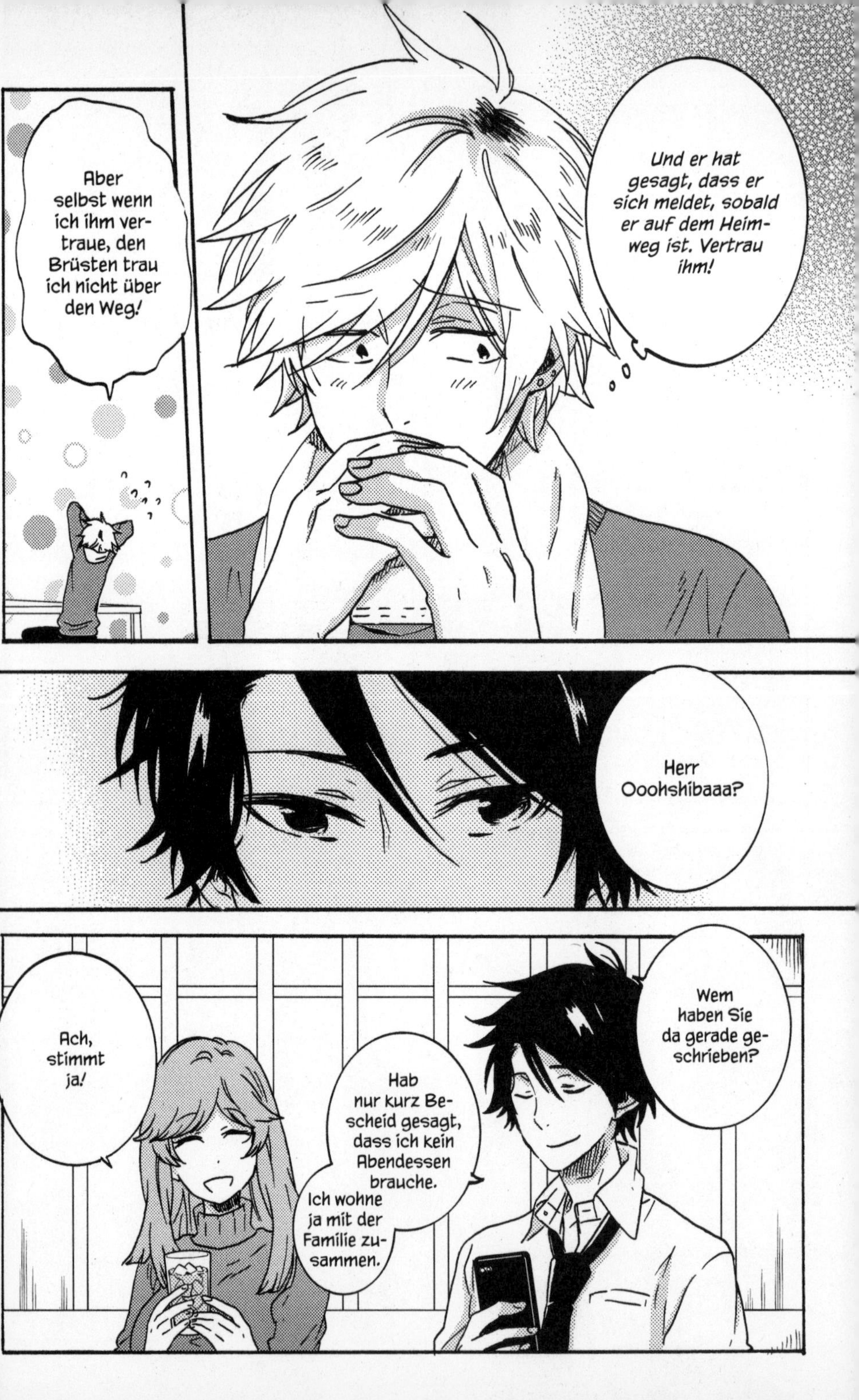
Und er hat gesagt, dass er sich meldet, sobald er auf dem Heim-weg ist. Vertrau ihm!
Aber selbst wenn ich ihm ver-traue, den Brüsten trau ich nicht über den Weg!
Herr Ooohshibaaa?
Wem haben Sie da gerade ge-schrieben?
Hab nur kurz Be-scheid gesagt, dass ich kein Abendessen brauche.
Ich wohne ja mit der Familie zu-sammen.
Ach, stimmt ja!

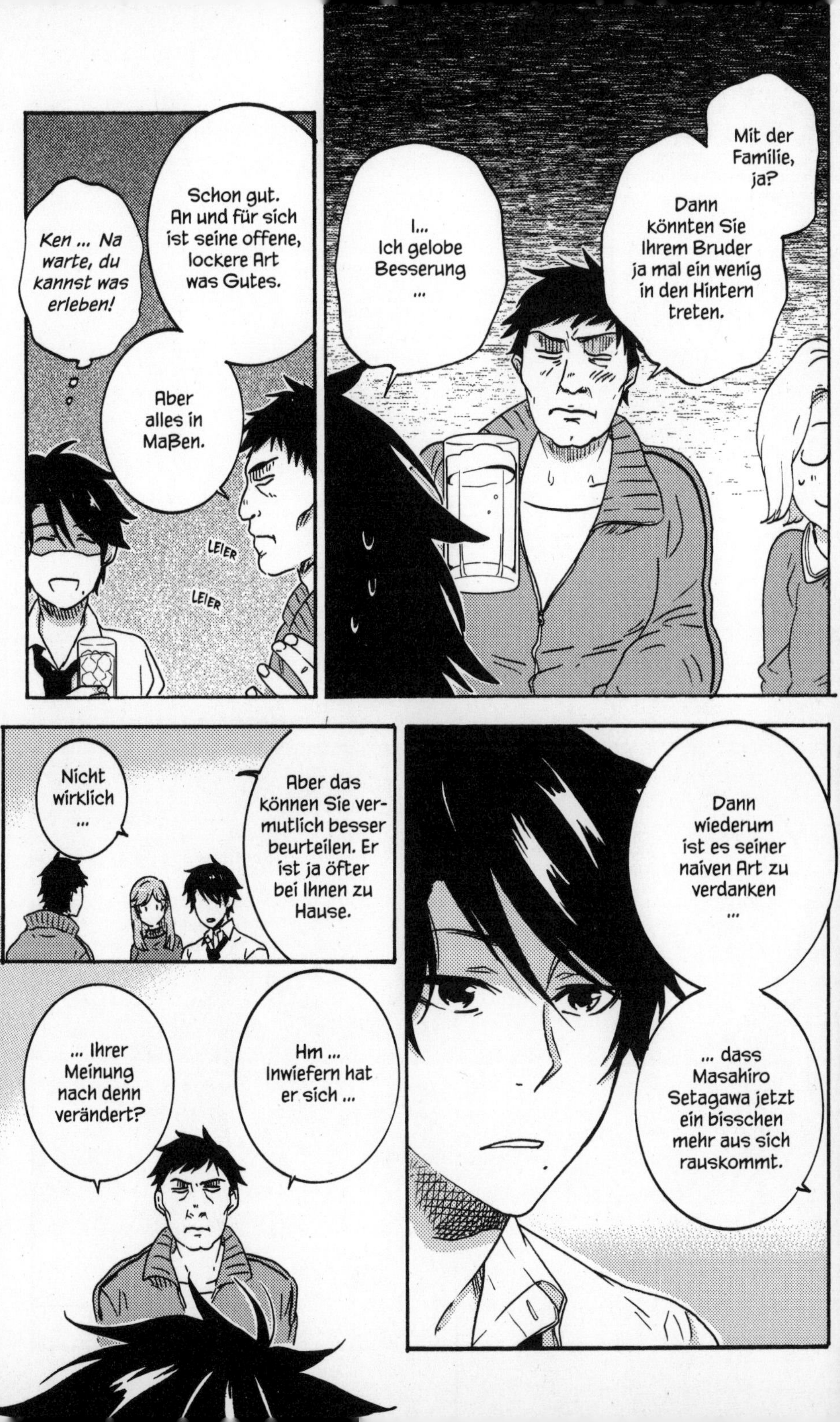
Mit der Familie, ja?
Dann könnten Sie Ihrem Bruder ja mal ein wenig in den Hintern treten.
I... Ich gelobe Besserung ...
Schon gut. An und für sich ist seine offene, lockere Art was Gutes.
Ken ... Na warte, du kannst was erleben!
Aber alles in Maßen.
LEIER
LEIER
Dann wiederum ist es seiner naiven Art zu verdanken ...
... dass Masahiro Setagawa jetzt ein bisschen mehr aus sich rauskommt.
Aber das können Sie vermutlich besser beurteilen. Er ist ja öfter bei Ihnen zu Hause.
Nicht wirklich ...
Hm ... Inwiefern hat er sich ...
... Ihrer Meinung nach denn verändert?

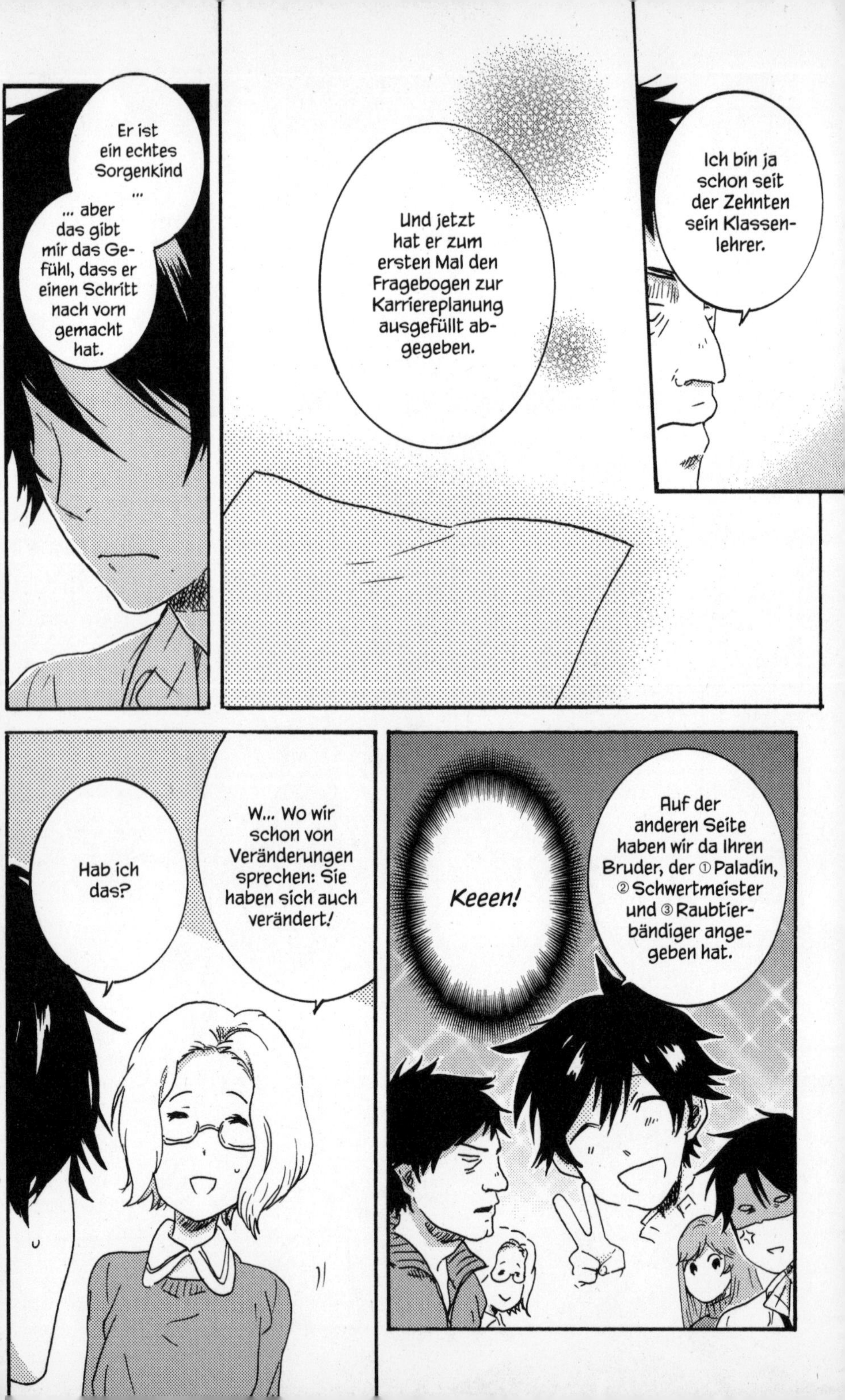
Ich bin ja schon seit der Zehnten sein Klassenlehrer.
Und jetzt hat er zum ersten Mal den Fragebogen zur Karriereplanung ausgefüllt abgegeben.
Er ist ein echtes Sorgenkind ...
... aber das gibt mir das Gefühl, dass er einen Schritt nach vorn gemacht hat.
Auf der anderen Seite haben wir da Ihren Bruder, der ① Paladin, ② Schwertmeister und ③ Raubtierbändiger angegeben hat.
Keeen!
W... Wo wir schon von Veränderungen sprechen: Sie haben sich auch verändert!
Hab ich das?

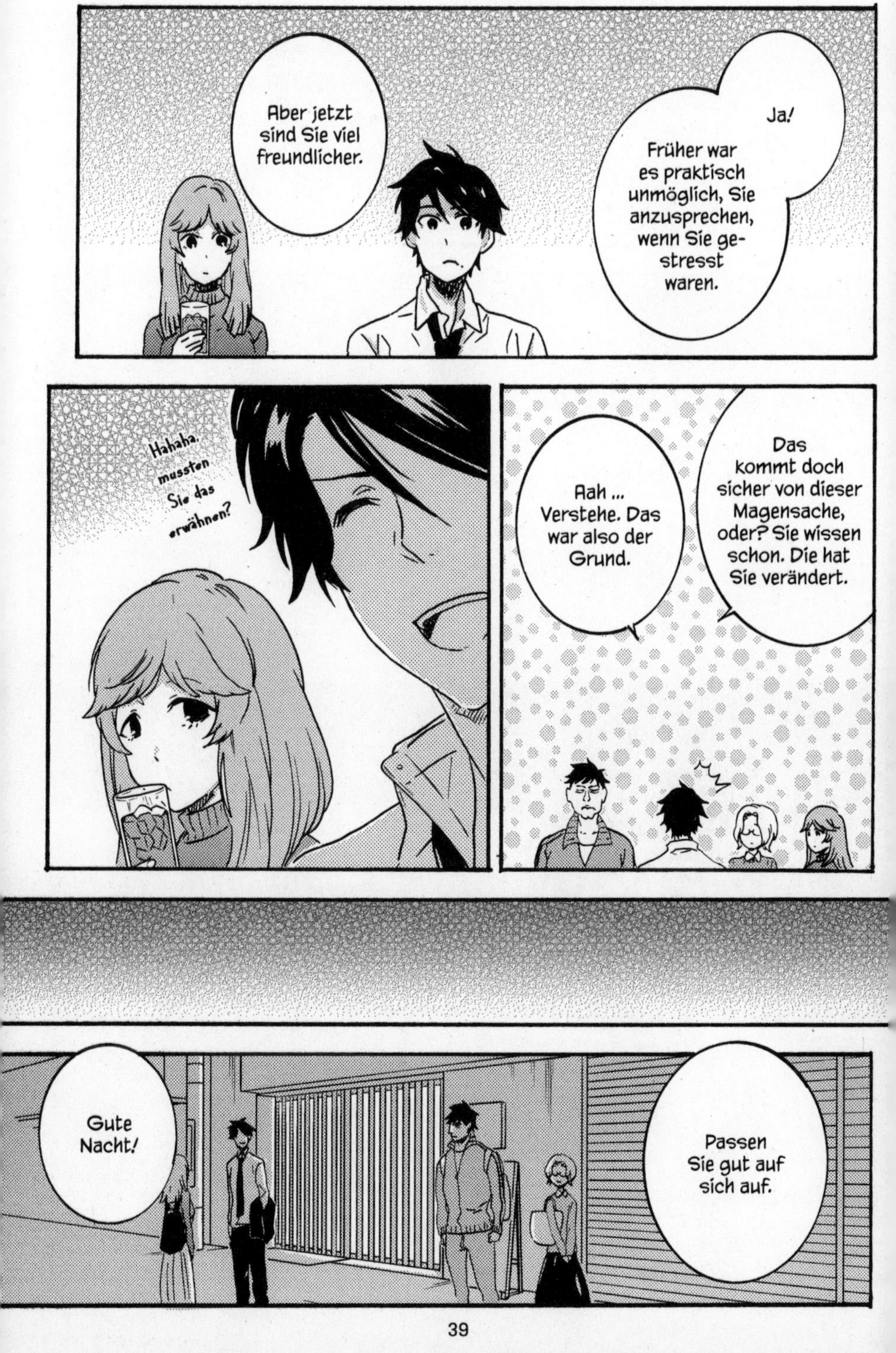
Ja!
Früher war es praktisch unmöglich, Sie anzusprechen, wenn Sie gestresst waren.
Aber jetzt sind Sie viel freundlicher.
Das kommt doch sicher von dieser Magensache, oder? Sie wissen schon. Die hat Sie verändert.
Aah ... Verstehe. Das war also der Grund.
Hahaha, mussten Sie das erwähnen?
Passen Sie gut auf sich auf.
Gute Nacht!

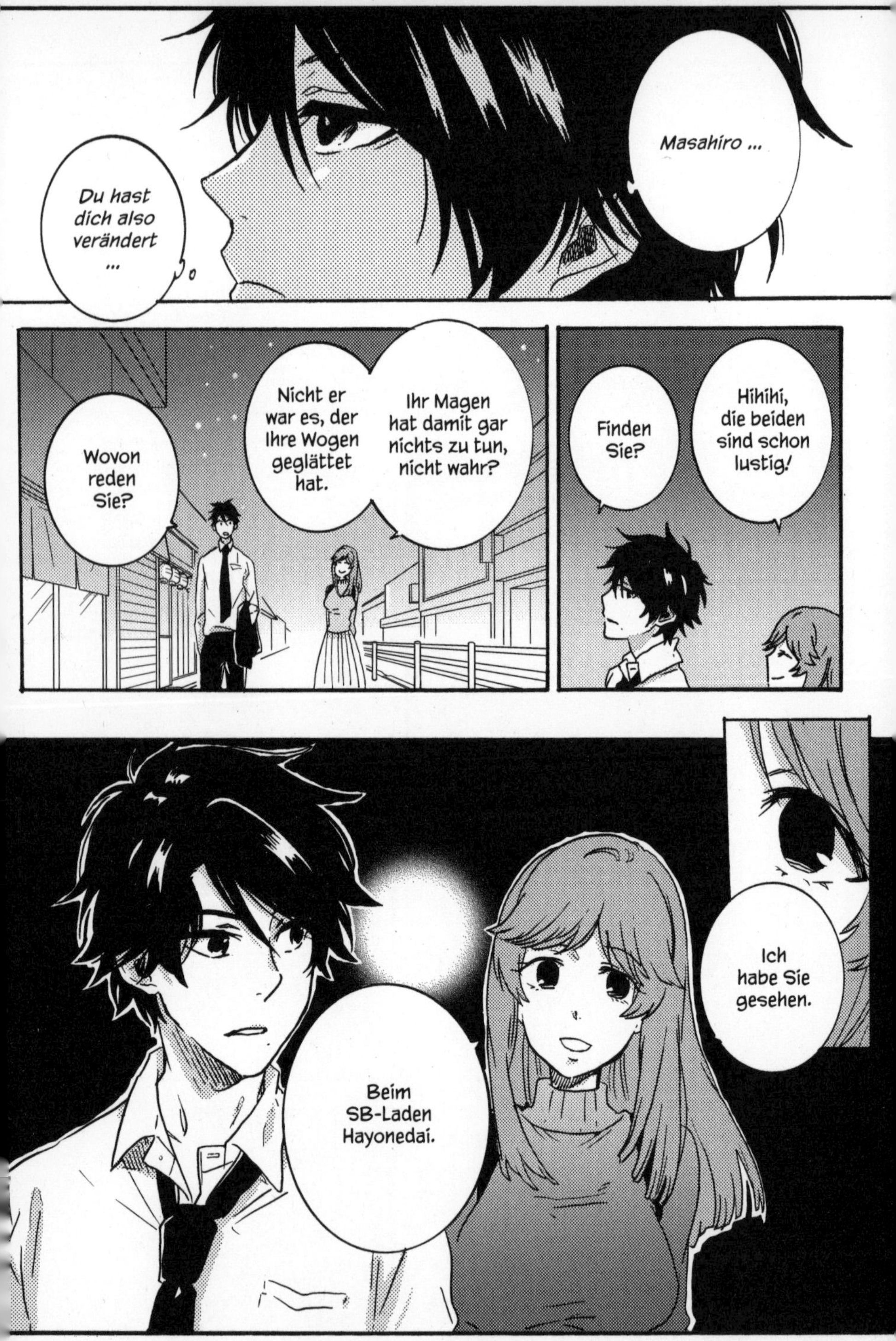

Masahiro ...
Du hast dich also verändert ...
Hihihi, die beiden sind schon lustig!
Finden Sie?
Ihr Magen hat damit gar nichts zu tun, nicht wahr?
Nicht er war es, der Ihre Wogen geglättet hat.
Wovon reden Sie?
Ich habe Sie gesehen.
Beim SB-Laden Hayonedai.

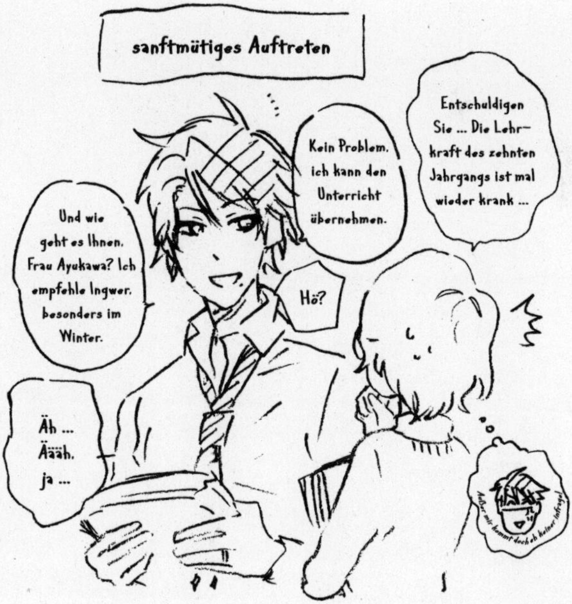
sanftmütiges Auftreten
Entschuldigen Sie ... Die Lehrkraft des zehnten Jahrgangs ist mal wieder krank ...
Kein Problem, ich kann den Unterricht übernehmen.
Hö?
Und wie geht es Ihnen, Frau Ayukawa? Ich empfehle Ingwer, besonders im Winter.
Äh ... Äääh, ja ...
Außer mir kommt doch eh keiner infrage!

HITORIJIME
MY HERO

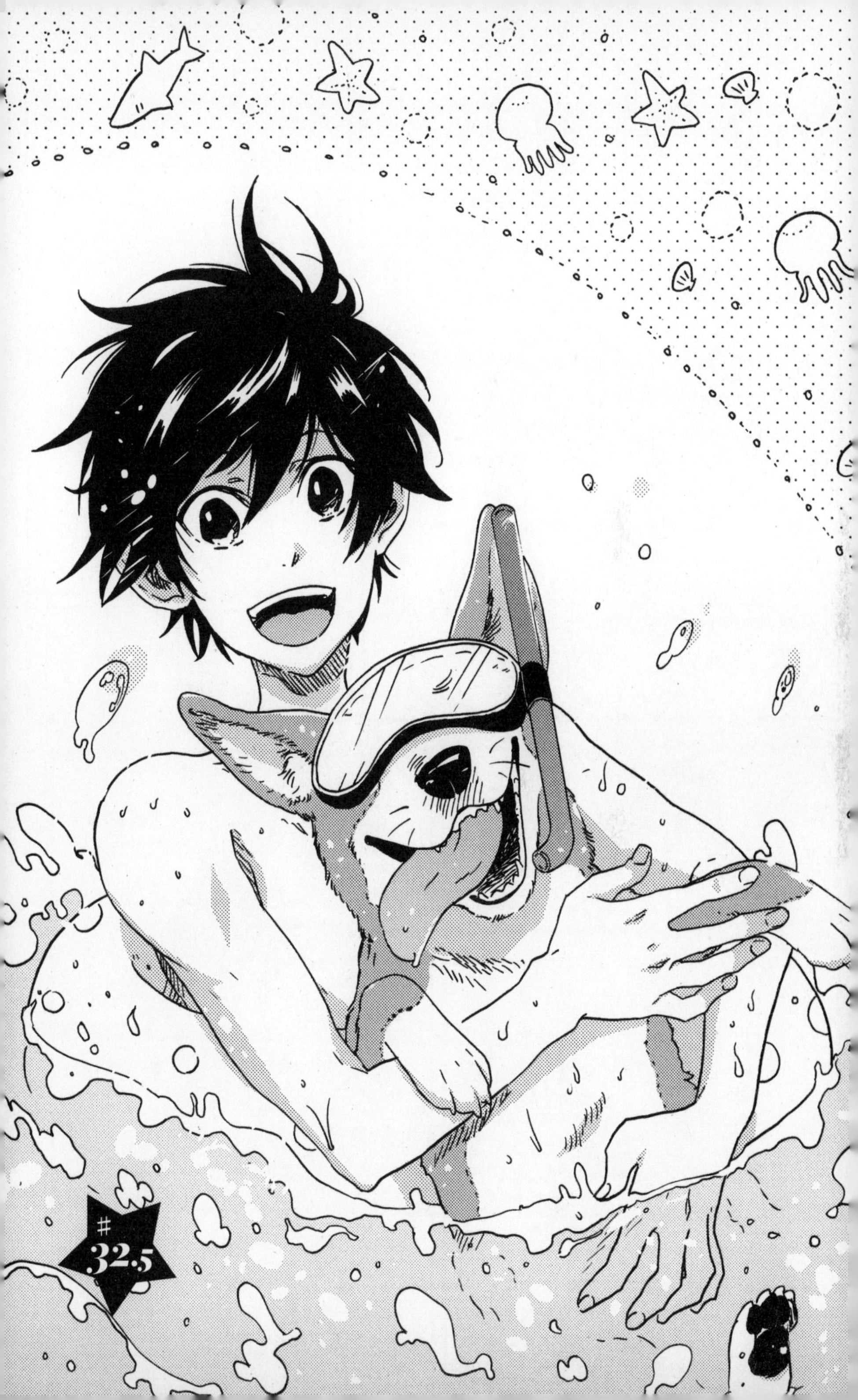

32.5

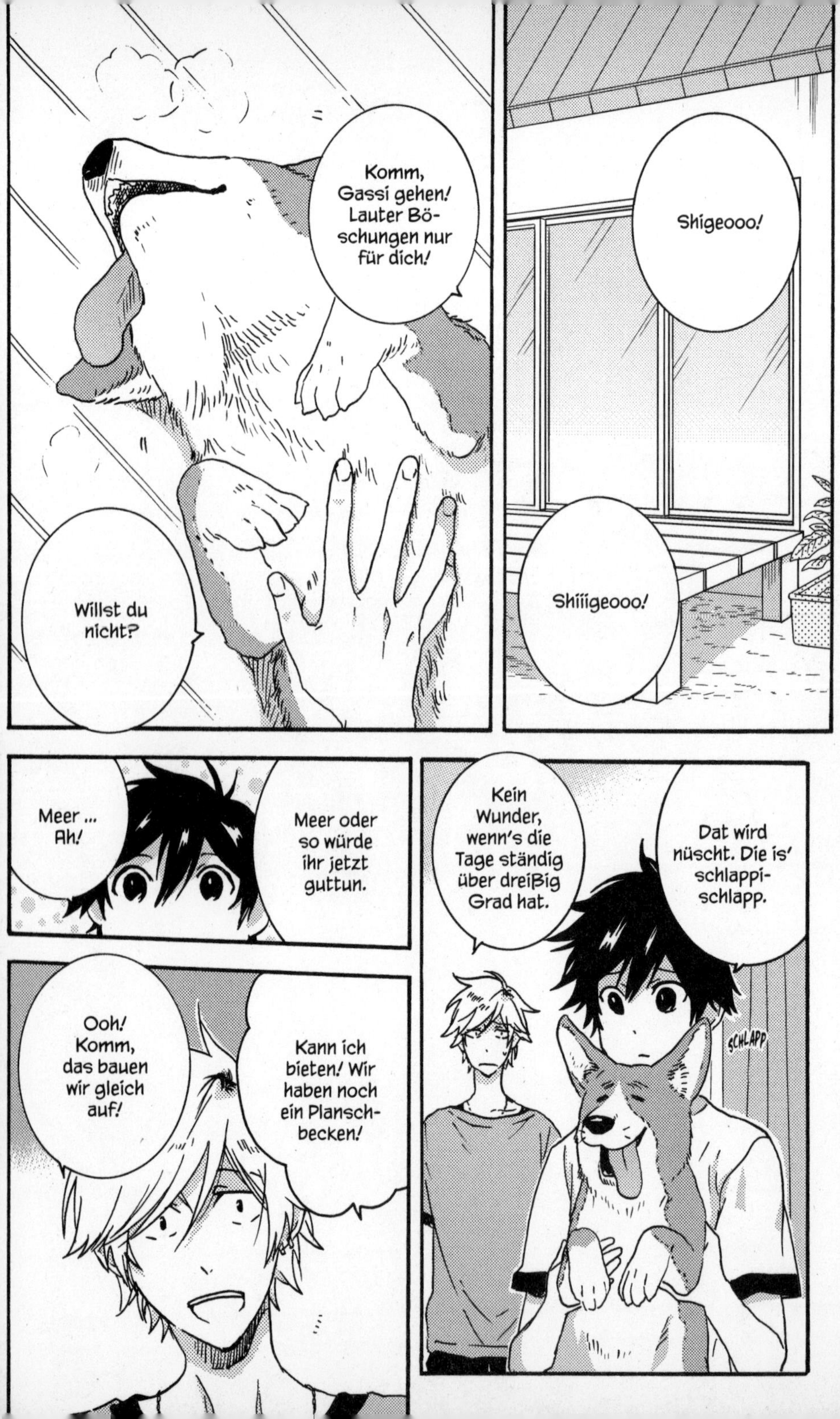
Shigeooo!
Shiiigeooo!
Komm, Gassi gehen! Lauter Böschungen nur für dich!
Willst du nicht?
Dat wird nüscht. Die is' schlappi-schlapp.
Kein Wunder, wenn's die Tage ständig über dreißig Grad hat.
SCHLAPP
Meer oder so würde ihr jetzt guttun.
Meer ... Ah!
Kann ich bieten! Wir haben noch ein Planschbecken!
Ooh! Komm, das bauen wir gleich auf!

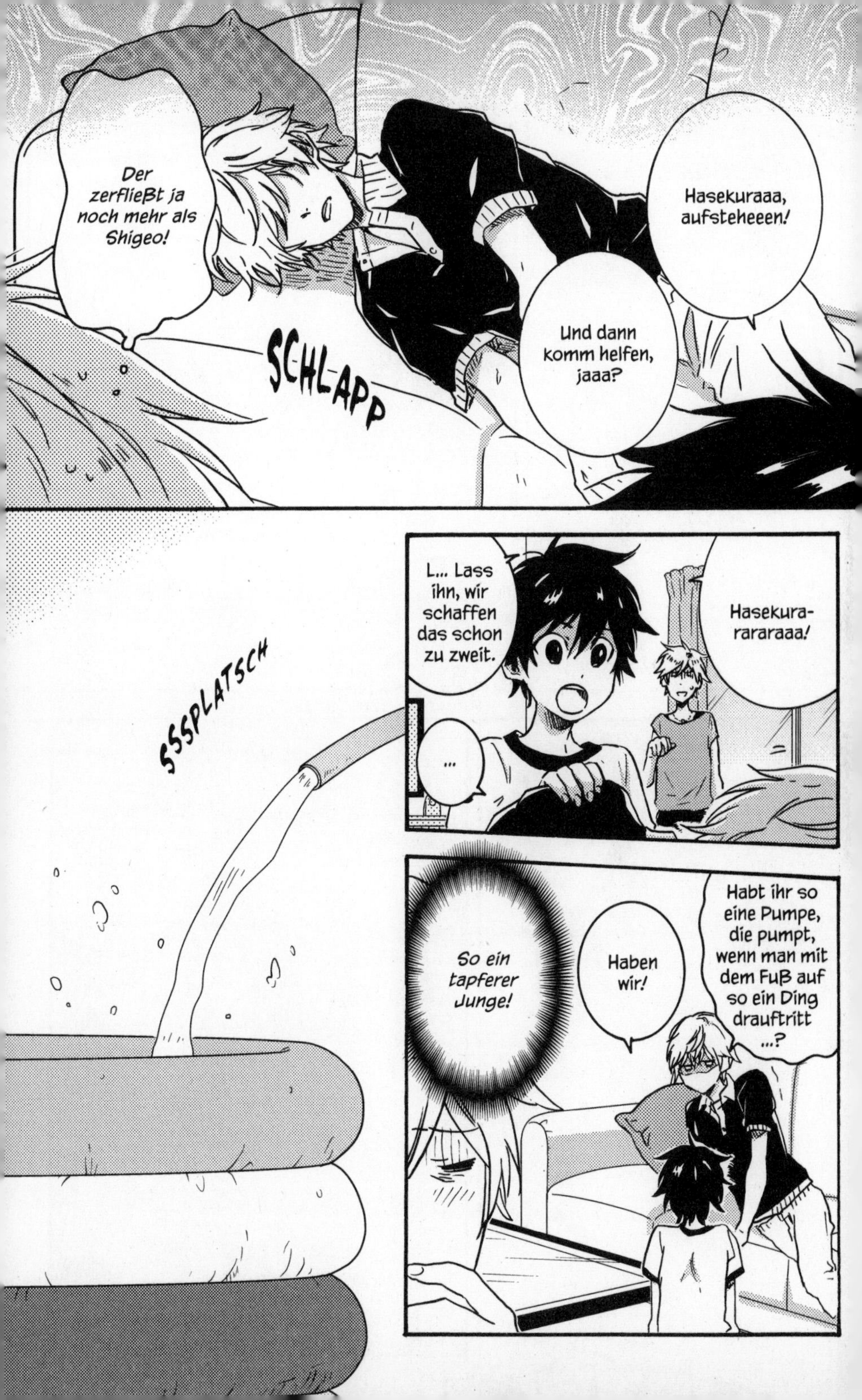

Hasekuraaa, aufsteheeen!
Und dann komm helfen, jaaa?
SCHLAPP
Der zerfließt ja noch mehr als Shigeo!
Hasekura-rararaaa!
L... Lass ihn, wir schaffen das schon zu zweit.
...
SSSPLATSCH
Habt ihr so eine Pumpe, die pumpt, wenn man mit dem Fuß auf so ein Ding drauftritt ...?
Haben wir!
So ein tapferer Junge!

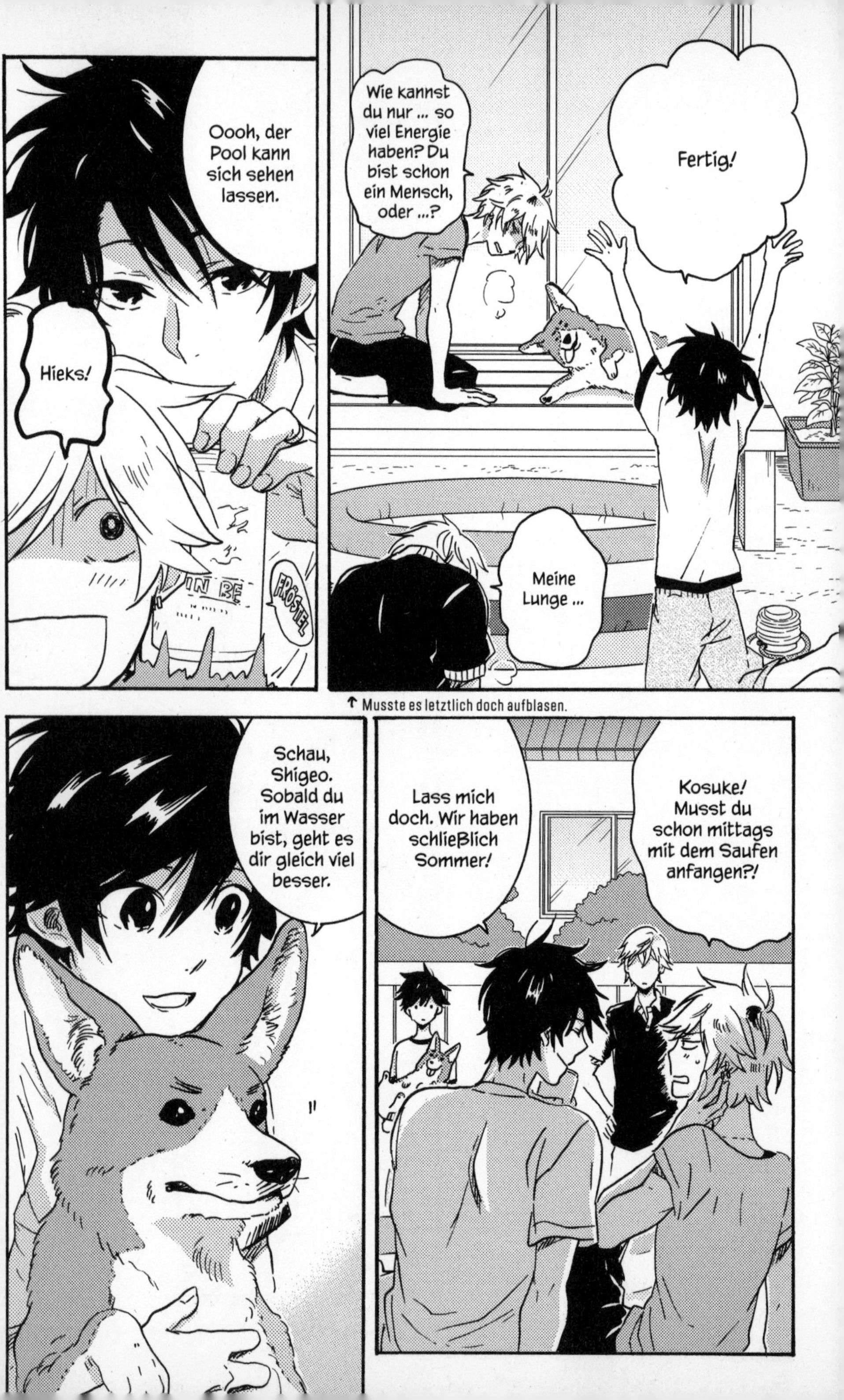
Fertig!
Wie kannst du nur ... so viel Energie haben? Du bist schon ein Mensch, oder ...?
Meine Lunge ...
Oooh, der Pool kann sich sehen lassen.
Hieks!
FRÖSTEL
↑ Musste es letztlich doch aufblasen.
Kosuke! Musst du schon mittags mit dem Saufen anfangen?!
Lass mich doch. Wir haben schließlich Sommer!
Schau, Shigeo. Sobald du im Wasser bist, geht es dir gleich viel besser.

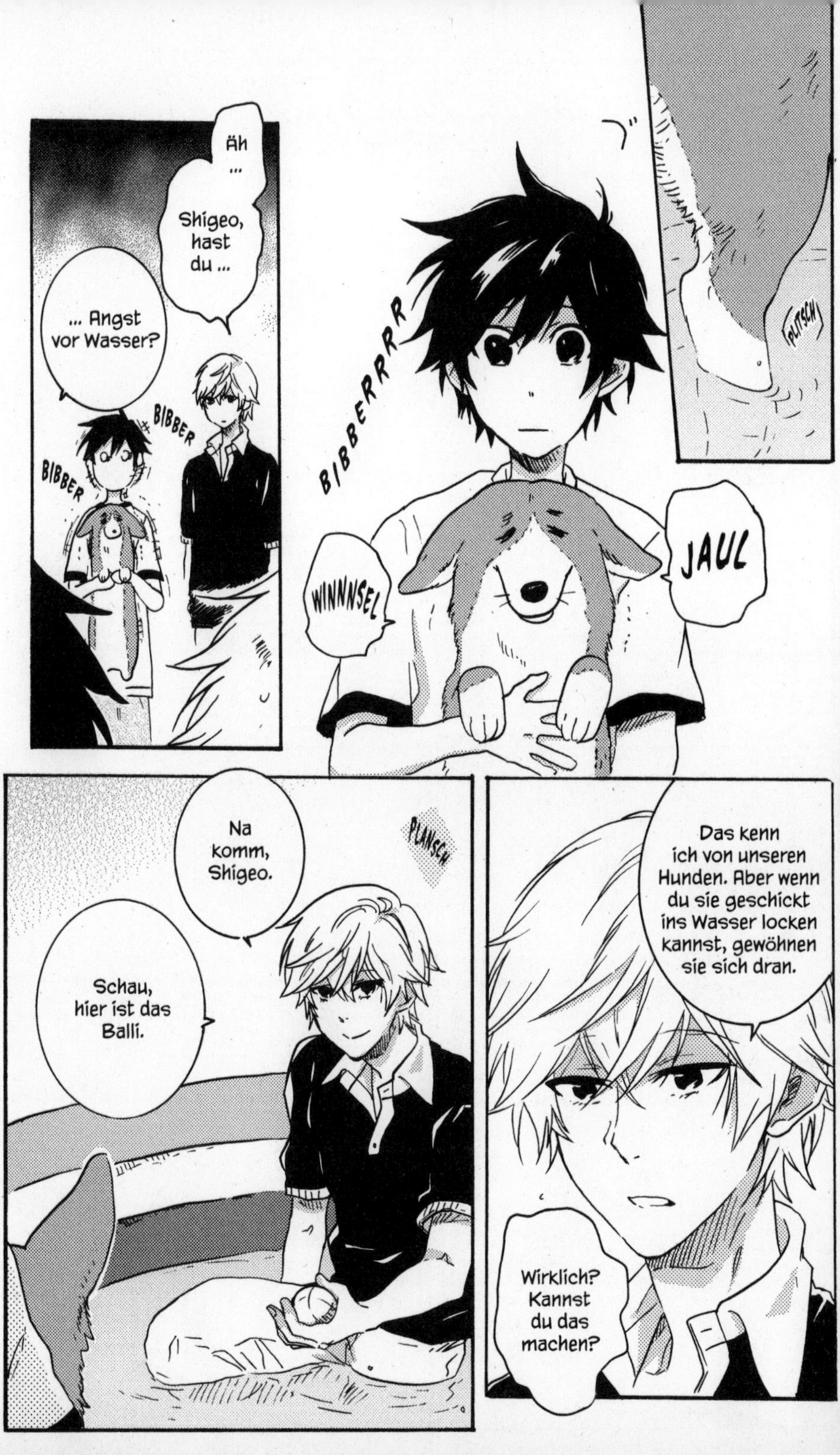
PLITSCH
BIBBERRRR
WINNNSEL
JAUL
Äh ...
Shigeo, hast du ...
... Angst vor Wasser?
BIBBER
BIBBER
Das kenn ich von unseren Hunden. Aber wenn du sie geschickt ins Wasser locken kannst, gewöhnen sie sich dran.
Wirklich? Kannst du das machen?
PLANSCH
Na komm, Shigeo.
Schau, hier ist das Balli.

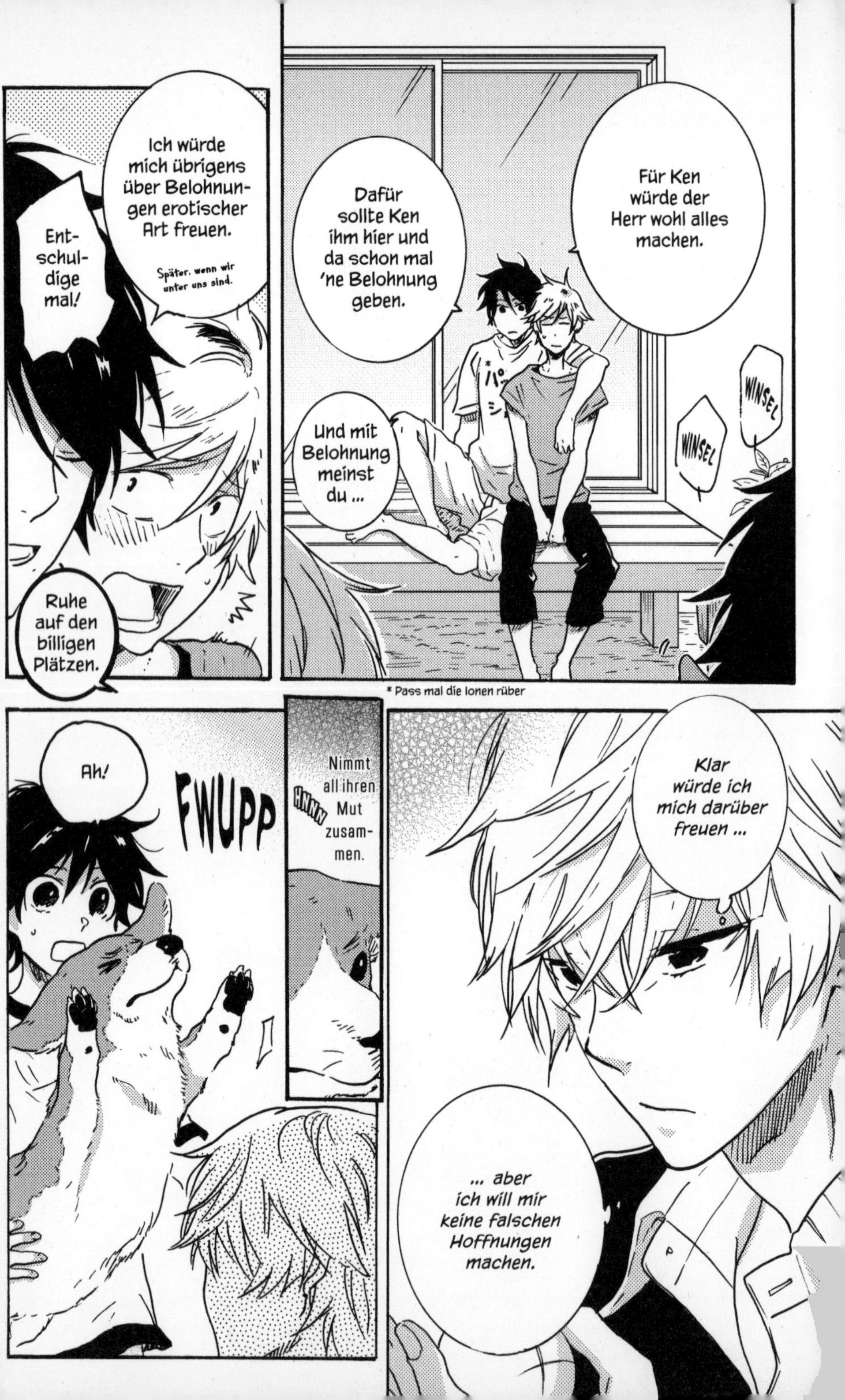

* Pass mal die Ionen rüber

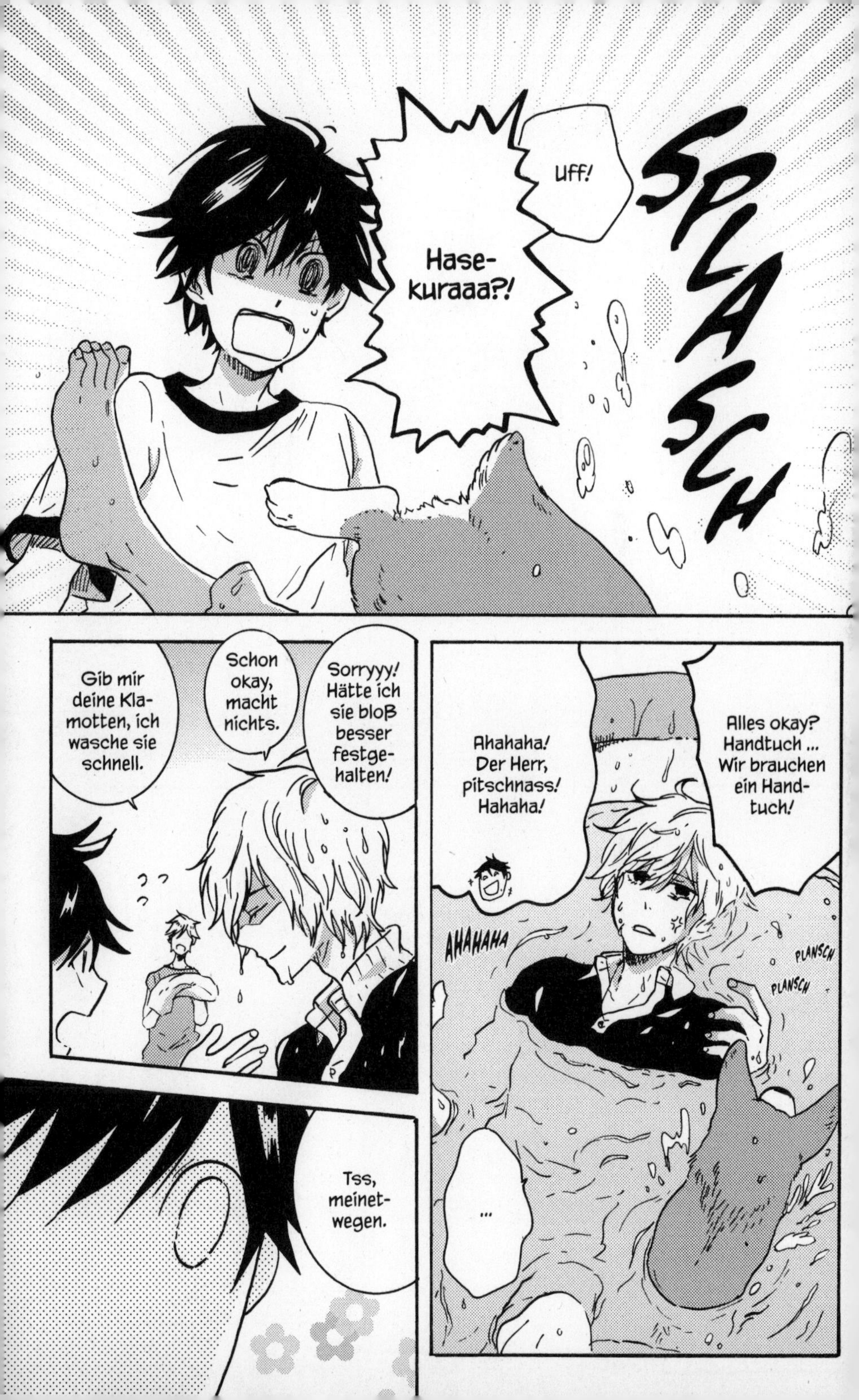
SPLASCH
Uff!
Hase-
kuraaa?!
Alles okay?
Handtuch ...
Wir brauchen
ein Hand-
tuch!
Ahahaha!
Der Herr,
pitschnass!
Hahaha!
AHAHAHA
PLANSCH
PLANSCH
...
Sorryyy!
Hätte ich
sie bloß
besser
festge-
halten!
Schon
okay,
macht
nichts.
Gib mir
deine Kla-
motten, ich
wasche sie
schnell.
Tss,
meinet-
wegen.

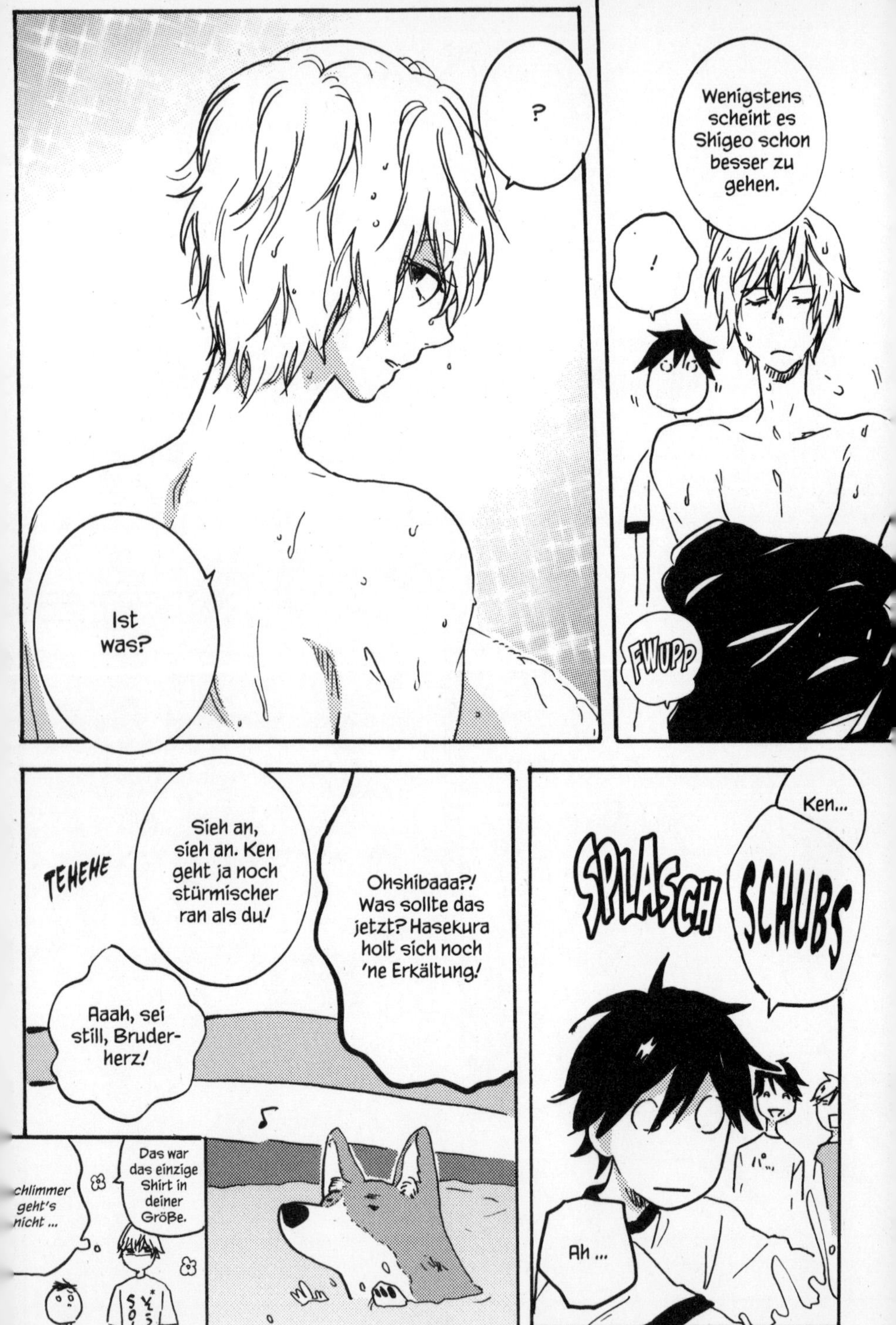

* Somen so Männer

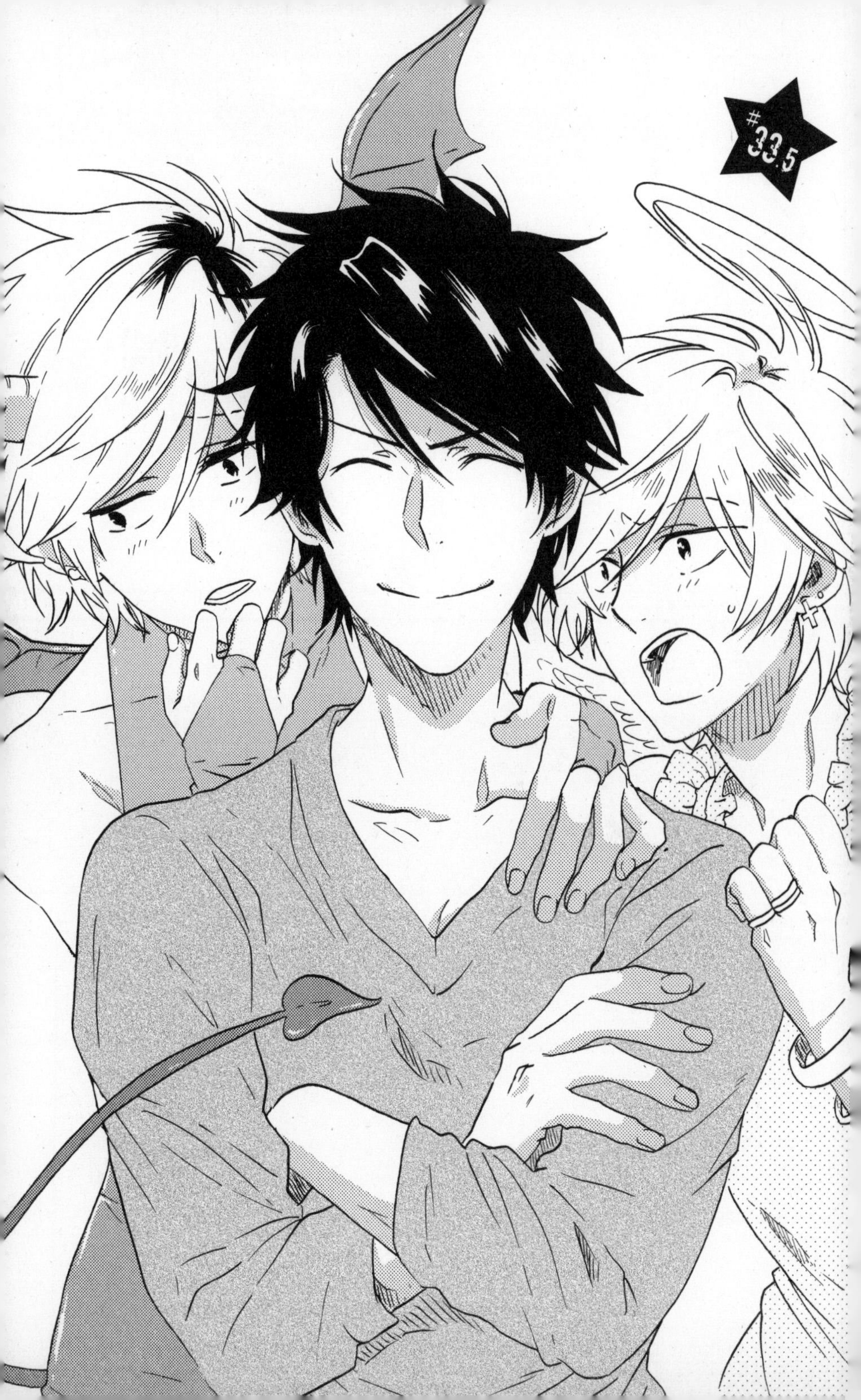
#33.5

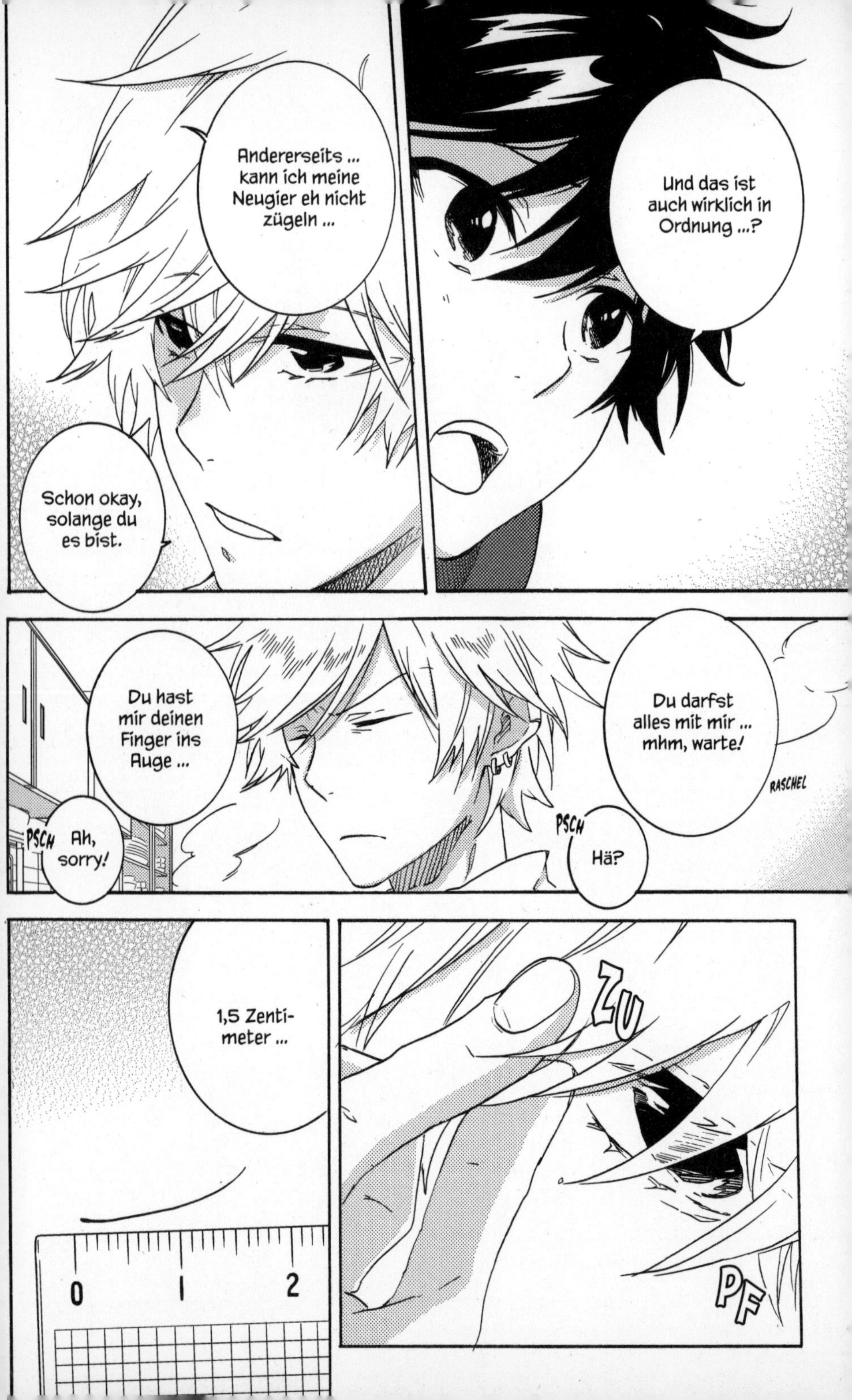
Und das ist auch wirklich in Ordnung ...?
Andererseits ... kann ich meine Neugier eh nicht zügeln ...
Schon okay, solange du es bist.
Du darfst alles mit mir ... mhm, warte!
RASCHEL
PSCH
Hä?
Du hast mir deinen Finger ins Auge ...
PSCH
Ah, sorry!
ZU
PF
1,5 Zentimeter ...
0
1
2

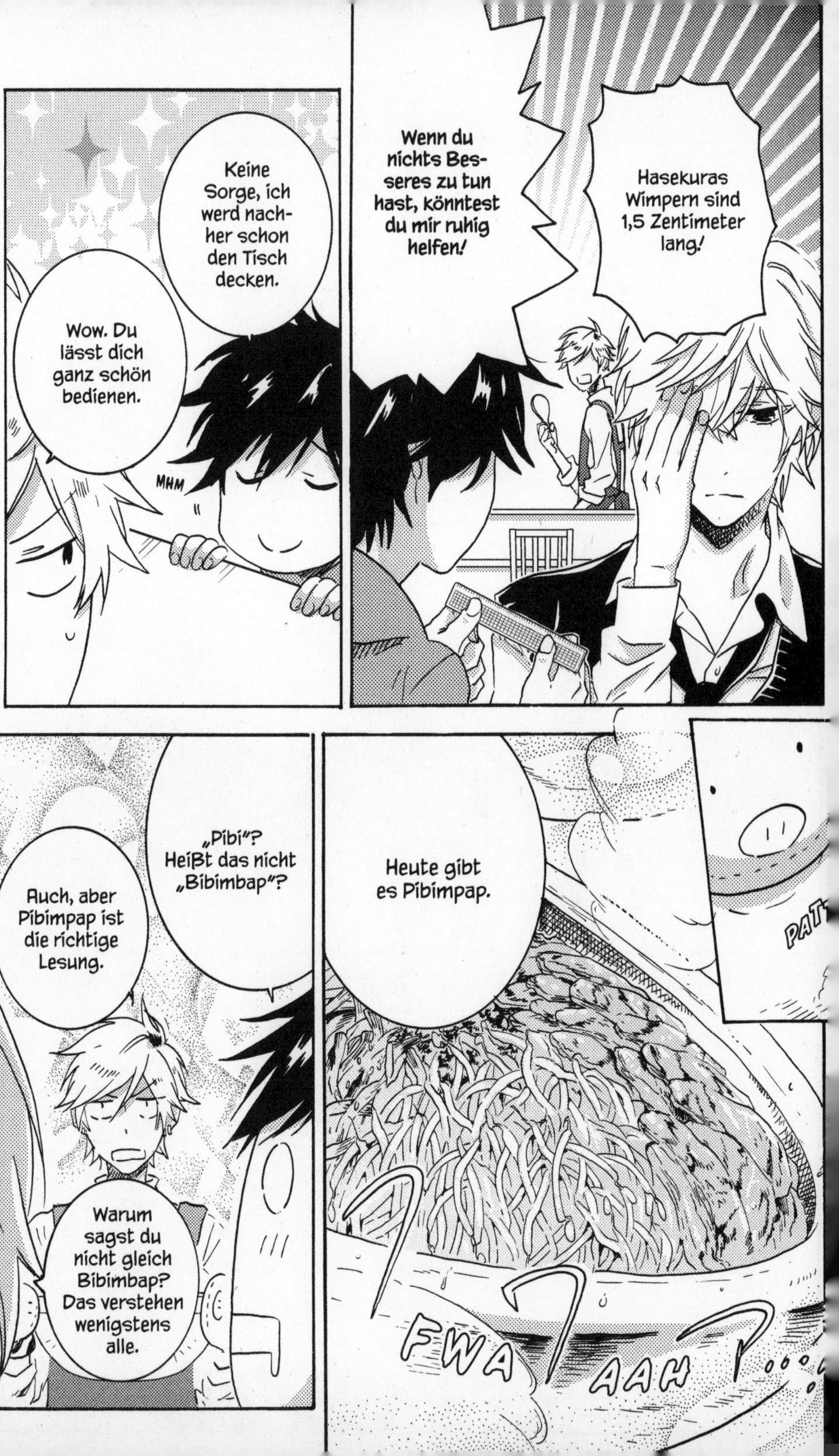
Hasekuras Wimpern sind 1,5 Zentimeter lang!
Wenn du nichts Besseres zu tun hast, könntest du mir ruhig helfen!
Keine Sorge, ich werd nachher schon den Tisch decken.
Wow. Du lässt dich ganz schön bedienen.
MHM
Heute gibt es Pibimpap.
FWA AAH
„Pibi"? Heißt das nicht „Bibimbap"?
Auch, aber Pibimpap ist die richtige Lesung.
Warum sagst du nicht gleich Bibimbap? Das verstehen wenigstens alle.

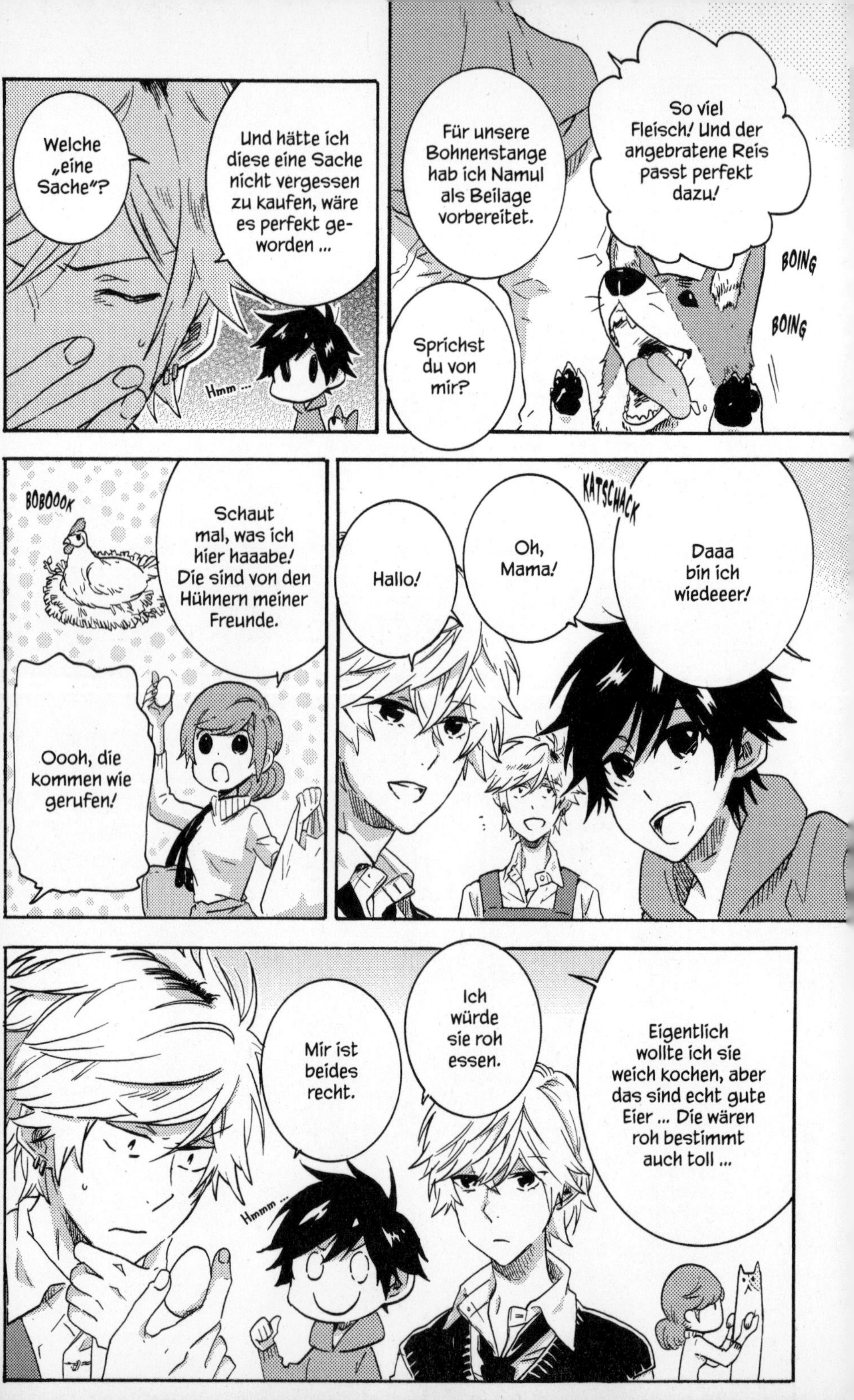

So viel Fleisch! Und der angebratene Reis passt perfekt dazu!
BOING
BOING
Für unsere Bohnenstange hab ich Namul als Beilage vorbereitet.
Sprichst du von mir?
Und hätte ich diese eine Sache nicht vergessen zu kaufen, wäre es perfekt geworden ...
Welche „eine Sache"?
Hmm ...
Daaa bin ich wiedeeer!
KATSCHACK
Oh, Mama!
Hallo!
Schaut mal, was ich hier haaabe! Die sind von den Hühnern meiner Freunde.
BOBOOOK
Oooh, die kommen wie gerufen!
Eigentlich wollte ich sie weich kochen, aber das sind echt gute Eier ... Die wären roh bestimmt auch toll ...
Ich würde sie roh essen.
Mir ist beides recht.
Hmmm ...

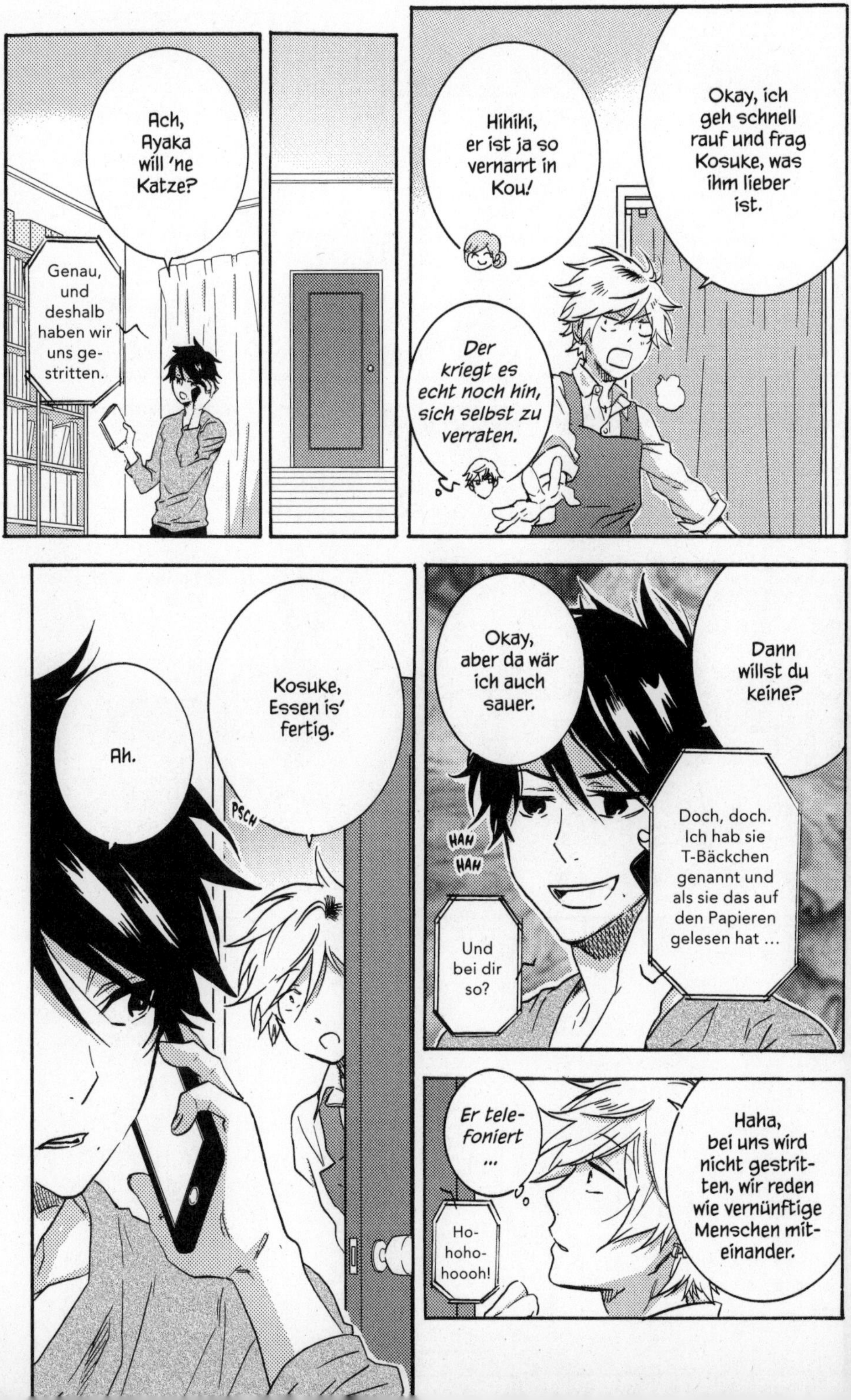
Okay, ich geh schnell rauf und frag Kosuke, was ihm lieber ist.
Hihihi, er ist ja so vernarrt in Kou!
Der kriegt es echt noch hin, sich selbst zu verraten.
Ach, Ayaka will 'ne Katze?
Genau, und deshalb haben wir uns ge-stritten.
Dann willst du keine?
Okay, aber da wär ich auch sauer.
Doch, doch. Ich hab sie T-Bäckchen genannt und als sie das auf den Papieren gelesen hat …
HAH HAH
Und bei dir so?
Haha, bei uns wird nicht gestrit-ten, wir reden wie vernünftige Menschen mit-einander.
Er tele-foniert …
Ho-hoho-hoooh!
Kosuke, Essen is' fertig.
PSCH
Ah.

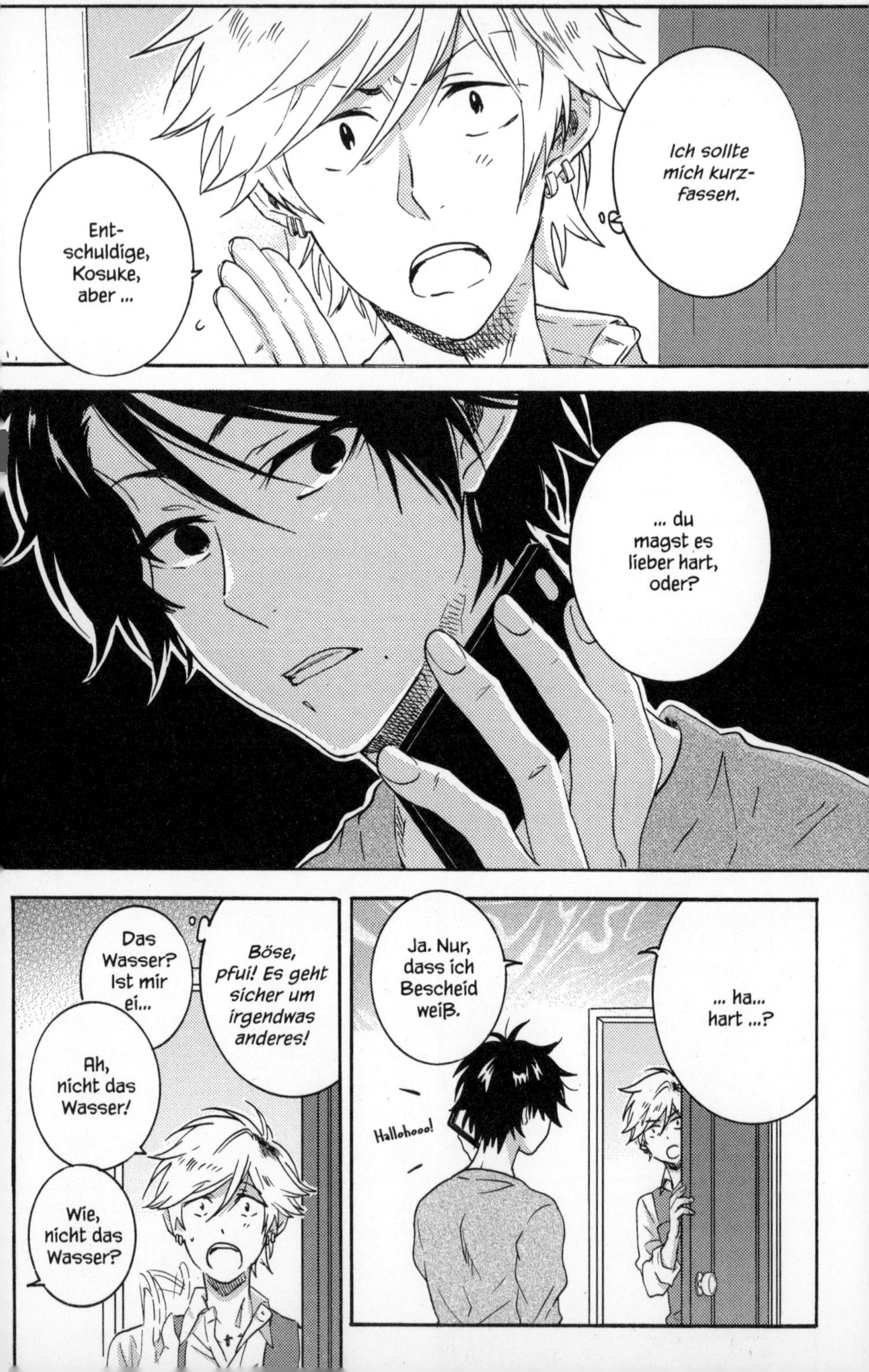
Ich sollte mich kurzfassen.
Entschuldige, Kosuke, aber ...
... du magst es lieber hart, oder?
... ha... hart ...?
Ja. Nur, dass ich Bescheid weiß.
Hallohooo!
Böse, pfui! Es geht sicher um irgendwas anderes!
Das Wasser? Ist mir ei...
Ah, nicht das Wasser!
Wie, nicht das Wasser?

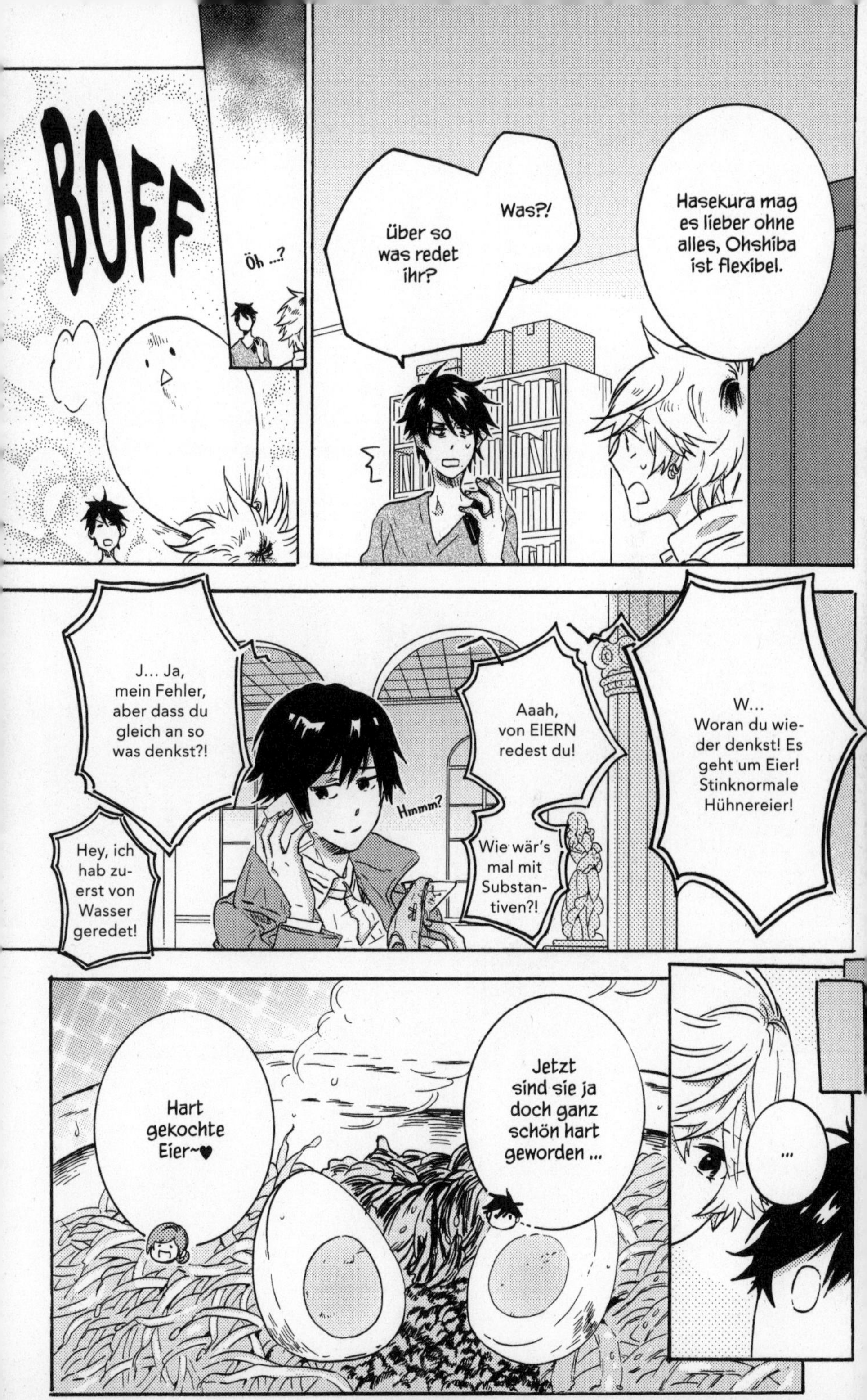
Hasekura mag es lieber ohne alles, Ohshiba ist flexibel.
Was?!
über so was redet ihr?
Öh ...?
BOFF
W... Woran du wieder denkst! Es geht um Eier! Stinknormale Hühnereier!
Aaah, von EIERN redest du!
Wie wär's mal mit Substantiven?!
Hmmm?
J... Ja, mein Fehler, aber dass du gleich an so was denkst?!
Hey, ich hab zuerst von Wasser geredet!
...
Jetzt sind sie ja doch ganz schön hart geworden ...
Hart gekochte Eier~♥

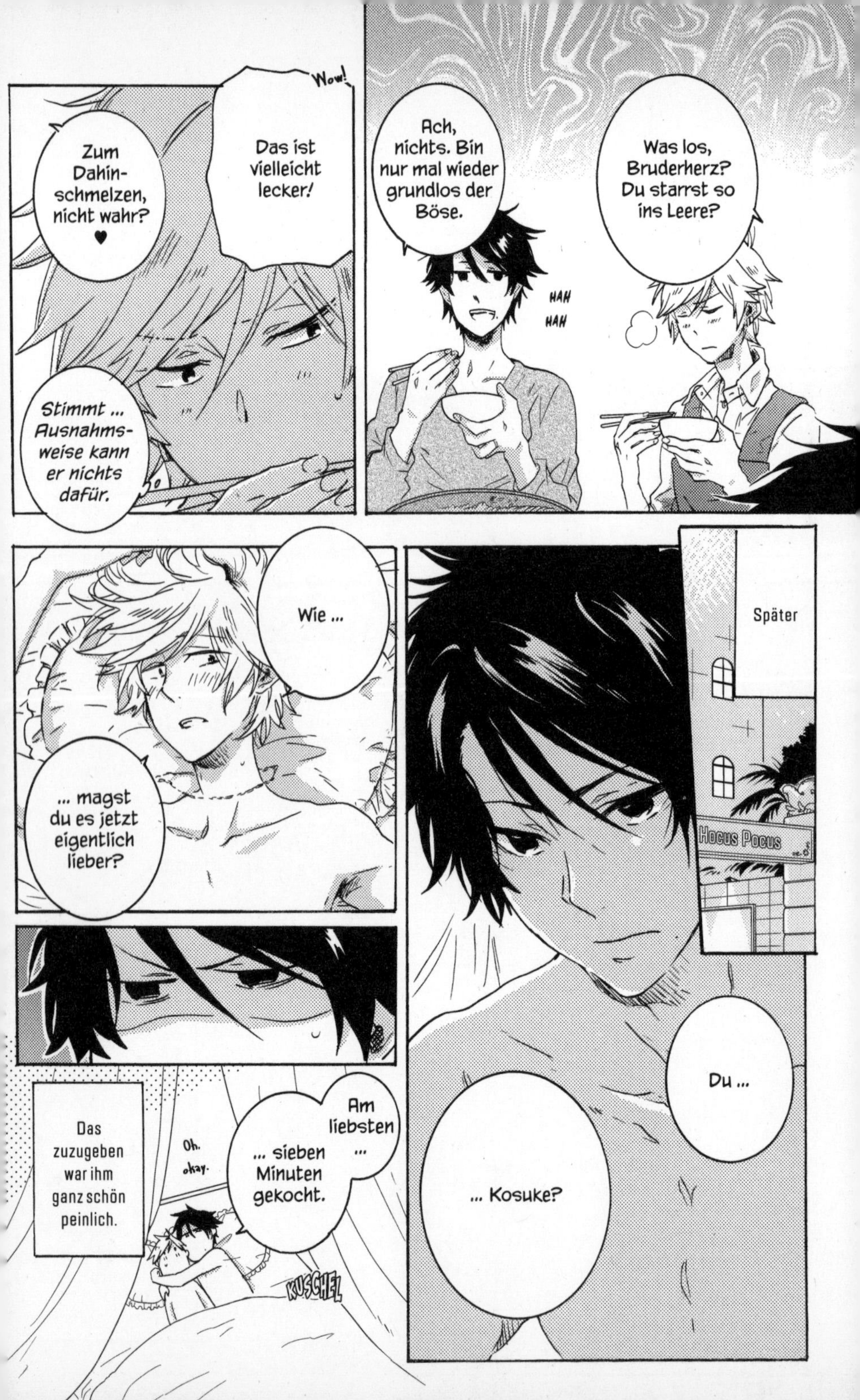
Was los, Bruderherz? Du starrst so ins Leere?
Ach, nichts. Bin nur mal wieder grundlos der Böse.
HAH HAH
Wow!
Das ist vielleicht lecker!
Zum Dahinschmelzen, nicht wahr? ♥
Stimmt ... Ausnahmsweise kann er nichts dafür.
Später
Hocus Pocus
Du ...
... Kosuke?
Wie ...
... magst du es jetzt eigentlich lieber?
Am liebsten ...
... sieben Minuten gekocht.
Oh. okay.
KUSCHEL
Das zuzugeben war ihm ganz schön peinlich.

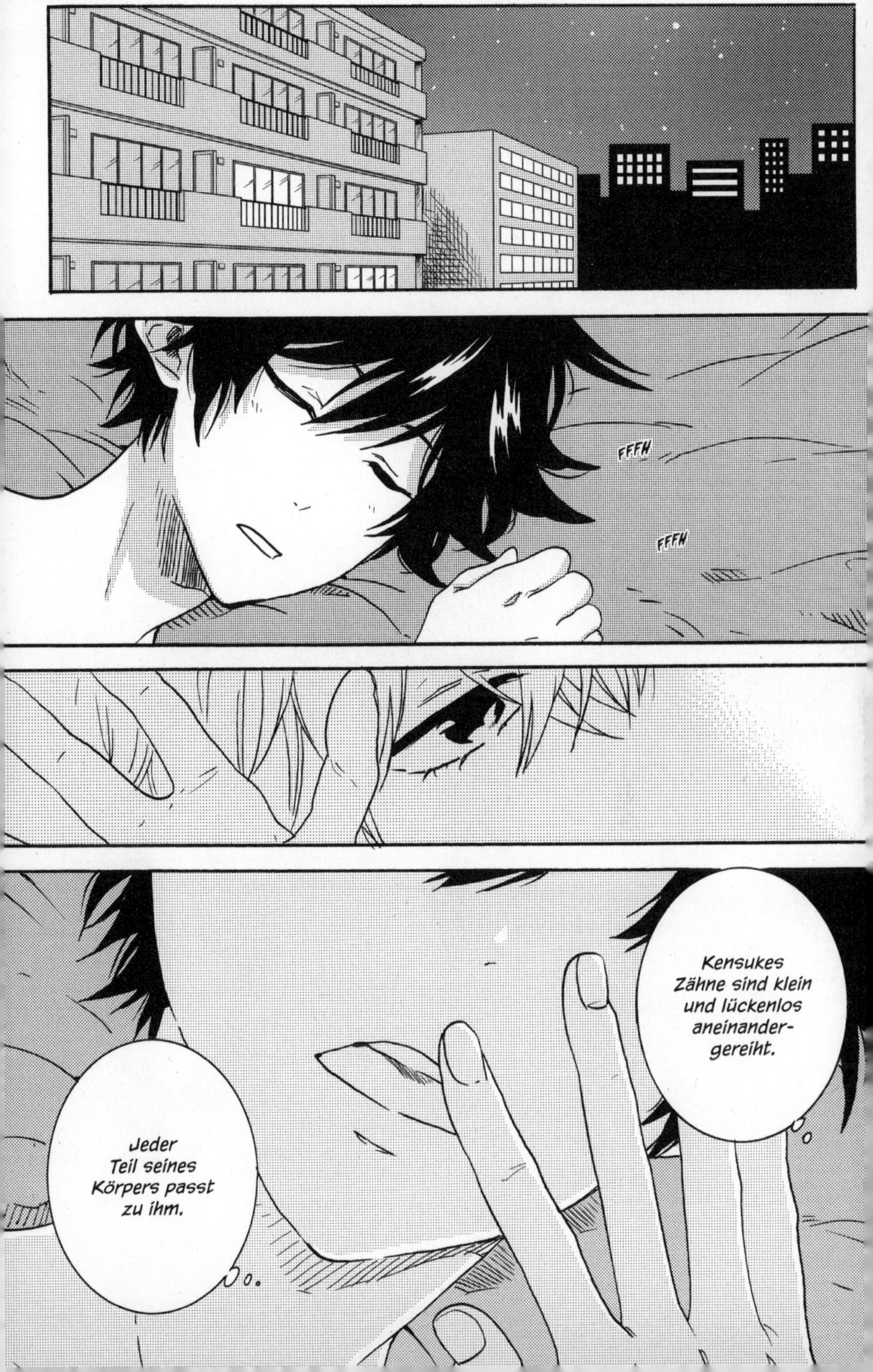
FFFH
FFFH
Kensukes Zähne sind klein und lückenlos aneinander-gereiht.
Jeder Teil seines Körpers passt zu ihm.

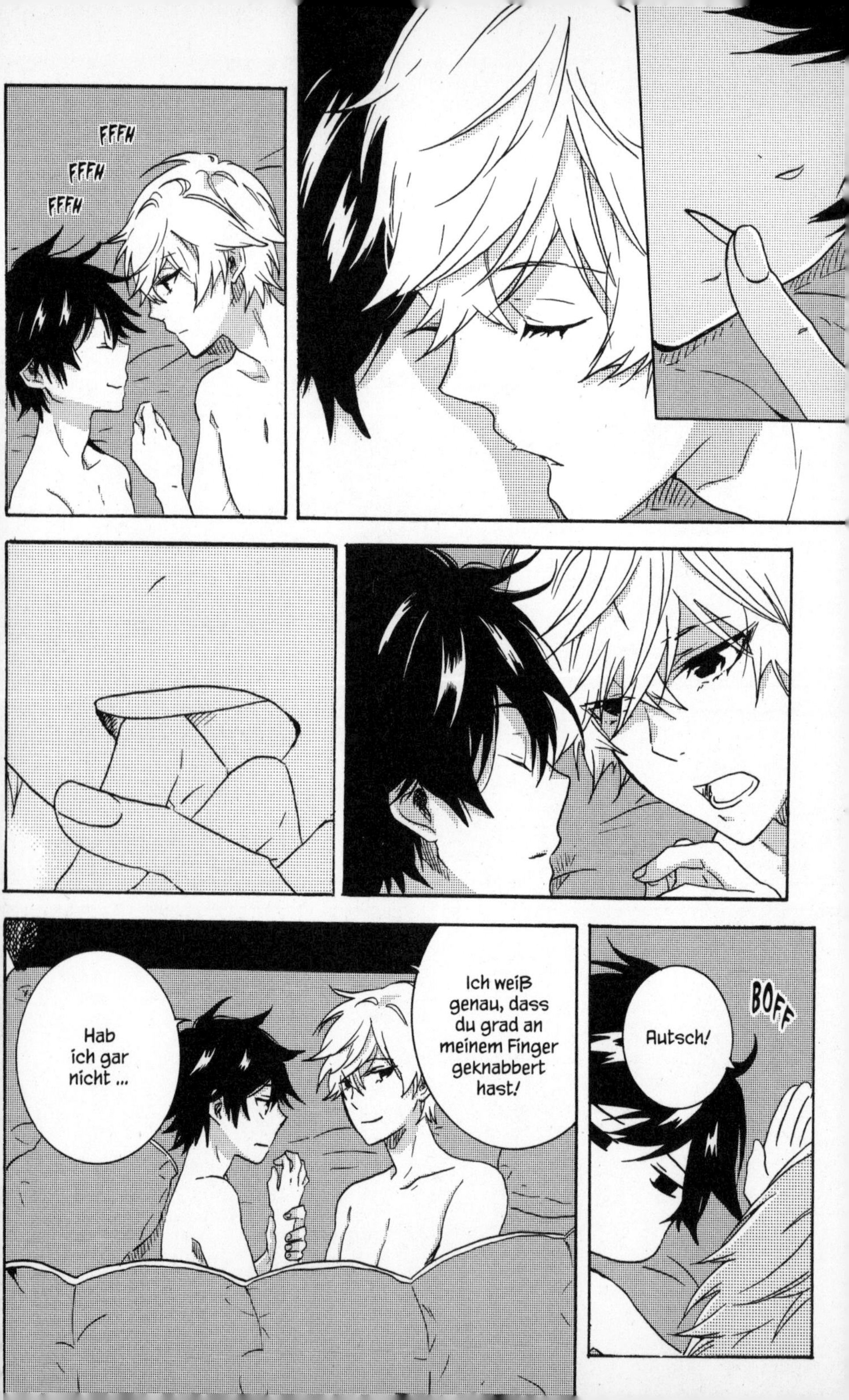
FFFH
FFFH
FFFH
Autsch!
BOFF
Ich weiß genau, dass du grad an meinem Finger geknabbert hast!
Hab ich gar nicht ...

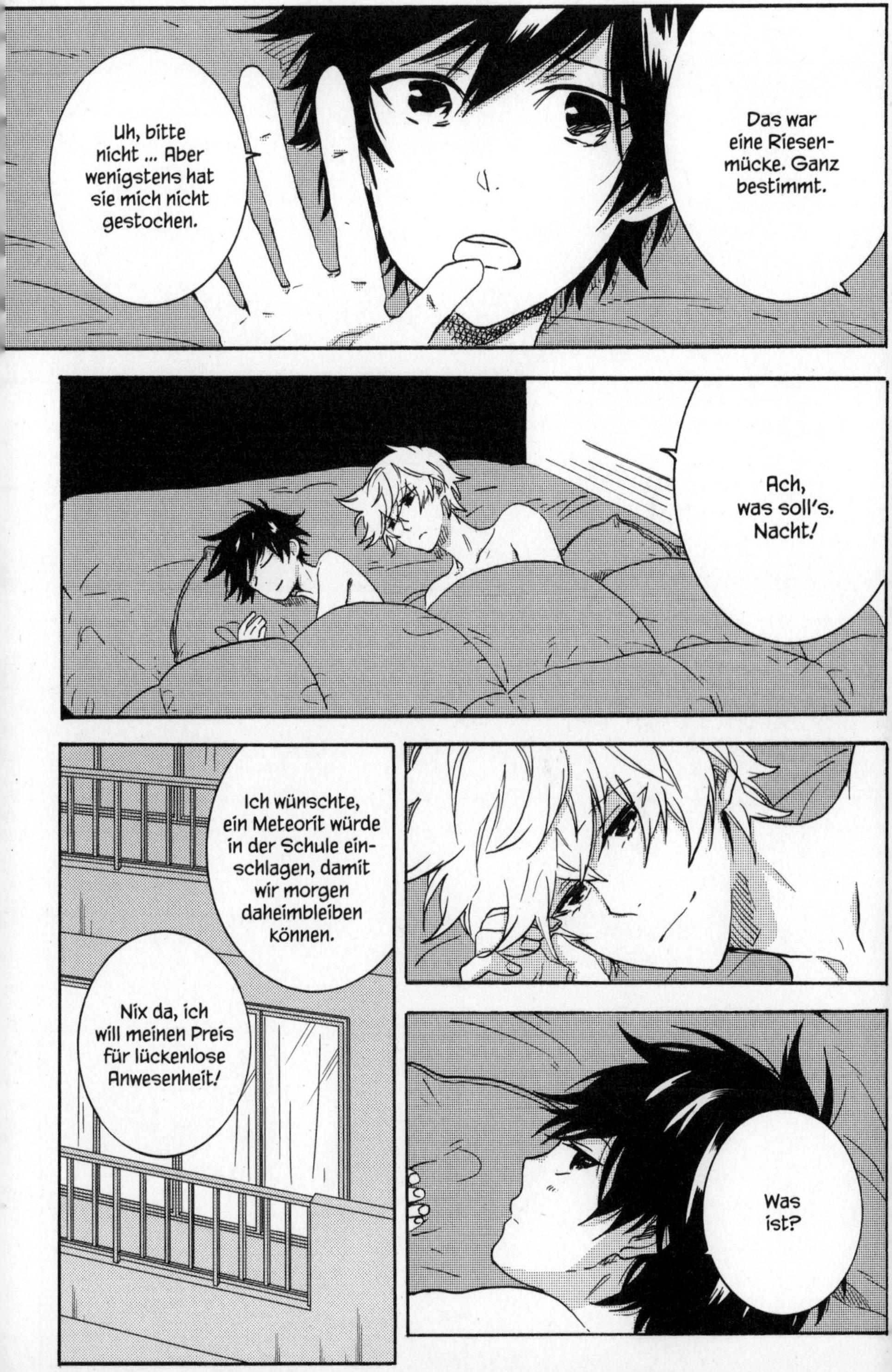
Das war eine Riesenmücke. Ganz bestimmt.
Uh, bitte nicht ... Aber wenigstens hat sie mich nicht gestochen.
Ach, was soll's. Nacht!
Ich wünschte, ein Meteorit würde in der Schule einschlagen, damit wir morgen daheimbleiben können.
Nix da, ich will meinen Preis für lückenlose Anwesenheit!
Was ist?

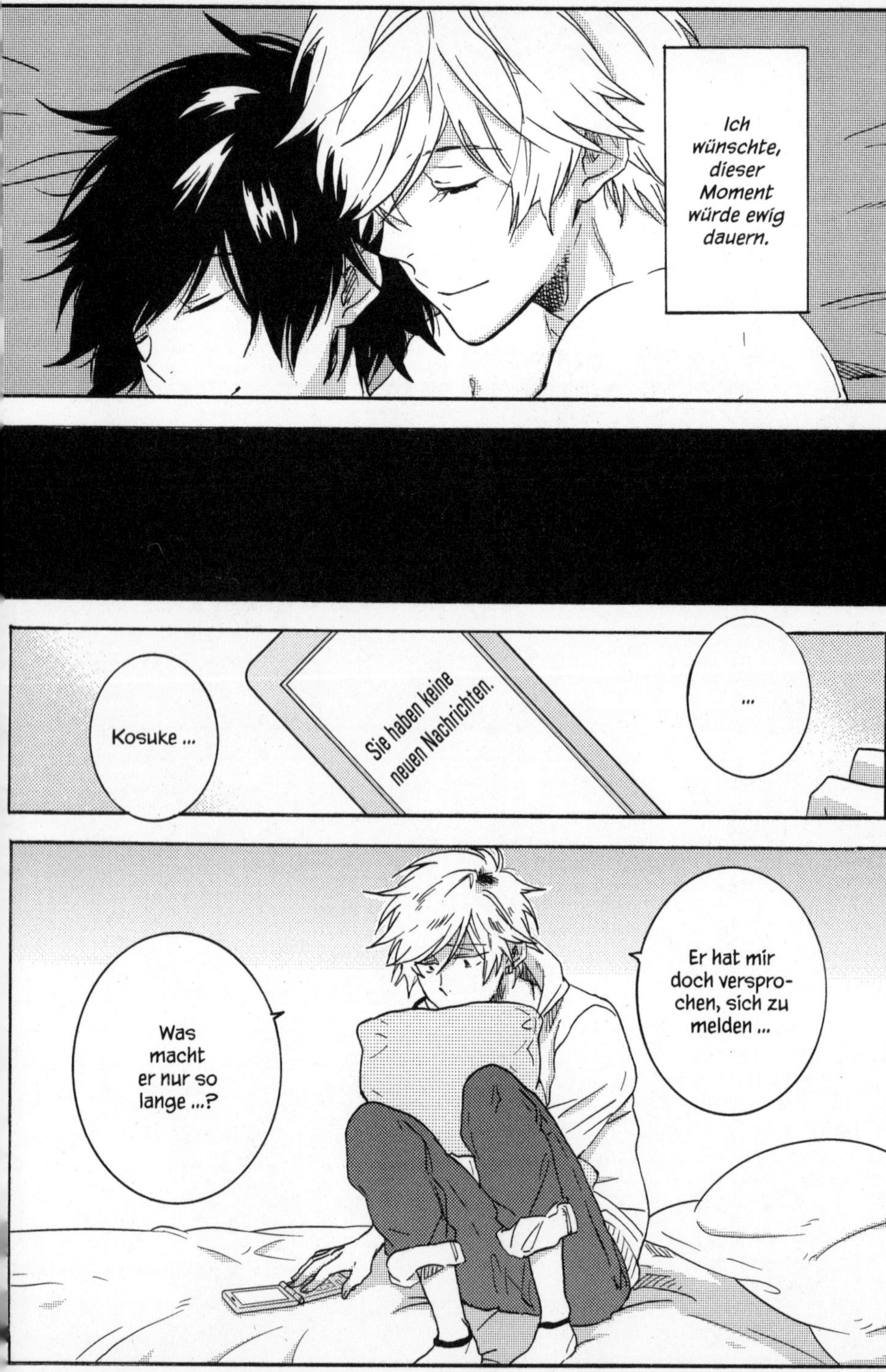
Ich wünschte, dieser Moment würde ewig dauern.
...
Sie haben keine neuen Nachrichten.
Kosuke ...
Er hat mir doch versprochen, sich zu melden ...
Was macht er nur so lange ...?

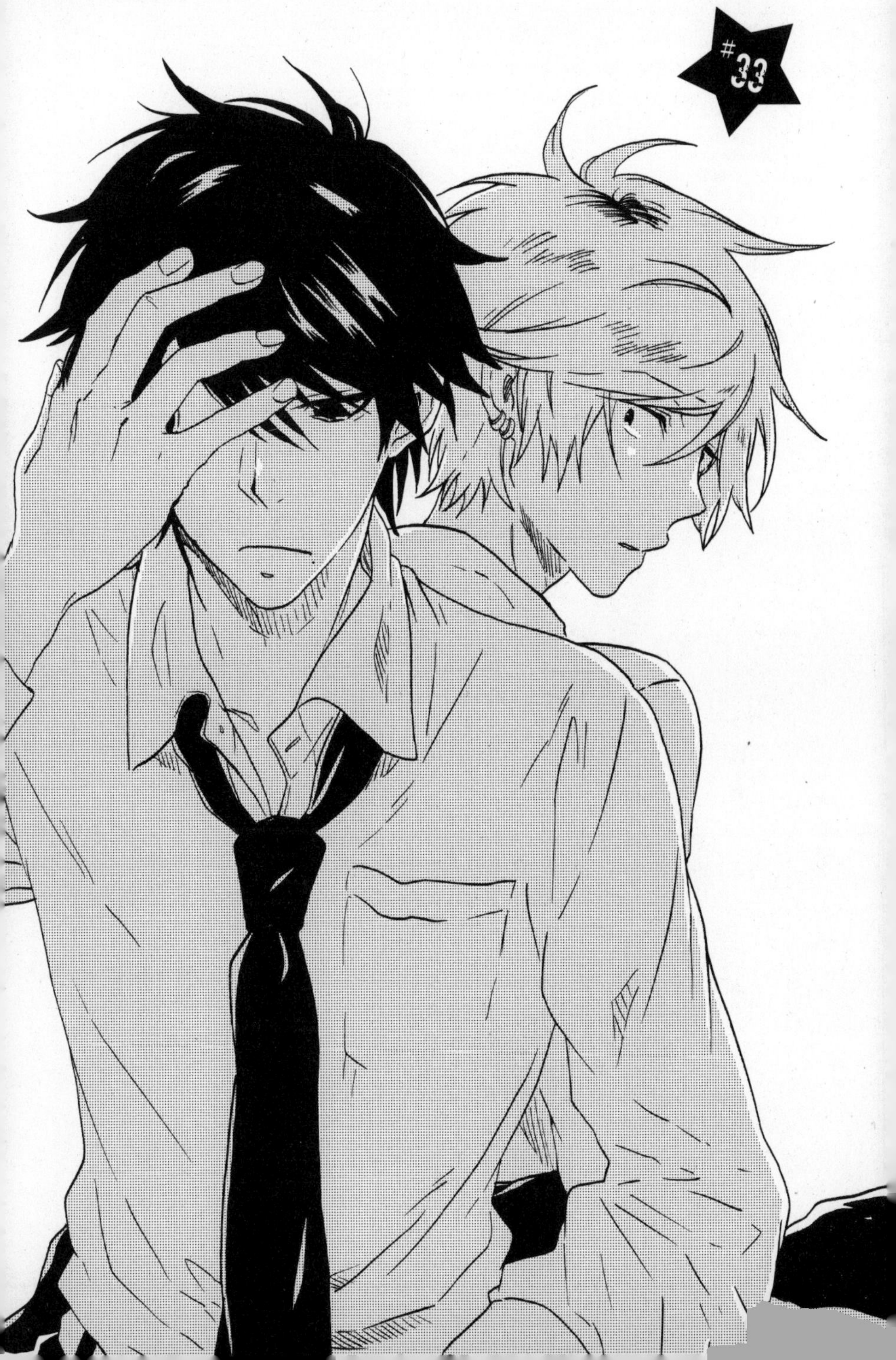
#33

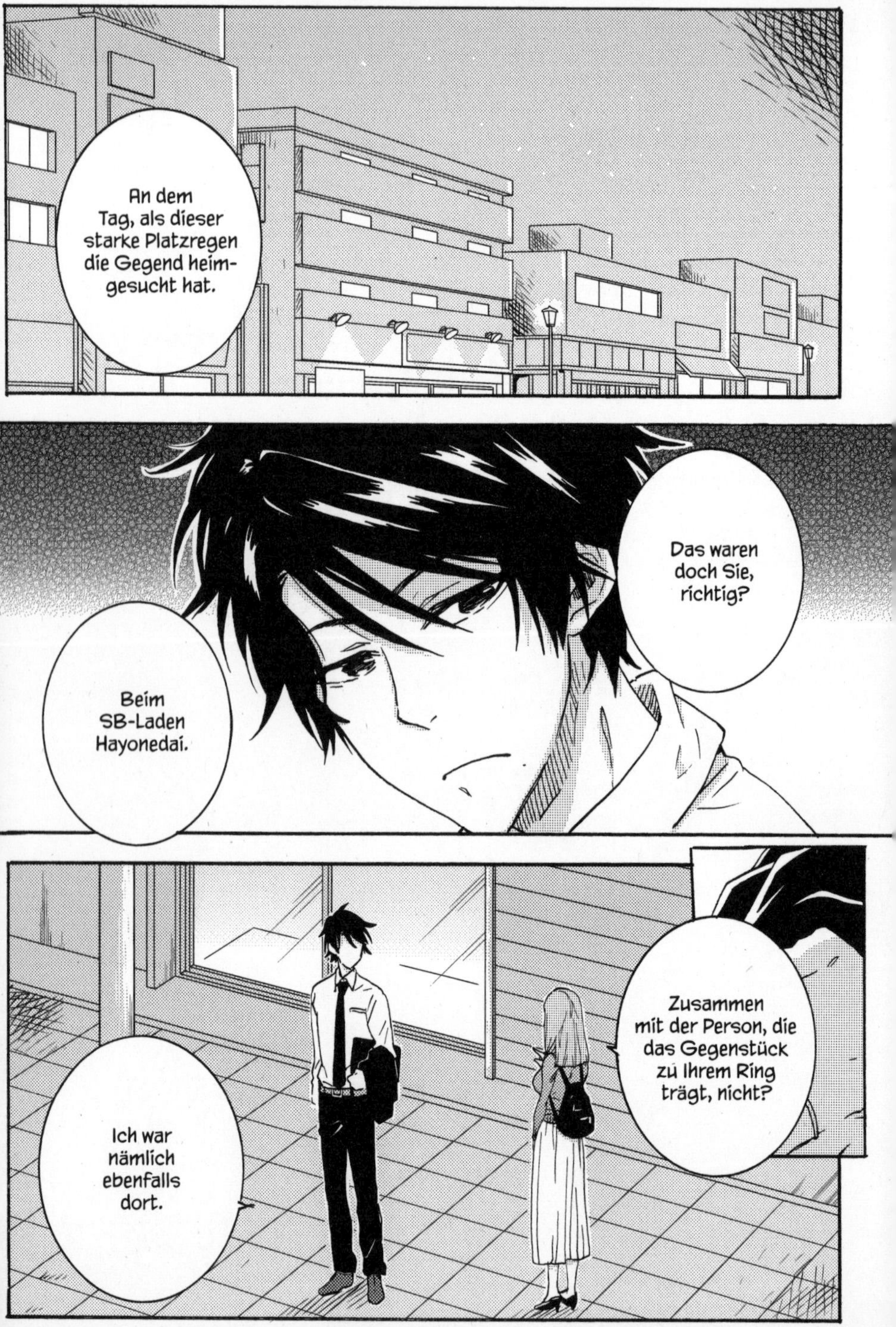
An dem Tag, als dieser starke Platzregen die Gegend heimgesucht hat.
Das waren doch Sie, richtig?
Beim SB-Laden Hayonedai.
Zusammen mit der Person, die das Gegenstück zu Ihrem Ring trägt, nicht?
Ich war nämlich ebenfalls dort.

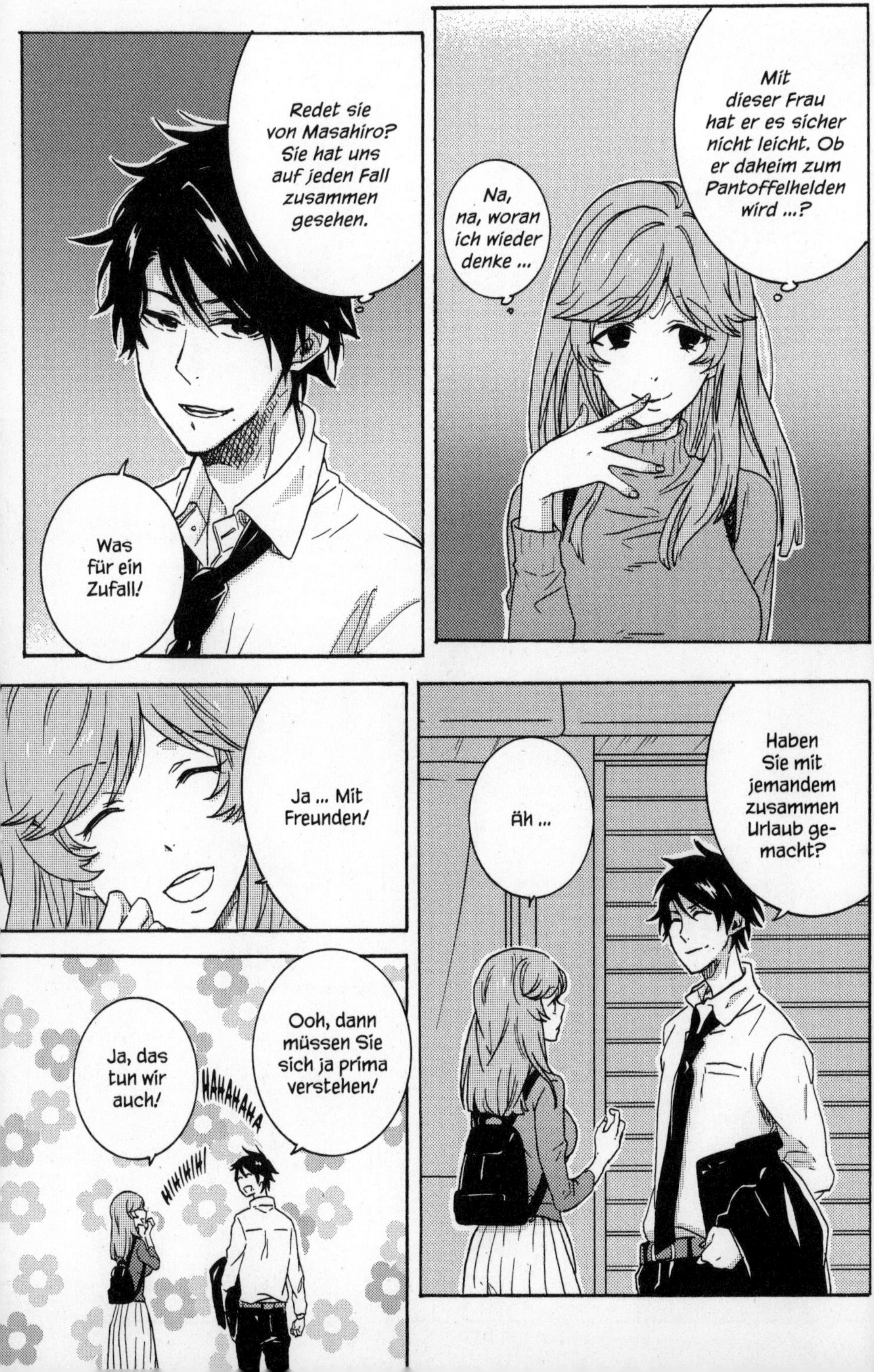
Mit dieser Frau hat er es sicher nicht leicht. Ob er daheim zum Pantoffelhelden wird ...?
Na, na, woran ich wieder denke ...
Redet sie von Masahiro? Sie hat uns auf jeden Fall zusammen gesehen.
Was für ein Zufall!
Haben Sie mit jemandem zusammen Urlaub gemacht?
Äh ...
Ja ... Mit Freunden!
Ooh, dann müssen Sie sich ja prima verstehen!
Ja, das tun wir auch!
HAHAHAHA
HIHIHIHI

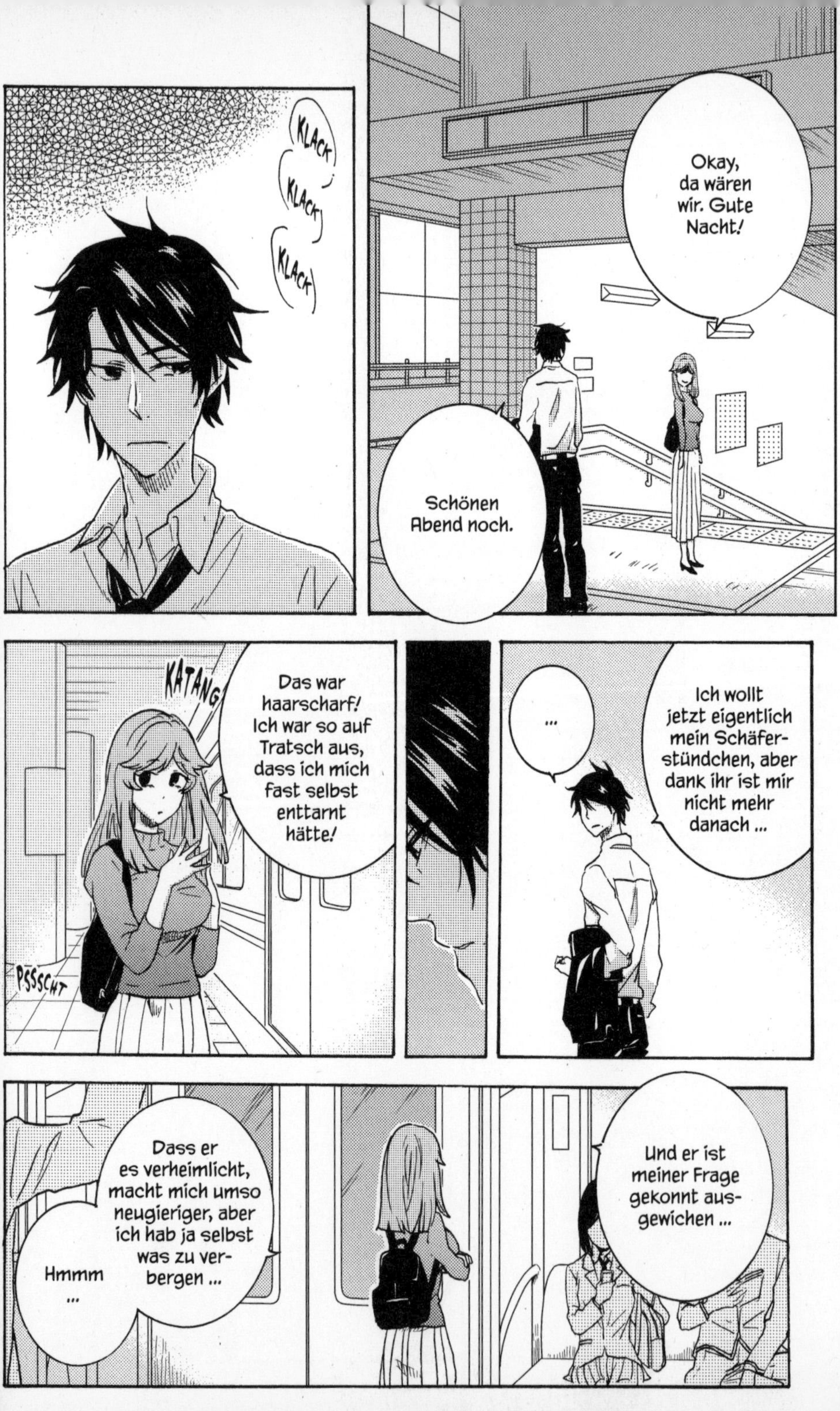
Okay, da wären wir. Gute Nacht!
Schönen Abend noch.
KLACK
KLACK
KLACK
...
Ich wollt jetzt eigentlich mein Schäferstündchen, aber dank ihr ist mir nicht mehr danach ...
KATANG
Das war haarscharf! Ich war so auf Tratsch aus, dass ich mich fast selbst enttarnt hätte!
PSSSCHT
Und er ist meiner Frage gekonnt ausgewichen ...
Dass er es verheimlicht, macht mich umso neugieriger, aber ich hab ja selbst was zu verbergen ...
Hmmm ...

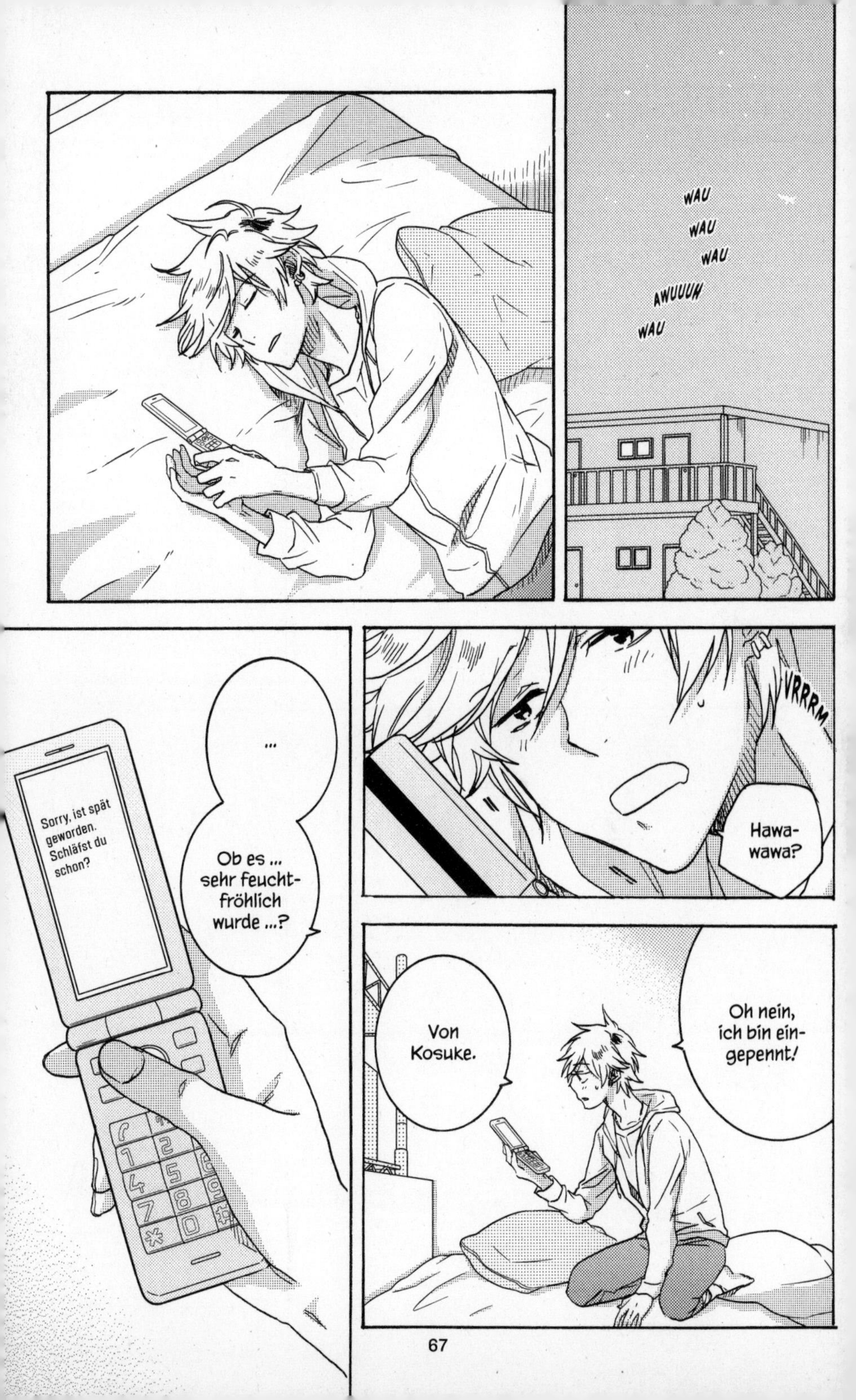
WAU
WAU
WAU
AWUUUH
WAU
VRRRM
Hawa-wawa?
Oh nein, ich bin ein-gepennt!
Von Kosuke.
Sorry, ist spät geworden. Schläfst du schon?
...
Ob es ... sehr feucht-fröhlich wurde ...?

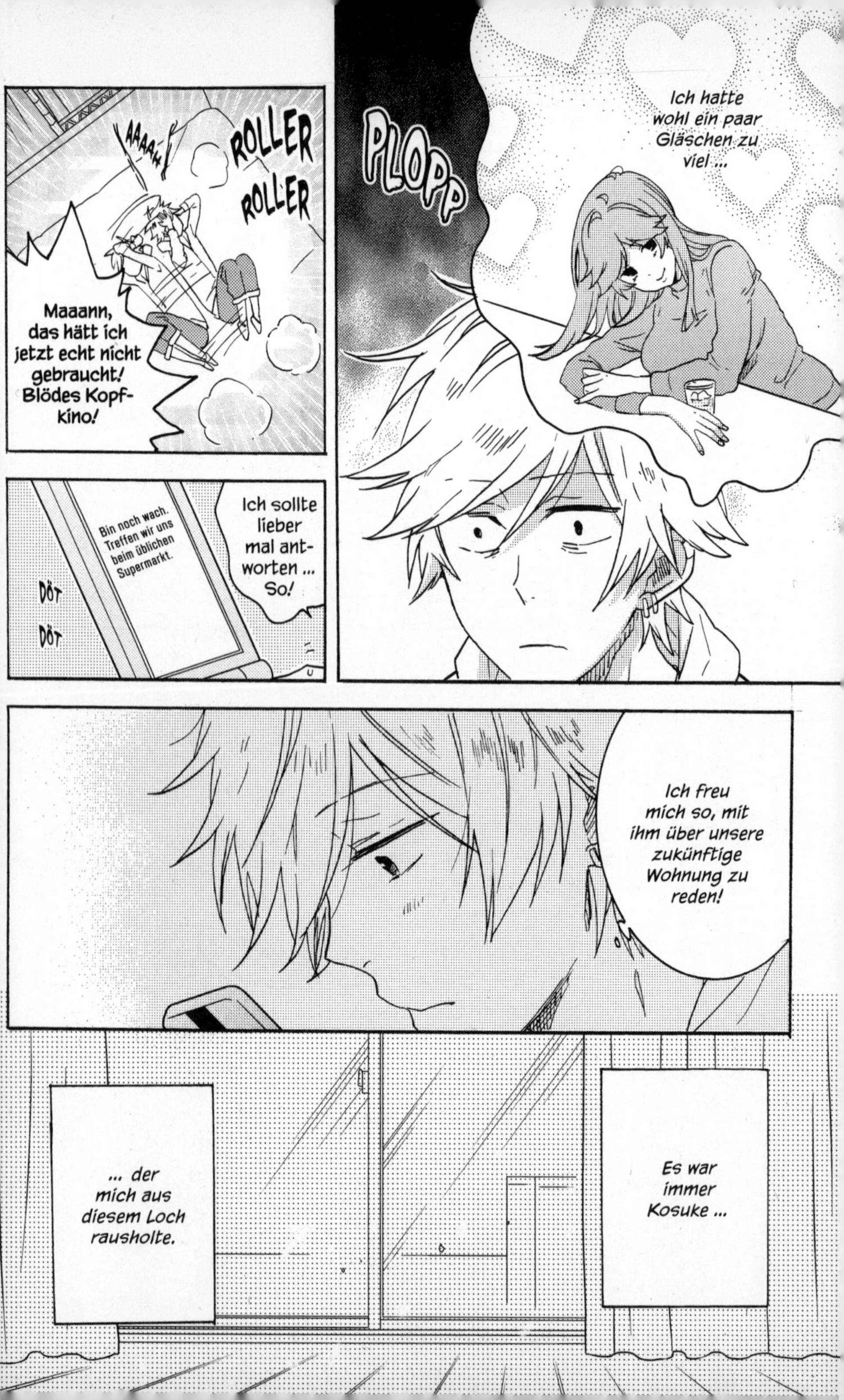
PLOPP
Ich hatte wohl ein paar Gläschen zu viel ...
AAAAH
ROLLER ROLLER
Maaann, das hätt ich jetzt echt nicht gebraucht! Blödes Kopfkino!
Bin noch wach. Treffen wir uns beim üblichen Supermarkt.
DÖT DÖT
Ich sollte lieber mal antworten ... So!
Ich freu mich so, mit ihm über unsere zukünftige Wohnung zu reden!
Es war immer Kosuke ...
... der mich aus diesem Loch rausholte.

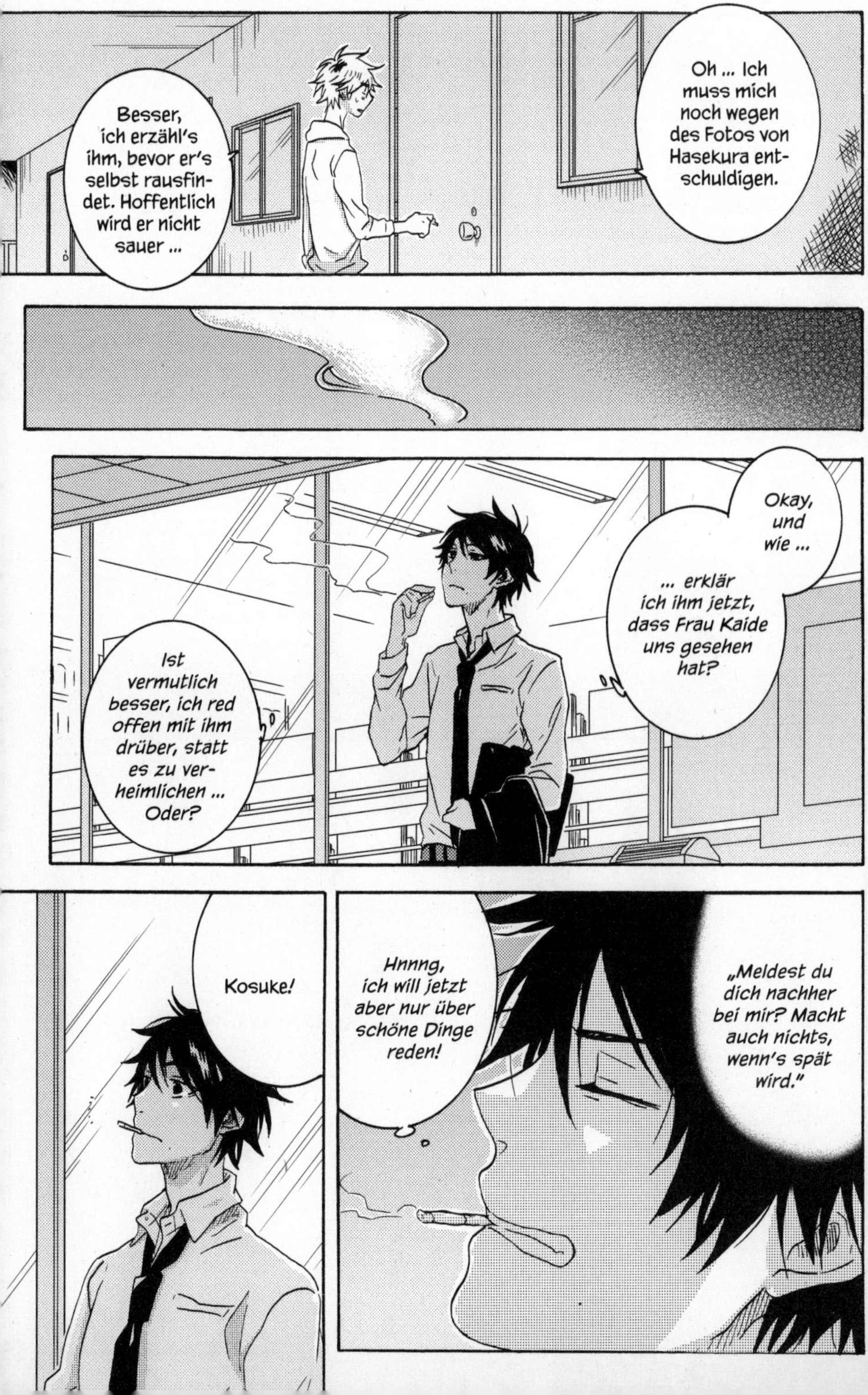
Oh ... Ich muss mich noch wegen des Fotos von Hasekura entschuldigen.
Besser, ich erzähl's ihm, bevor er's selbst rausfindet. Hoffentlich wird er nicht sauer ...
Okay, und wie ...
... erklär ich ihm jetzt, dass Frau Kaide uns gesehen hat?
Ist vermutlich besser, ich red offen mit ihm drüber, statt es zu verheimlichen ... Oder?
„Meldest du dich nachher bei mir? Macht auch nichts, wenn's spät wird."
Hnnng, ich will jetzt aber nur über schöne Dinge reden!
Kosuke!

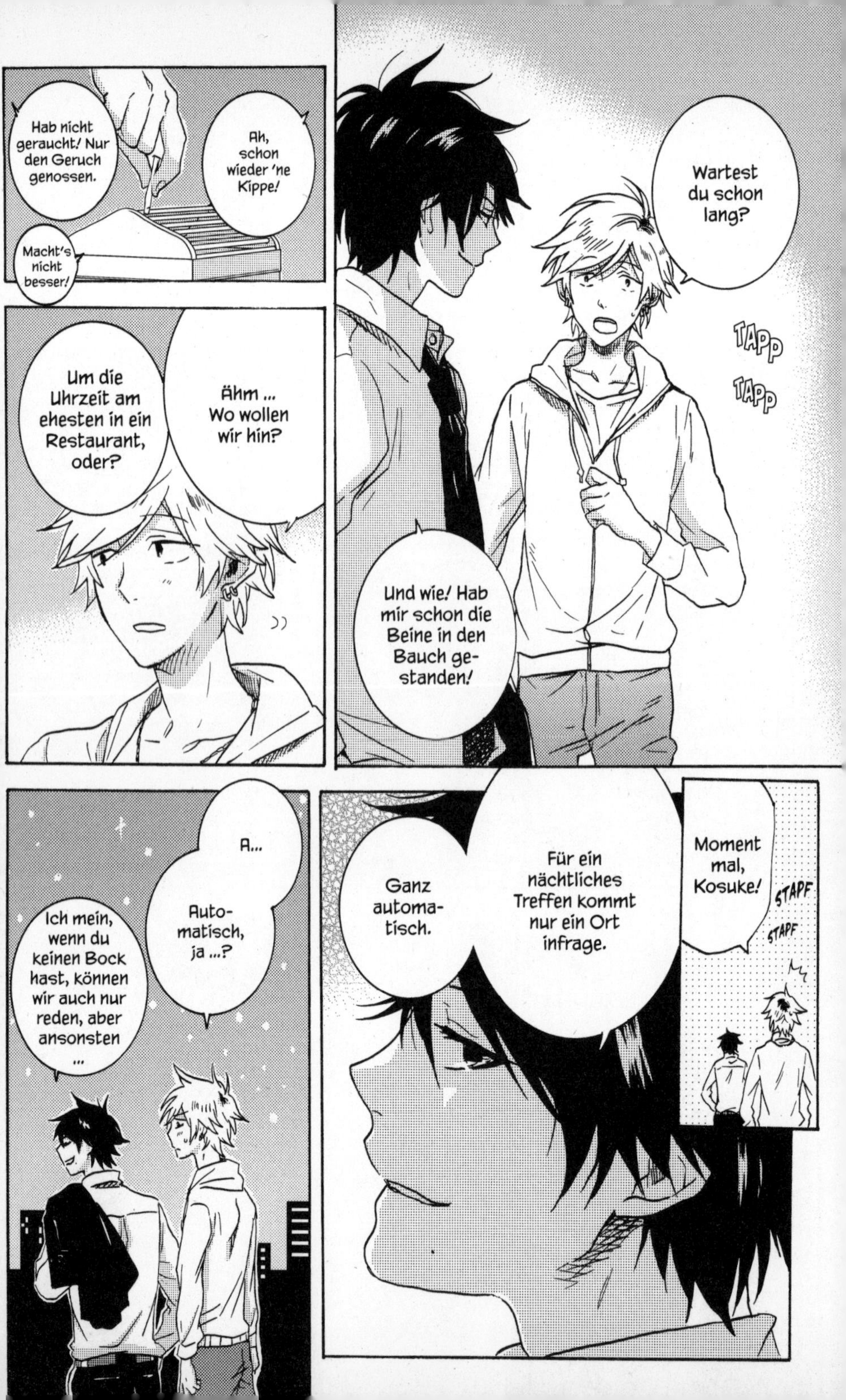
Wartest du schon lang?
TAPP
TAPP
Und wie! Hab mir schon die Beine in den Bauch gestanden!
Ah, schon wieder 'ne Kippe!
Hab nicht geraucht! Nur den Geruch genossen.
Macht's nicht besser!
Ähm ... Wo wollen wir hin?
Um die Uhrzeit am ehesten in ein Restaurant, oder?
Moment mal, Kosuke!
STAPF
STAPF
Für ein nächtliches Treffen kommt nur ein Ort infrage.
Ganz automatisch.
A...
Automatisch, ja ...?
Ich mein, wenn du keinen Bock hast, können wir auch nur reden, aber ansonsten ...

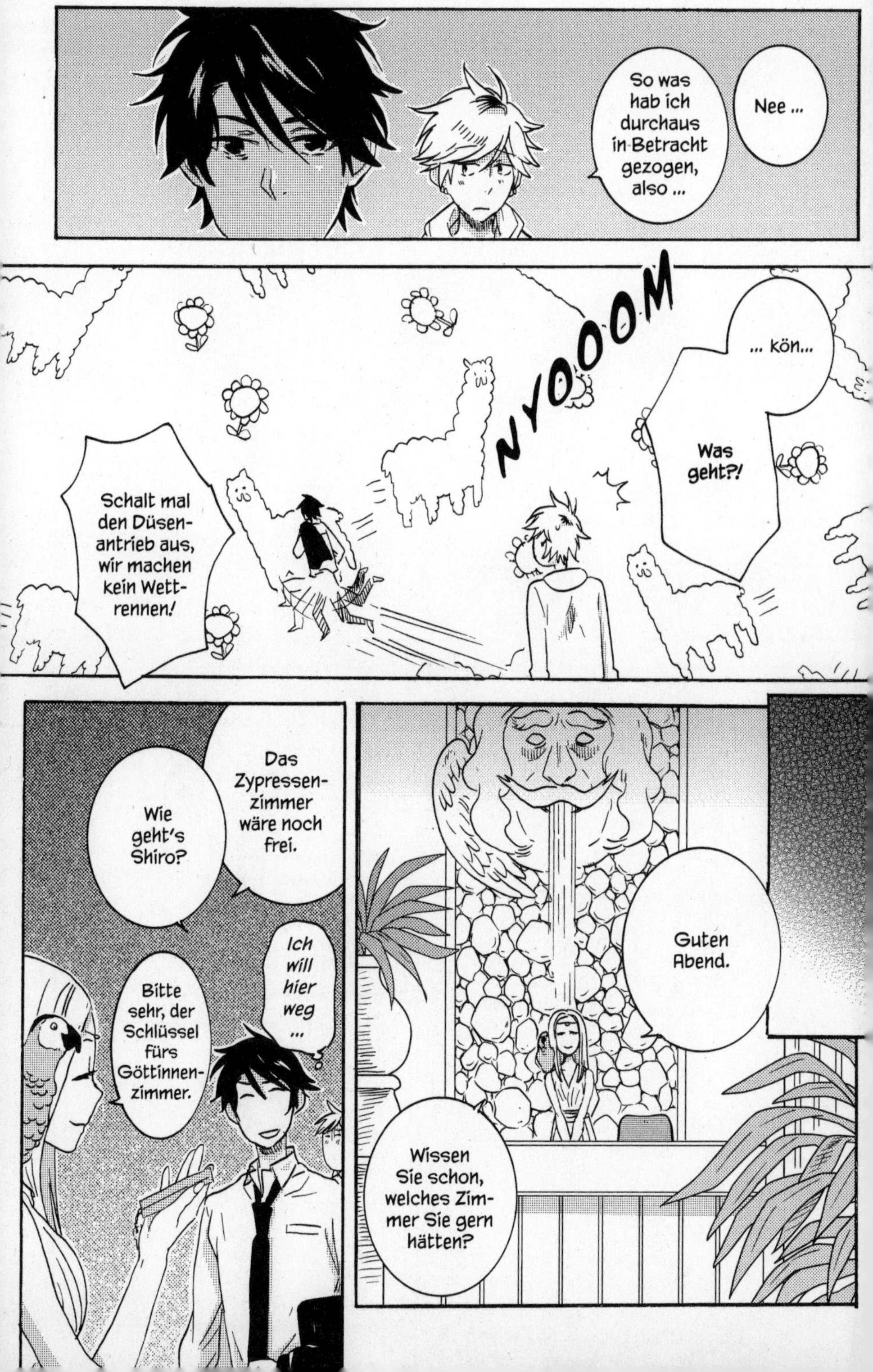
Nee ...
So was hab ich durchaus in Betracht gezogen, also ...
... kön...
Was geht?!
NYOOOM
Schalt mal den Düsenantrieb aus, wir machen kein Wettrennen!
Guten Abend.
Wissen Sie schon, welches Zimmer Sie gern hätten?
Das Zypressenzimmer wäre noch frei.
Wie geht's Shiro?
Ich will hier weg ...
Bitte sehr, der Schlüssel fürs Göttinnenzimmer.

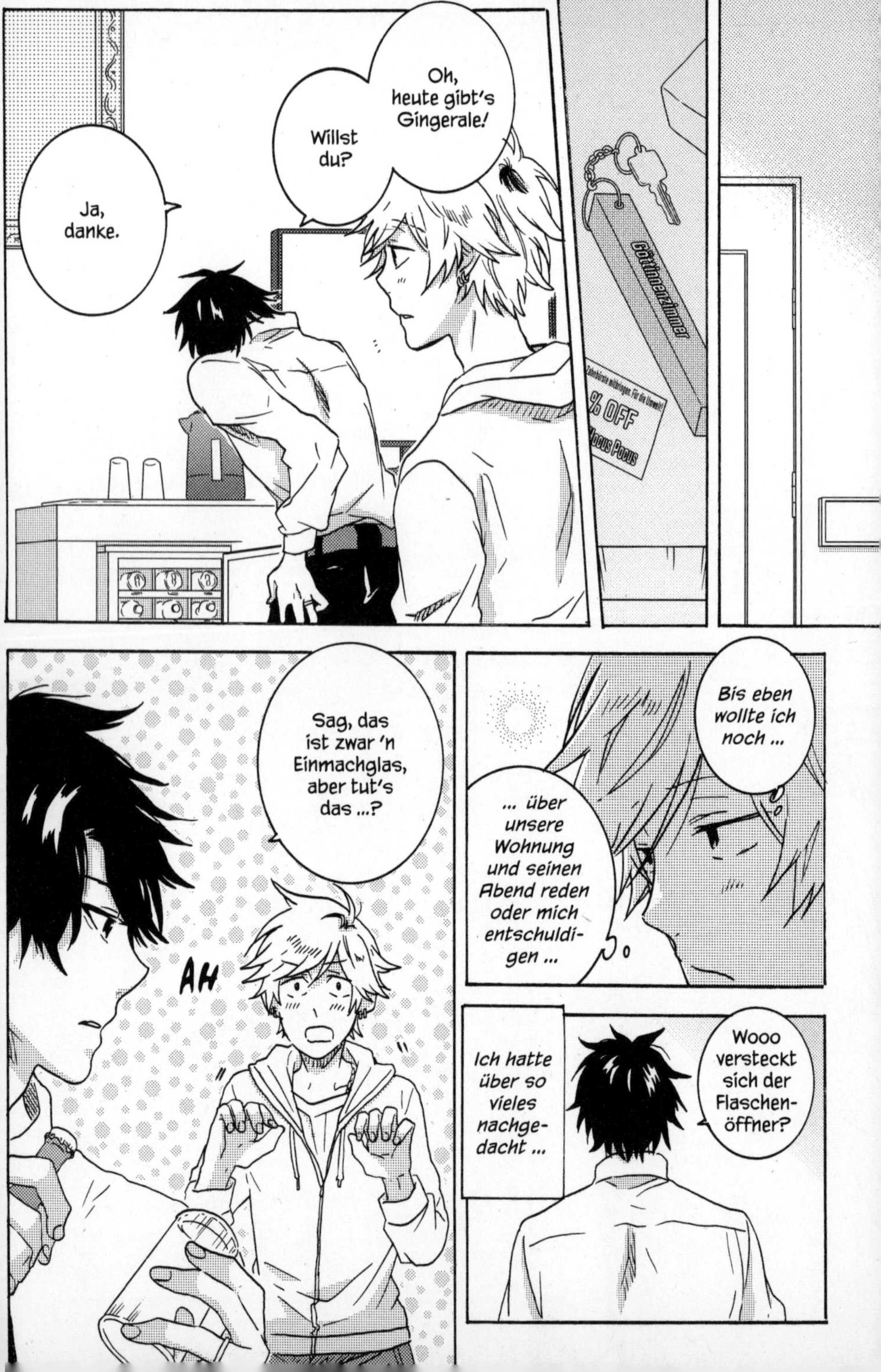
Oh, heute gibt's Gingerale!
Willst du?
Ja, danke.
Bis eben wollte ich noch ...
... über unsere Wohnung und seinen Abend reden oder mich entschuldigen ...
Wooo versteckt sich der Flaschenöffner?
Ich hatte über so vieles nachgedacht ...
Sag, das ist zwar 'n Einmachglas, aber tut's das ...?
AH

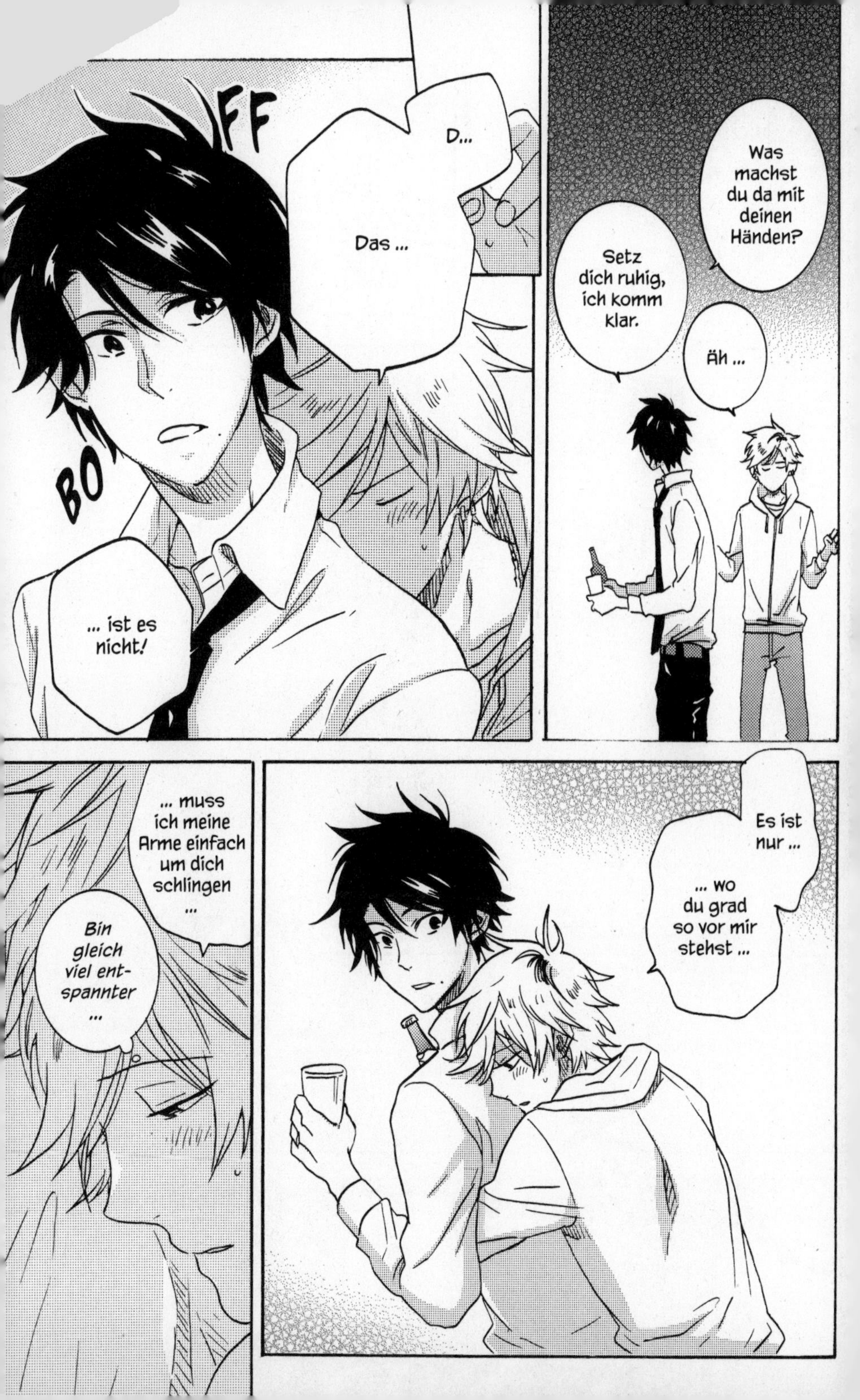
Was machst du da mit deinen Händen?
Äh ...
Setz dich ruhig, ich komm klar.
D...
Das ...
FF
BO
... ist es nicht!
Es ist nur ...
... wo du grad so vor mir stehst ...
... muss ich meine Arme einfach um dich schlingen ...
Bin gleich viel entspannter ...

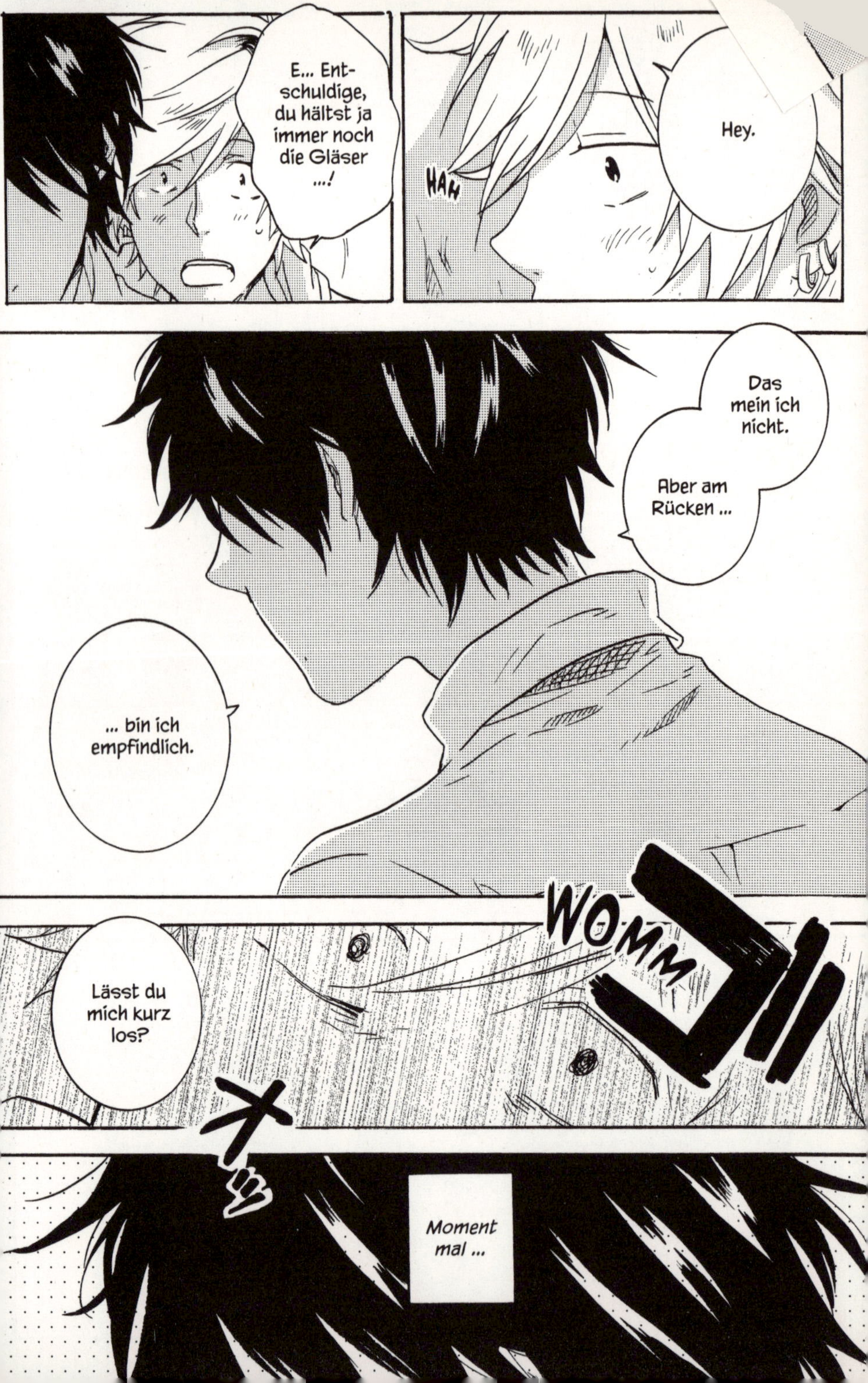
Hey.
HAH
E… Ent-schuldige, du hältst ja immer noch die Gläser …!
Das mein ich nicht.
Aber am Rücken …
… bin ich empfindlich.
WOMM
Lässt du mich kurz los?
Moment mal …

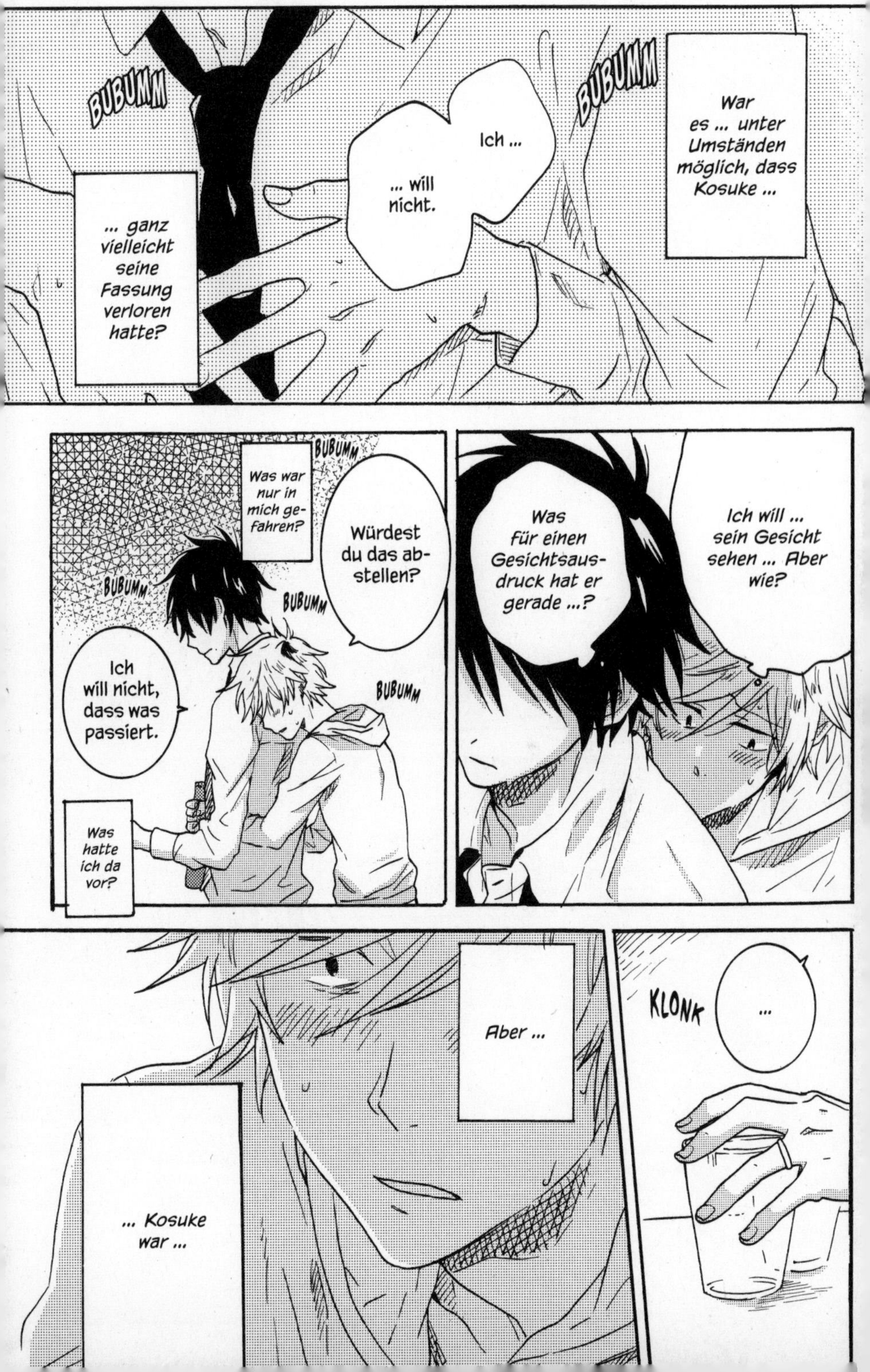
War es ... unter Umständen möglich, dass Kosuke ...
BUBUMM
Ich ...
... will nicht.
BUBUMM
... ganz vielleicht seine Fassung verloren hatte?
Ich will ... sein Gesicht sehen ... Aber wie?
Was für einen Gesichtsausdruck hat er gerade ...?
BUBUMM
Was war nur in mich gefahren?
Würdest du das abstellen?
BUBUMM
BUBUMM
BUBUMM
Ich will nicht, dass was passiert.
Was hatte ich da vor?
...
KLONK
Aber ...
... Kosuke war ...

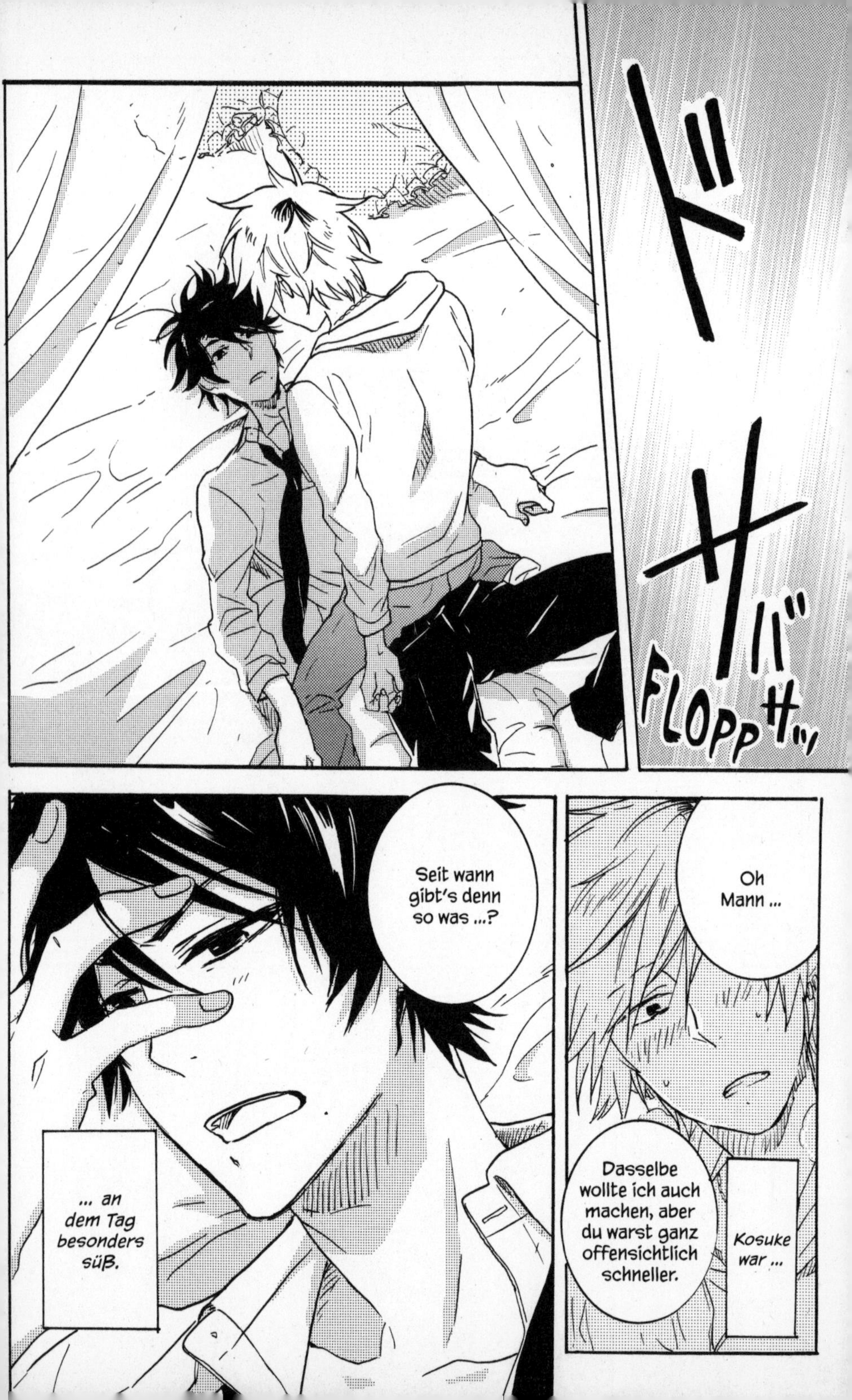
FLOPP
Oh Mann ...
Dasselbe wollte ich auch machen, aber du warst ganz offensichtlich schneller.
Kosuke war ...
Seit wann gibt's denn so was ...?
... an dem Tag besonders süß.

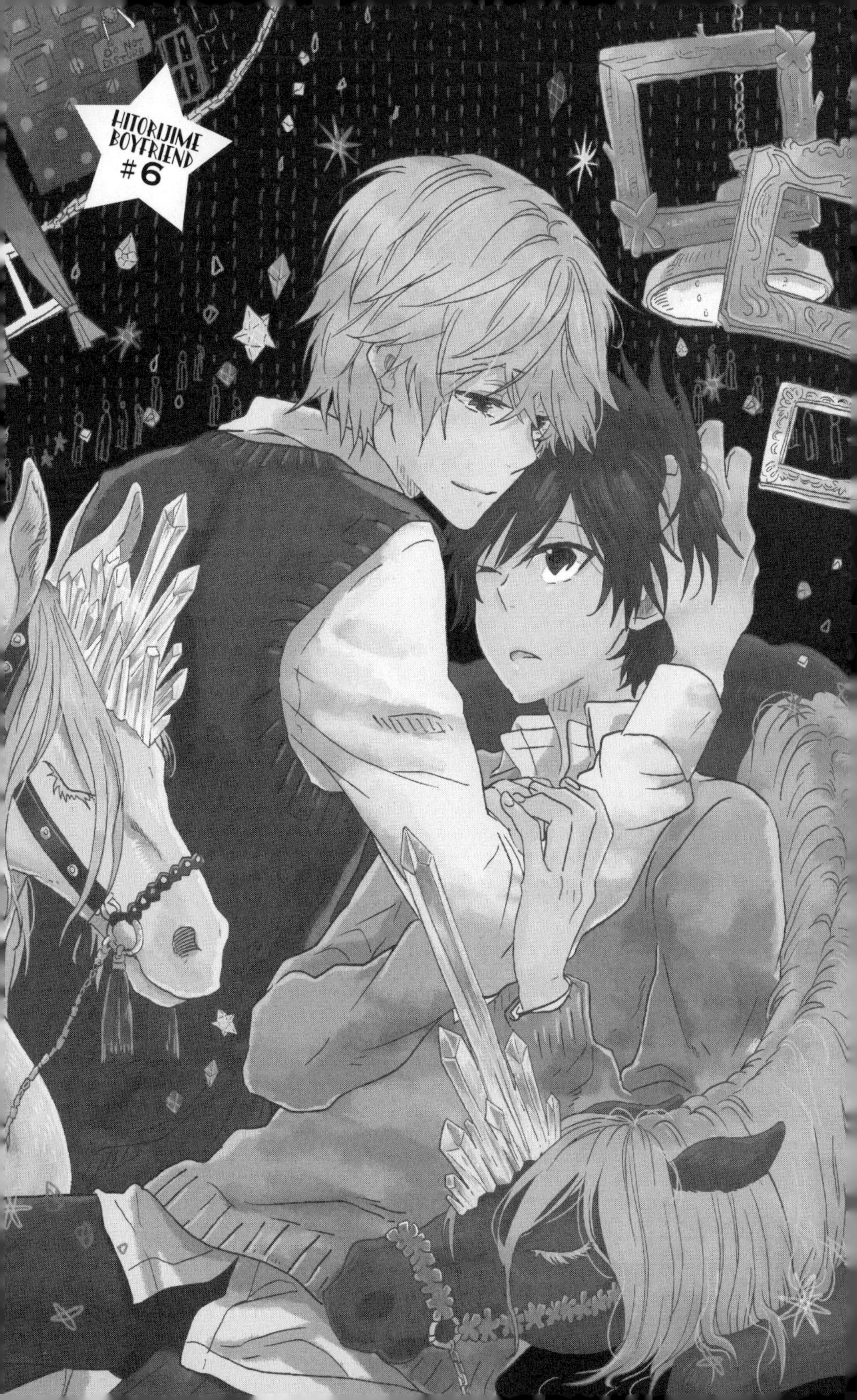
HITORIJIME BOYFRIEND
#6
DO NOT DISTURB

HITORIJIME MY HERO

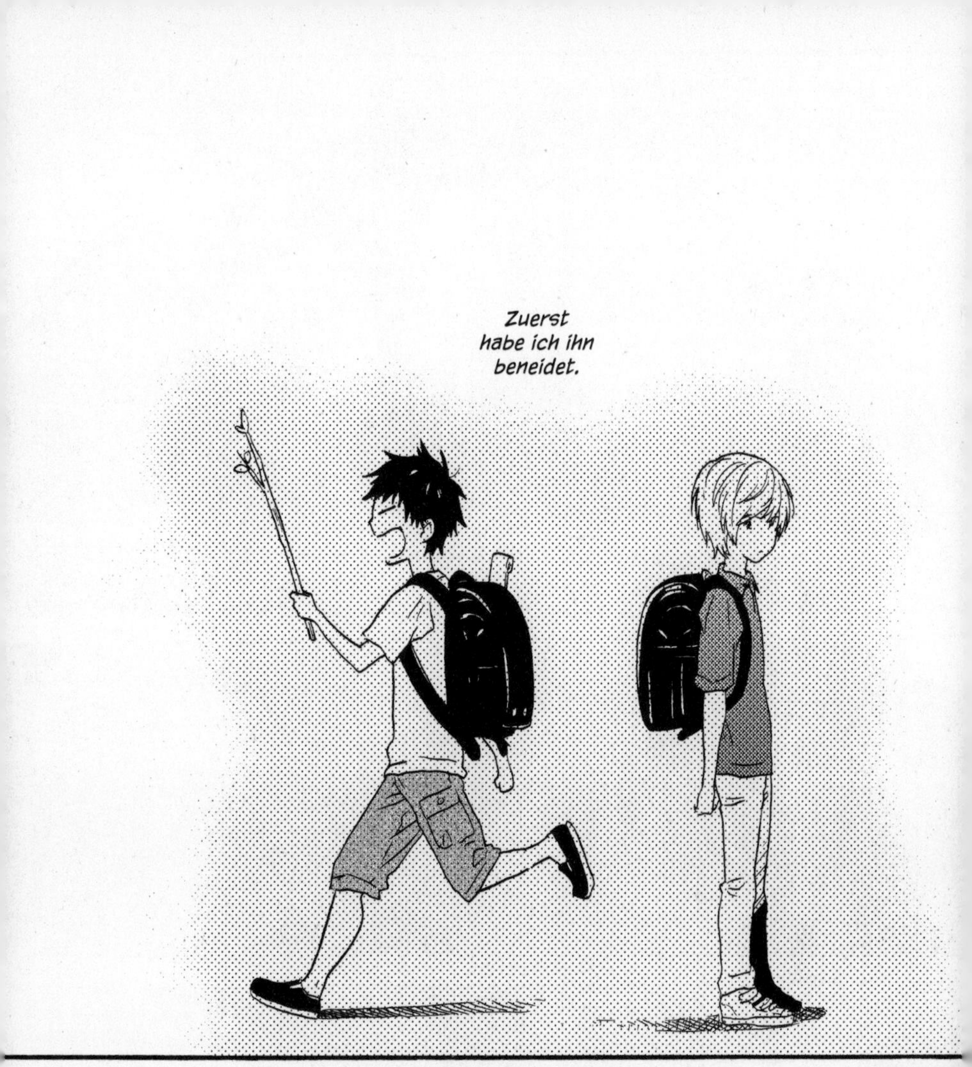
Zuerst habe ich ihn beneidet.

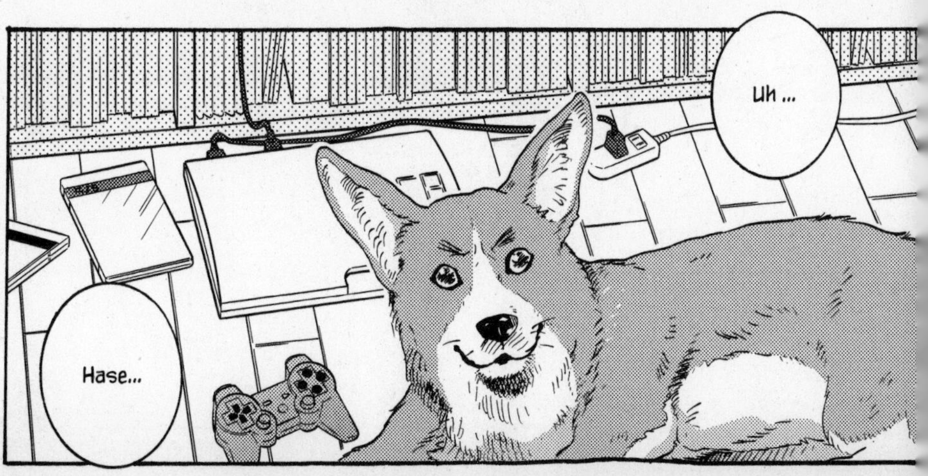
Uh ...
Hase...

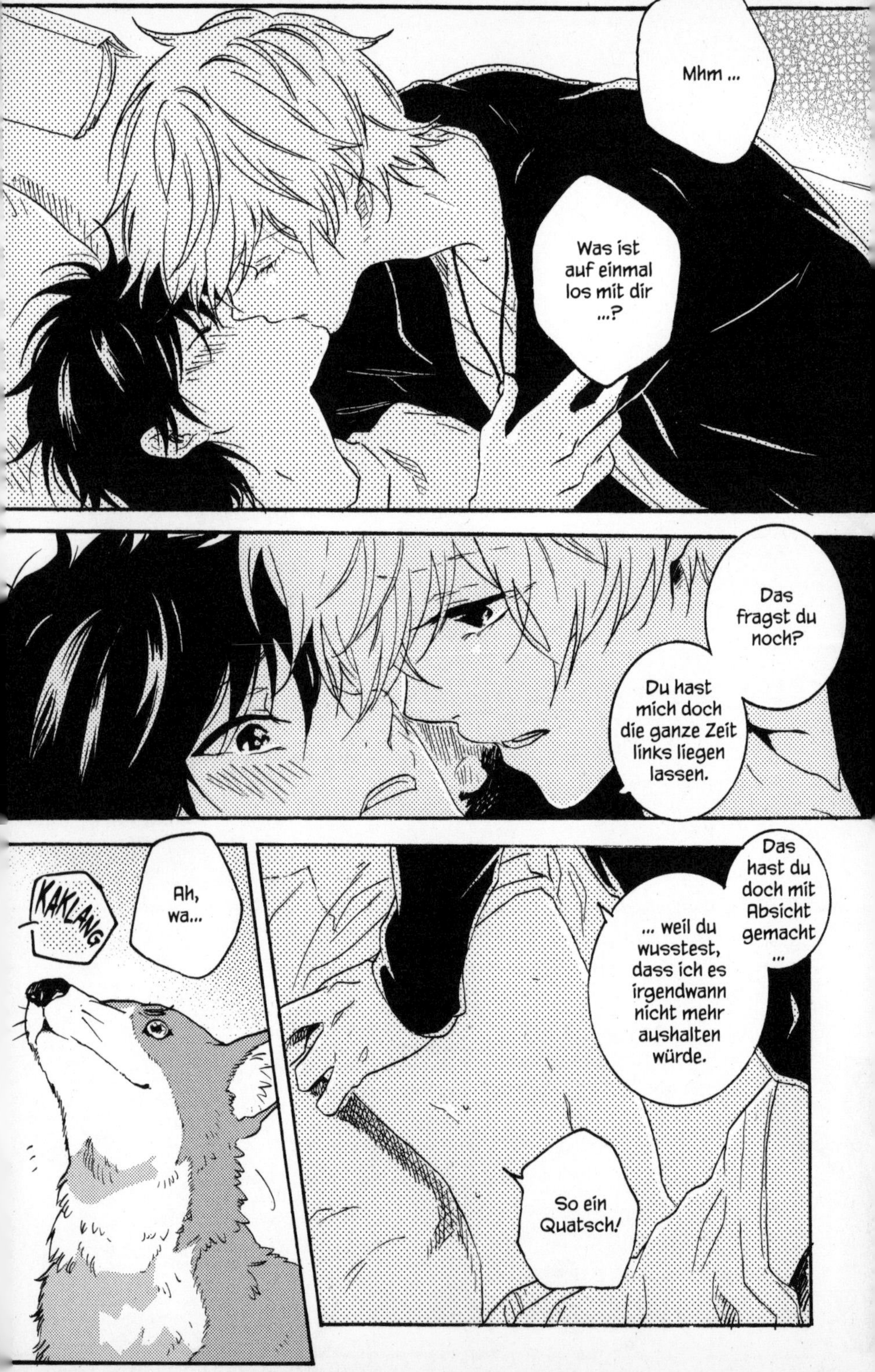
Mhm ...
Was ist auf einmal los mit dir ...?
Das fragst du noch?
Du hast mich doch die ganze Zeit links liegen lassen.
Das hast du doch mit Absicht gemacht ...
... weil du wusstest, dass ich es irgendwann nicht mehr aushalten würde.
So ein Quatsch!
Ah, wa...
KAKLANG

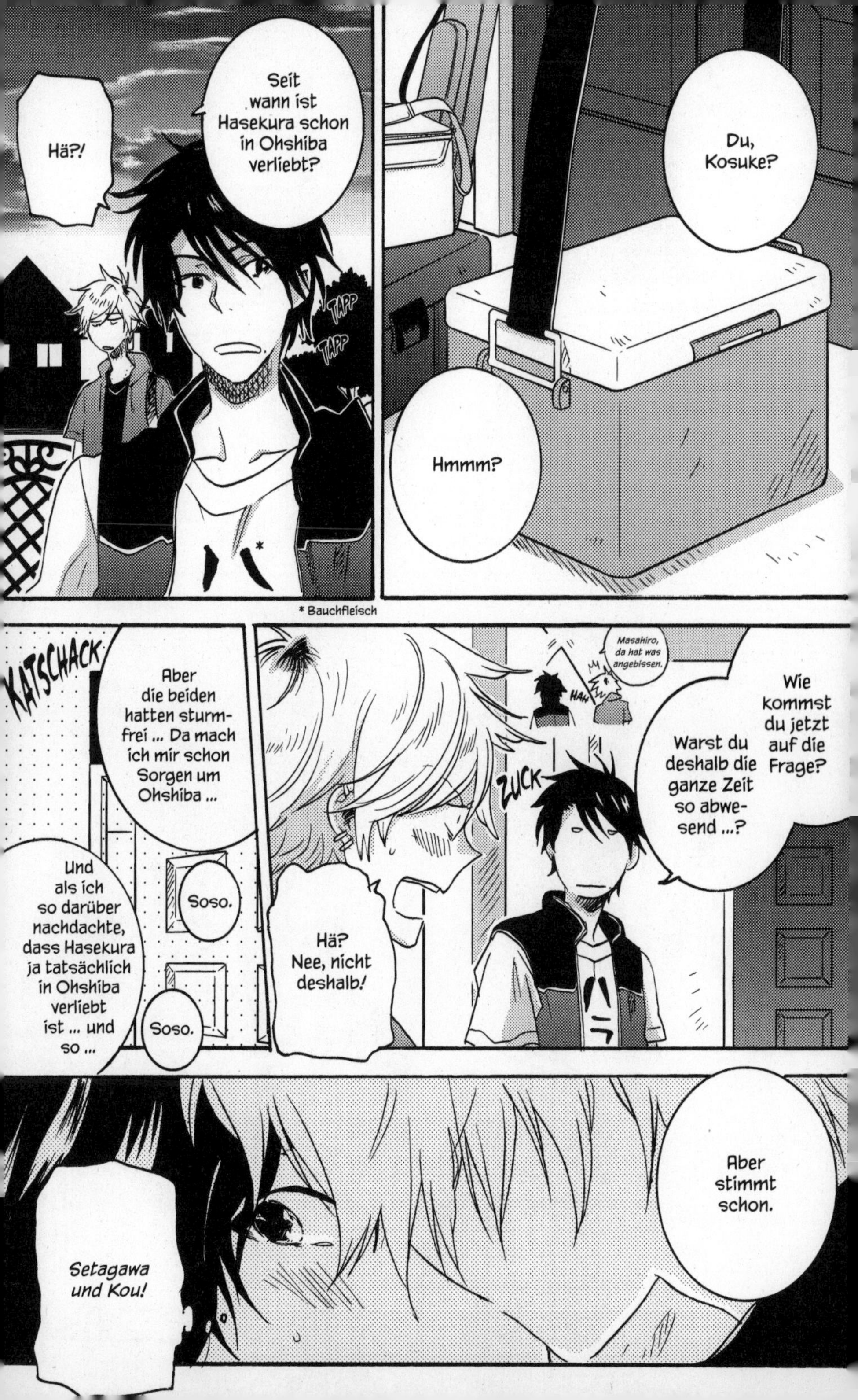

* Bauchfleisch

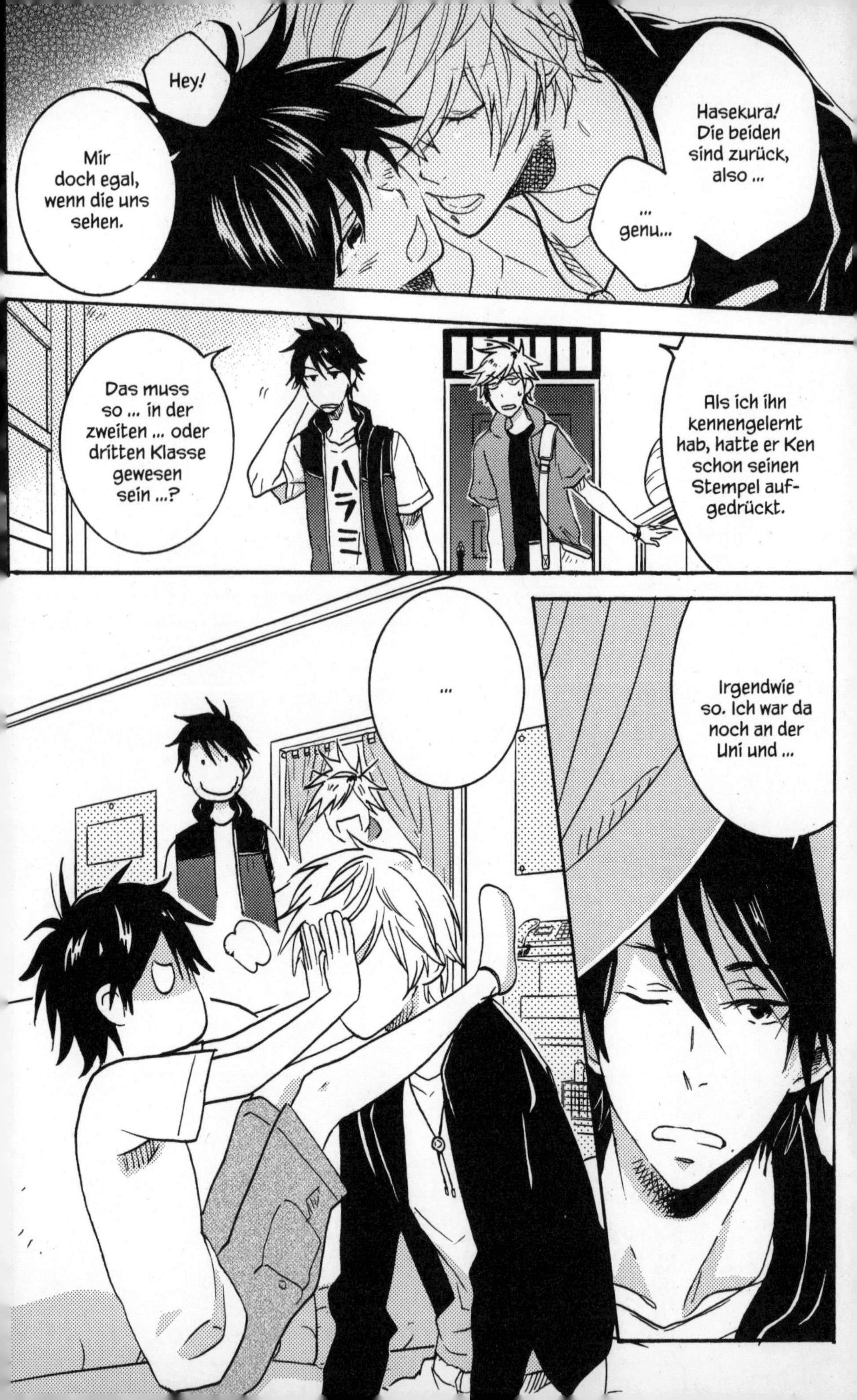
Hasekura! Die beiden sind zurück, also ...
... genu...
Hey!
Mir doch egal, wenn die uns sehen.
Als ich ihn kennengelernt hab, hatte er Ken schon seinen Stempel aufgedrückt.
Das muss so ... in der zweiten ... oder dritten Klasse gewesen sein ...?
Irgendwie so. Ich war da noch an der Uni und ...
...

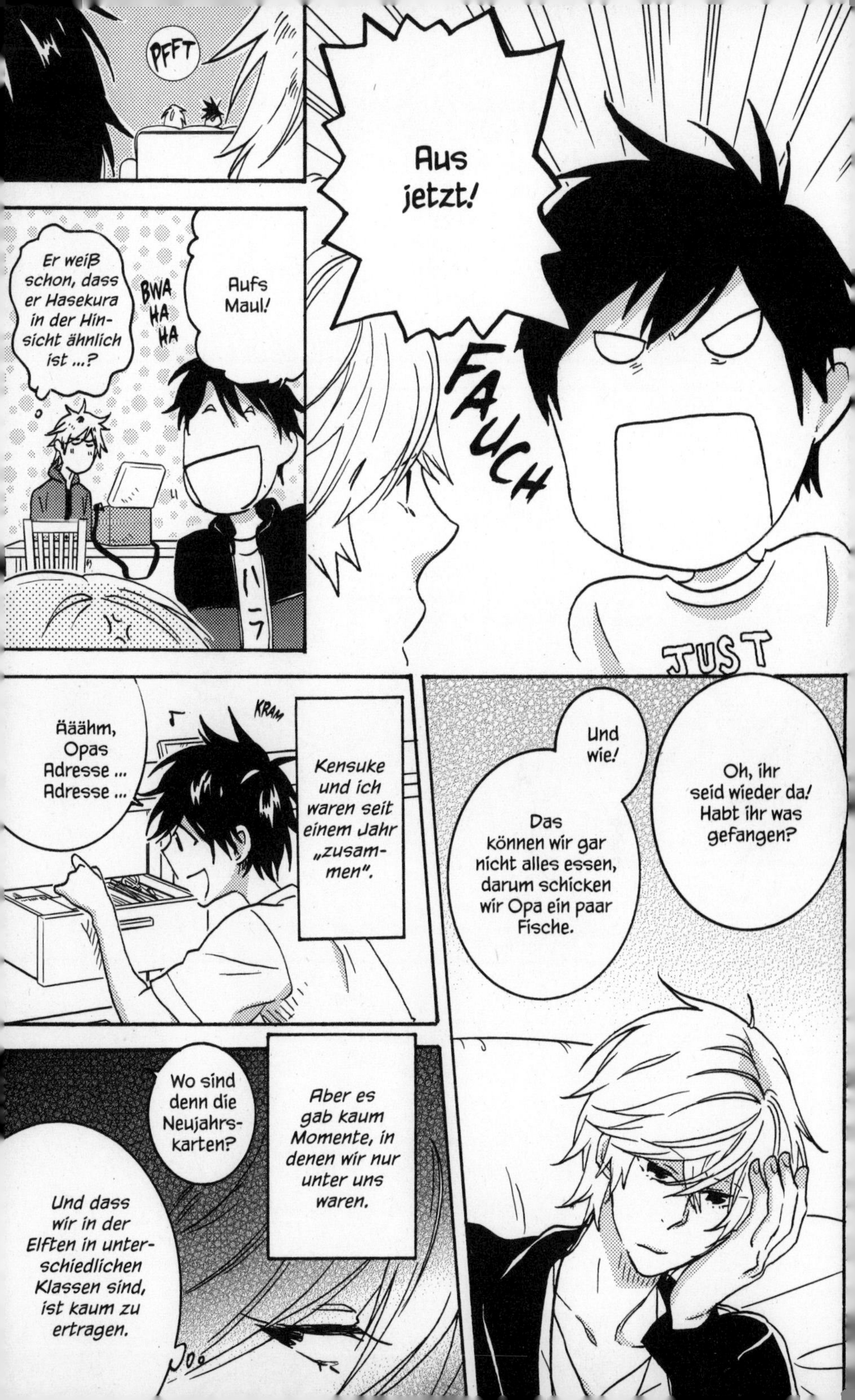

PFFT
Aus jetzt!
FAUCH
JUST
Aufs Maul!
BWA HA HA
Er weiß schon, dass er Hasekura in der Hinsicht ähnlich ist ...?
Oh, ihr seid wieder da! Habt ihr was gefangen?
Und wie!
Das können wir gar nicht alles essen, darum schicken wir Opa ein paar Fische.
Kensuke und ich waren seit einem Jahr „zusammen".
KRAM
Äääähm, Opas Adresse ... Adresse ...
Aber es gab kaum Momente, in denen wir nur unter uns waren.
Wo sind denn die Neujahrskarten?
Und dass wir in der Elften in unterschiedlichen Klassen sind, ist kaum zu ertragen.

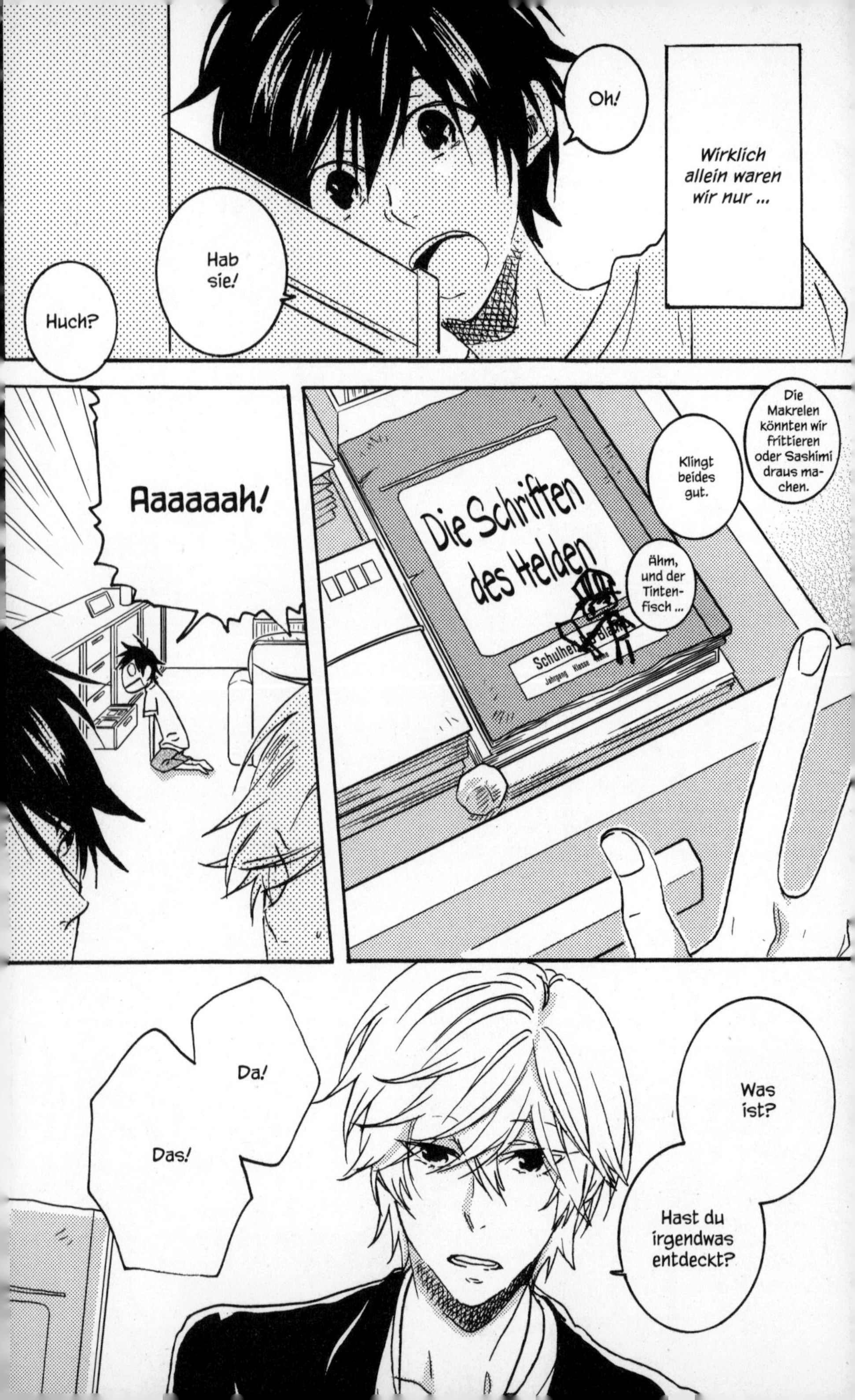
Wirklich allein waren wir nur ...
Oh!
Hab sie!
Huch?
Die Makrelen könnten wir frittieren oder Sashimi draus machen.
Klingt beides gut.
Ähm, und der Tintenfisch ...
Die Schriften des Helden
Aaaaaah!
Was ist?
Hast du irgendwas entdeckt?
Da!
Das!

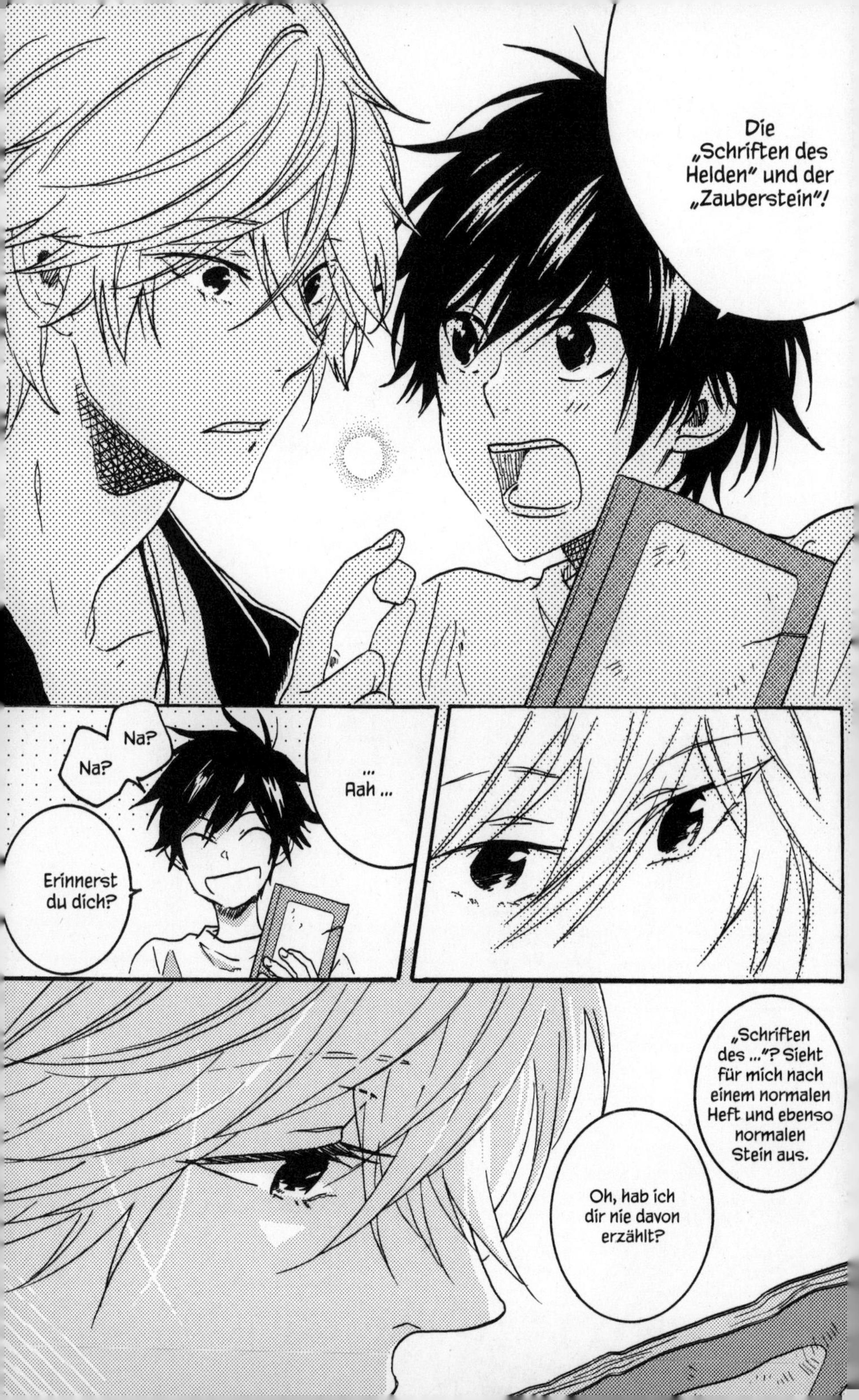
Die „Schriften des Helden“ und der „Zauberstein“!
Na? Na?
... Aah ...
Erinnerst du dich?
„Schriften des ...“? Sieht für mich nach einem normalen Heft und ebenso normalen Stein aus.
Oh, hab ich dir nie davon erzählt?

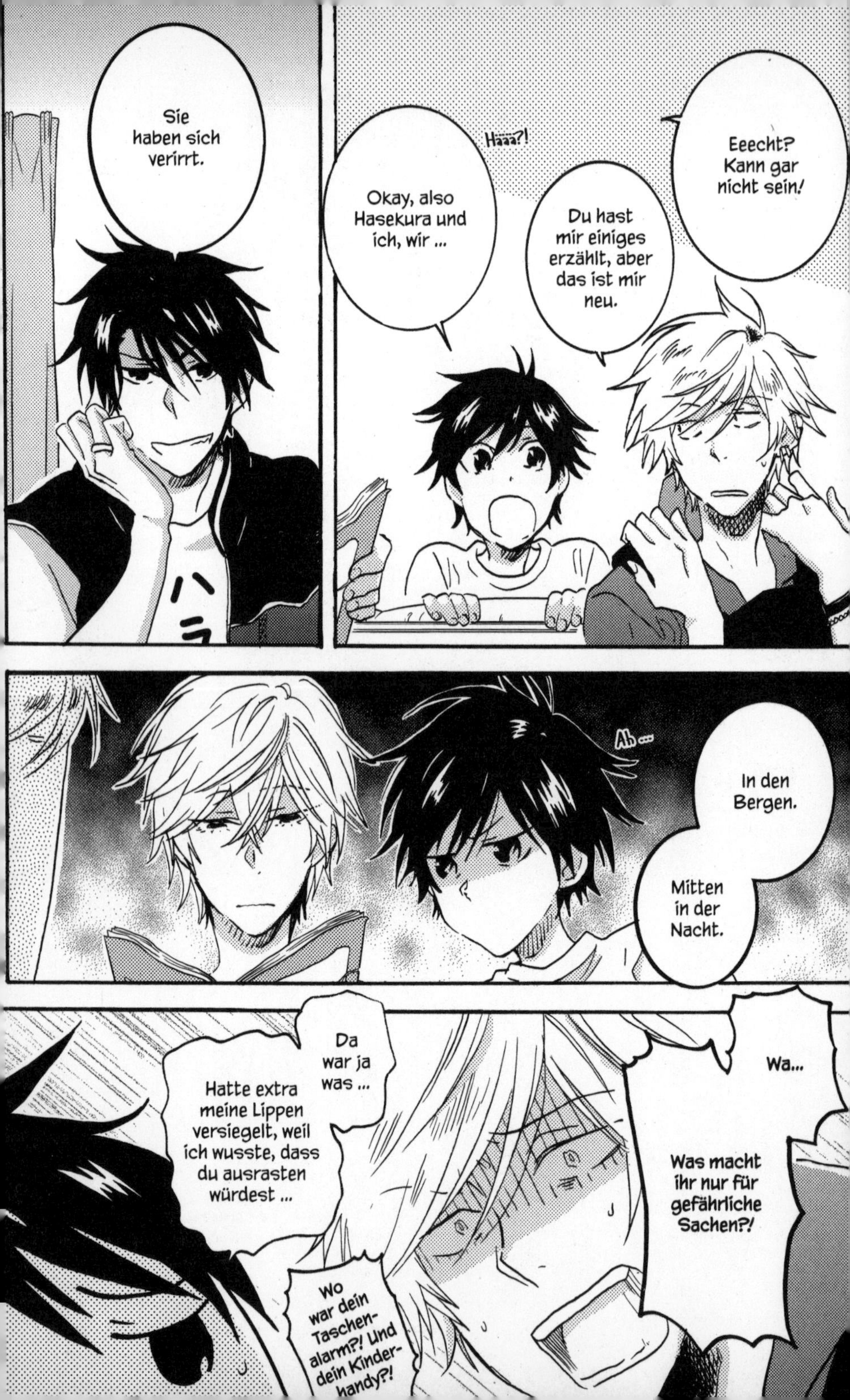
Eeecht? Kann gar nicht sein!
Du hast mir einiges erzählt, aber das ist mir neu.
Hääa?!
Okay, also Hasekura und ich, wir ...
Sie haben sich verirrt.
Ah ...
In den Bergen.
Mitten in der Nacht.
Wa...
Was macht ihr nur für gefährliche Sachen?!
Da war ja was ...
Hatte extra meine Lippen versiegelt, weil ich wusste, dass du ausrasten würdest ...
Wo war dein Taschen-alarm?! Und dein Kinder-handy?!

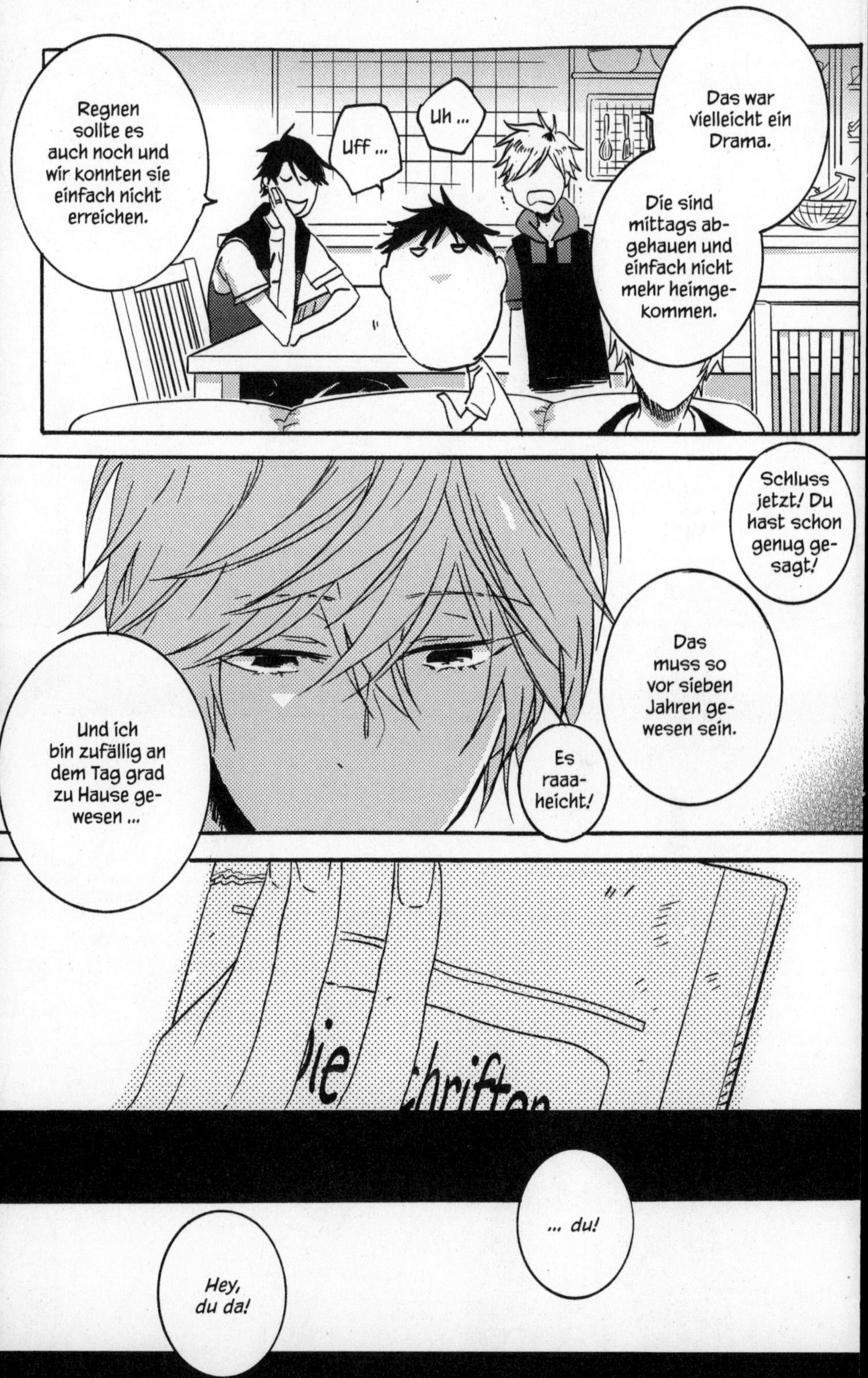
Das war vielleicht ein Drama.
Die sind mittags abgehauen und einfach nicht mehr heimgekommen.
Uh ...
Uff ...
Regnen sollte es auch noch und wir konnten sie einfach nicht erreichen.
Schluss jetzt! Du hast schon genug gesagt!
Das muss so vor sieben Jahren gewesen sein.
Es raaaheicht!
Und ich bin zufällig an dem Tag grad zu Hause gewesen ...
... du!
Hey, du da!

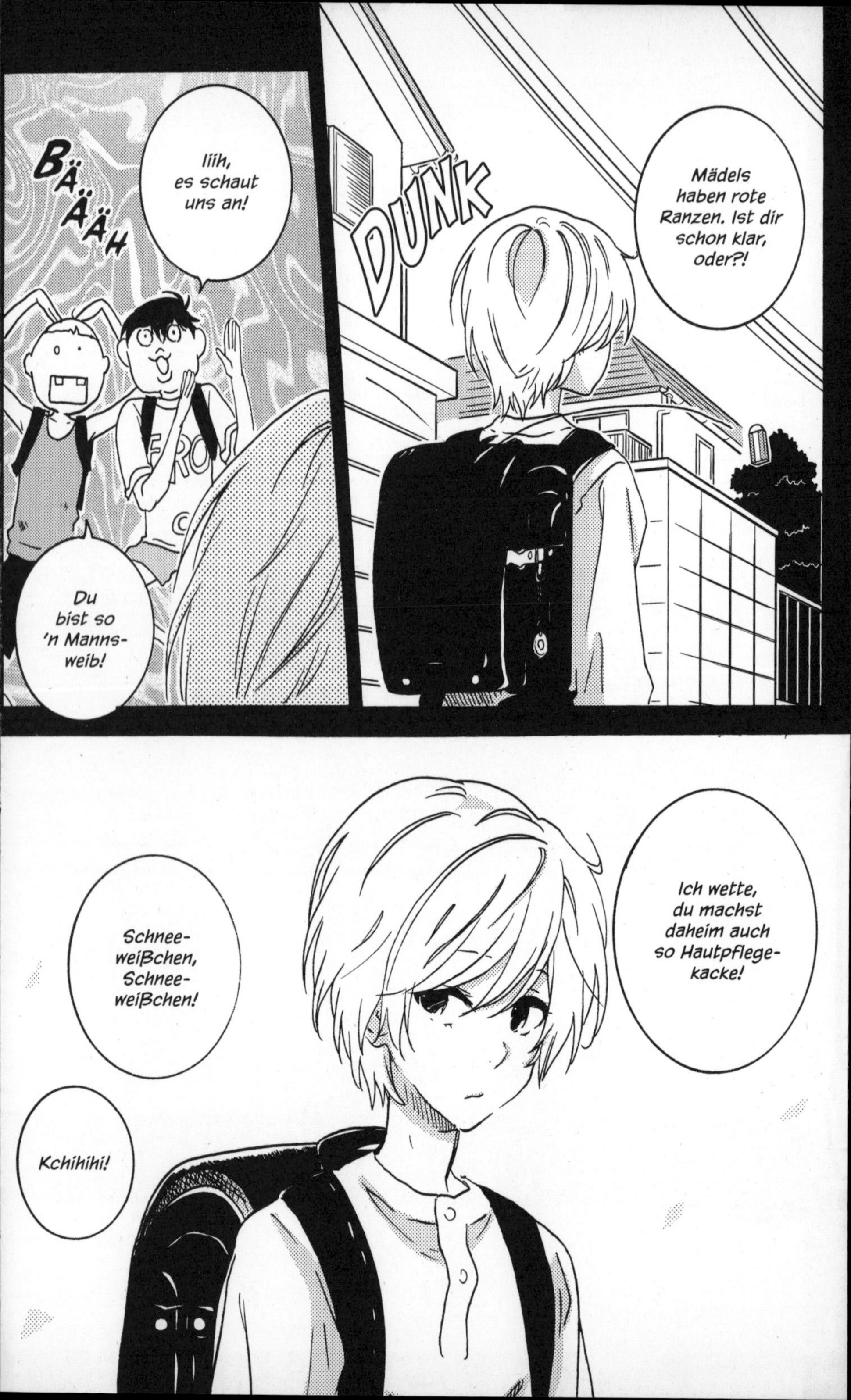

Mädels haben rote Ranzen. Ist dir schon klar, oder?!
DUNK
Iiih, es schaut uns an!
BÄÄÄH
Du bist so 'n Mannsweib!
Ich wette, du machst daheim auch so Hautpflegekacke!
Schneeweißchen, Schneeweißchen!
Kchihihi!

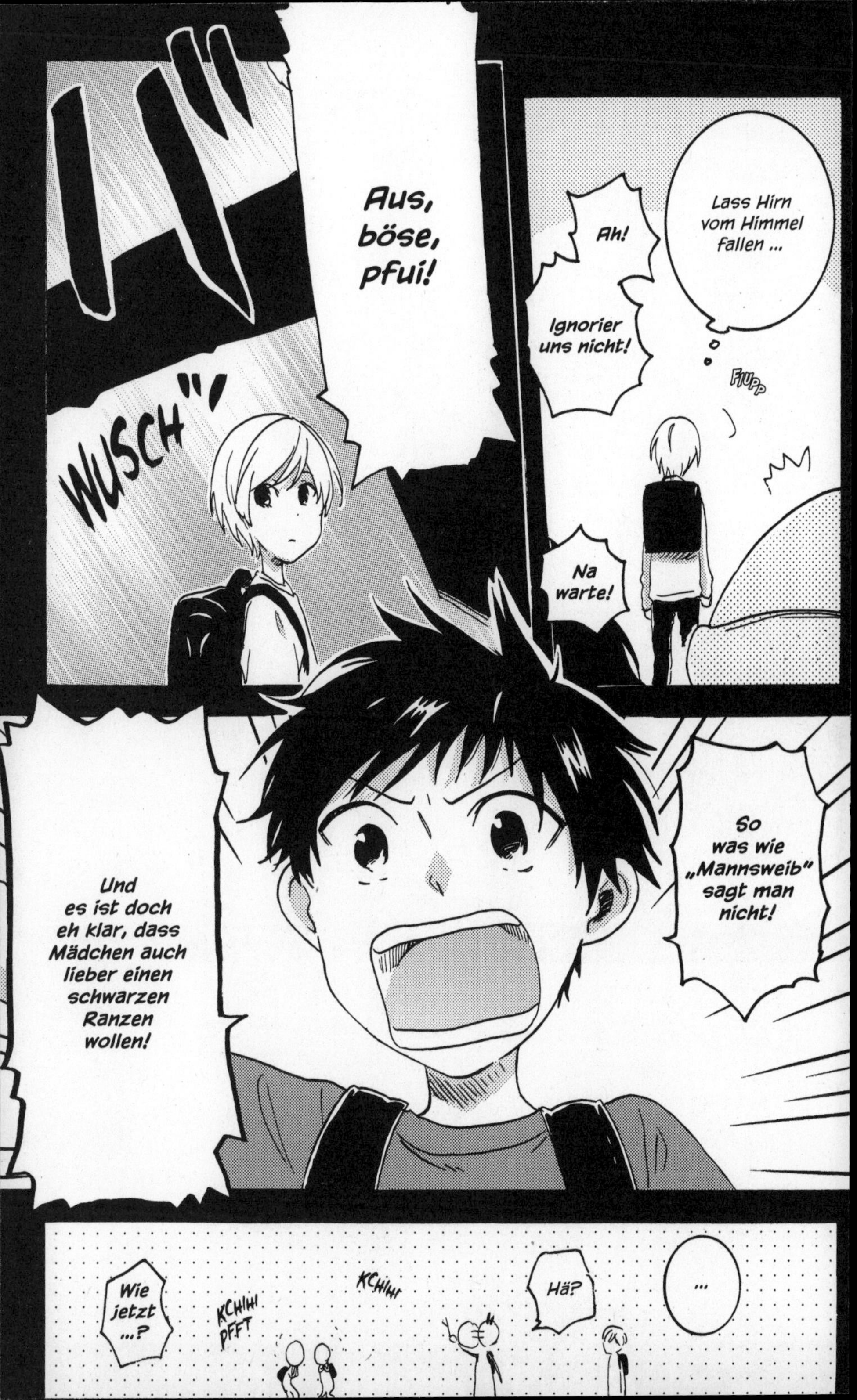
Lass Hirn vom Himmel fallen ...
FIUPP
Ah!
Ignorier uns nicht!
Na warte!
Aus, böse, pfui!
WUSCH
So was wie „Mannsweib“ sagt man nicht!
Und es ist doch eh klar, dass Mädchen auch lieber einen schwarzen Ranzen wollen!
...
Hä?
KCHIHI
KCHIHI PFFT
Wie jetzt ...?

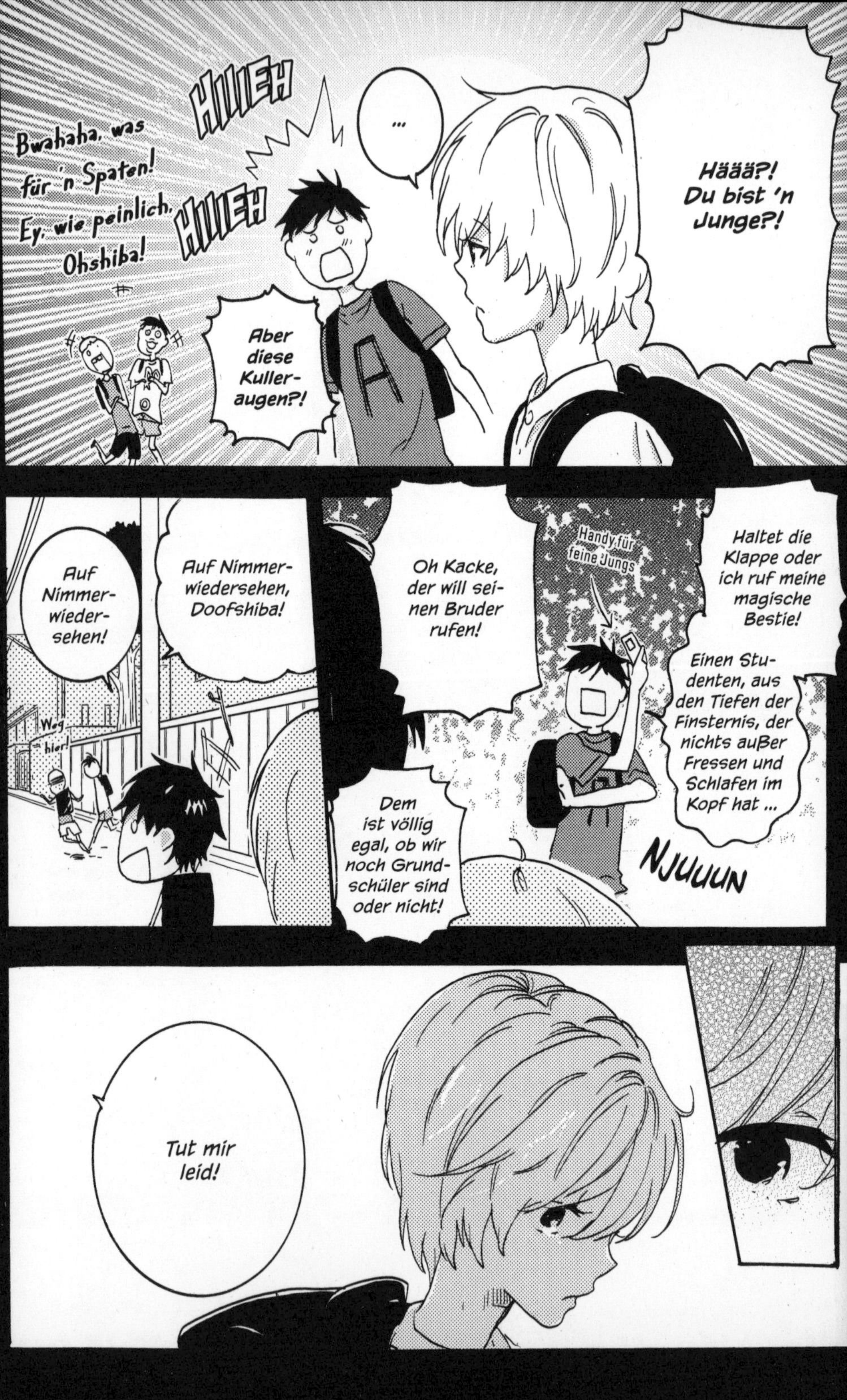
Hääa?! Du bist 'n Junge?!
...
HIIIEH
HIIIEH
Bwahaha, was für 'n Spaten! Ey, wie peinlich, Ohshiba!
Aber diese Kuller-augen?!
Haltet die Klappe oder ich ruf meine magische Bestie!
Einen Studenten, aus den Tiefen der Finsternis, der nichts außer Fressen und Schlafen im Kopf hat ...
Handy für feine Jungs
NJUUUN
Oh Kacke, der will seinen Bruder rufen!
Dem ist völlig egal, ob wir noch Grundschüler sind oder nicht!
Auf Nimmerwiedersehen, Doofshiba!
Auf Nimmerwiedersehen!
Weg hier!
Tut mir leid!

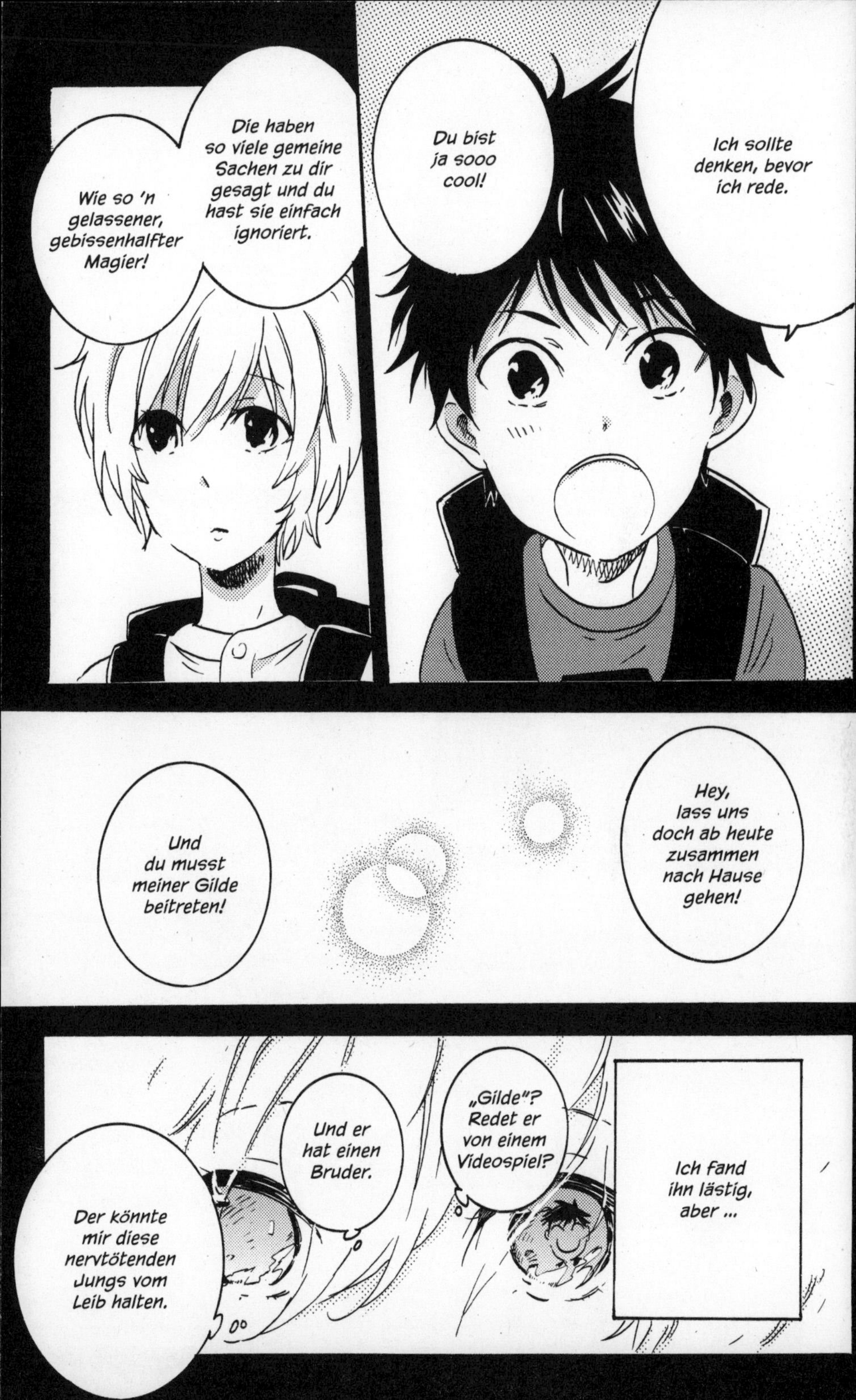
Ich sollte denken, bevor ich rede.
Du bist ja sooo cool!
Die haben so viele gemeine Sachen zu dir gesagt und du hast sie einfach ignoriert.
Wie so 'n gelassener, gebissenhalfter Magier!
Hey, lass uns doch ab heute zusammen nach Hause gehen!
Und du musst meiner Gilde beitreten!
Ich fand ihn lästig, aber ...
„Gilde"? Redet er von einem Videospiel?
Und er hat einen Bruder.
Der könnte mir diese nervtötenden Jungs vom Leib halten.

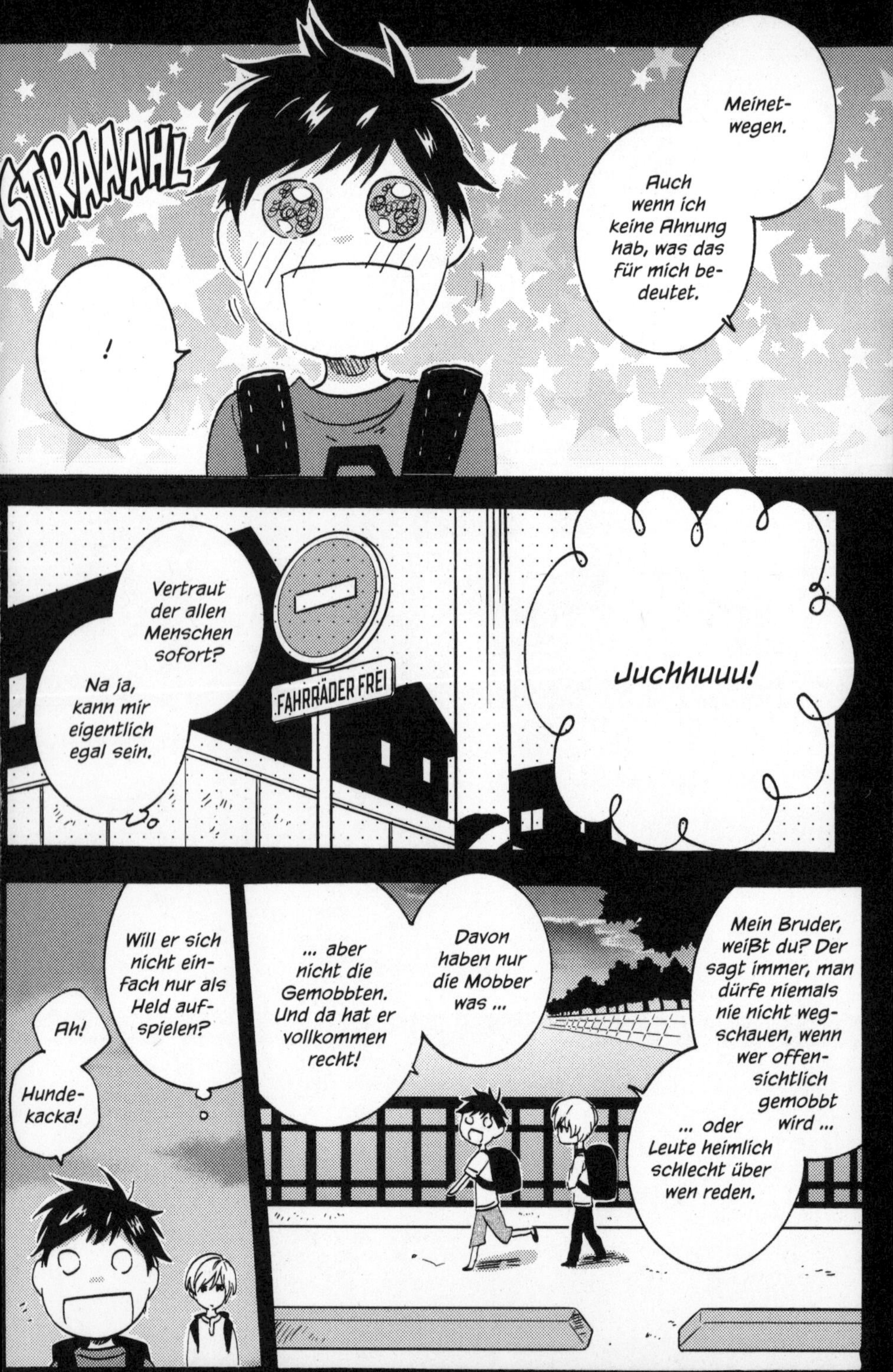
STRAAAHL
Meinetwegen.
Auch wenn ich keine Ahnung hab, was das für mich bedeutet.
!
Juchhuuu!
FAHRRÄDER FREI
Vertraut der allen Menschen sofort?
Na ja, kann mir eigentlich egal sein.
Mein Bruder, weißt du? Der sagt immer, man dürfe niemals nie nicht wegschauen, wenn wer offensichtlich gemobbt wird ...
... oder Leute heimlich schlecht über wen reden.
Davon haben nur die Mobber was ...
... aber nicht die Gemobbten. Und da hat er vollkommen recht!
Will er sich nicht einfach nur als Held aufspielen?
Ah!
Hundekacka!

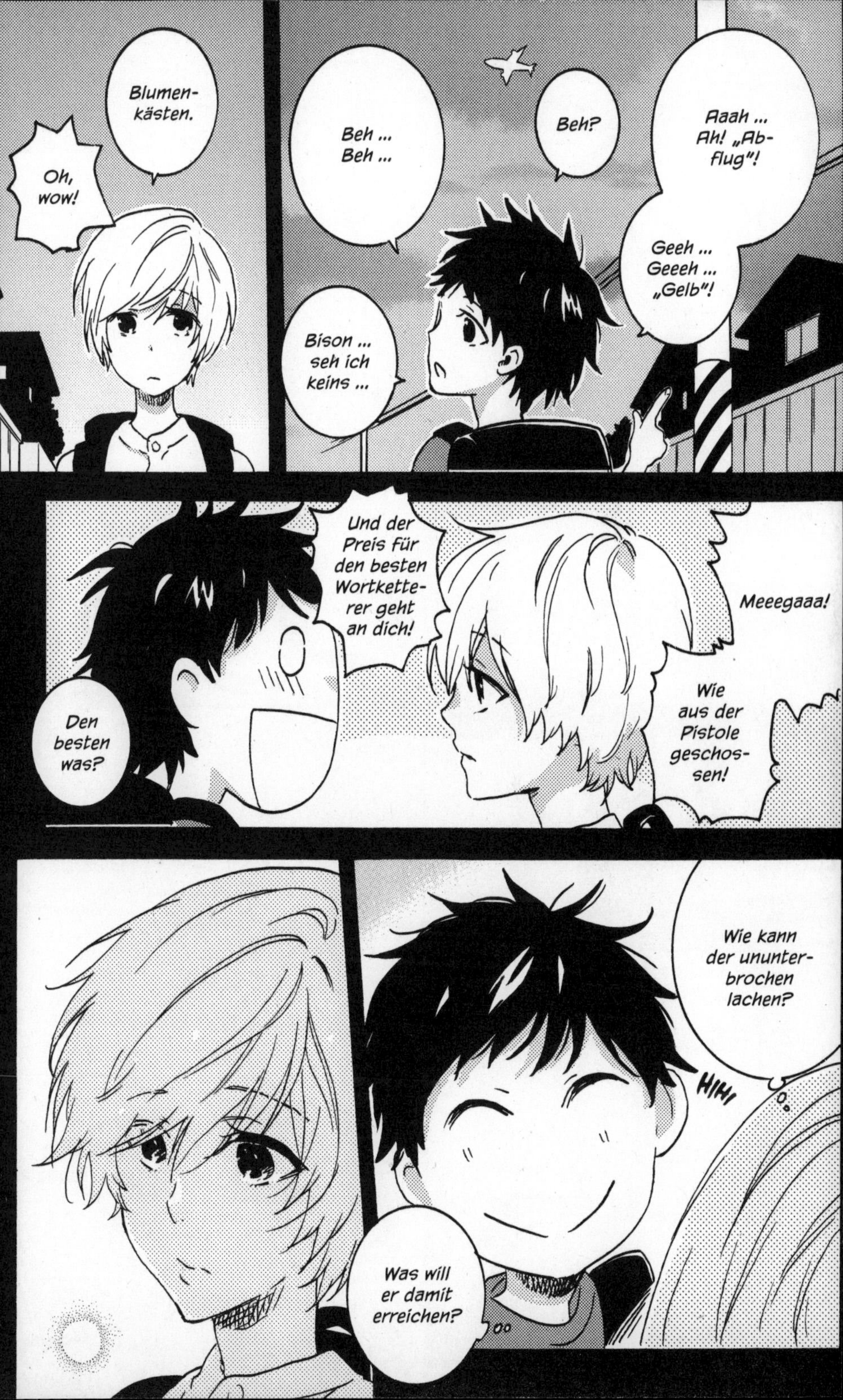

Aaah ... Ah! „Abflug“!
Geeh ... Geeeh ... „Gelb“!
Beh?
Beh ... Beh ...
Bison ... seh ich keins ...
Blumenkästen.
Oh, wow!
Meeegaaa!
Wie aus der Pistole geschossen!
Und der Preis für den besten Wortketterer geht an dich!
Den besten was?
Wie kann der ununterbrochen lachen?
HIHI
Was will er damit erreichen?

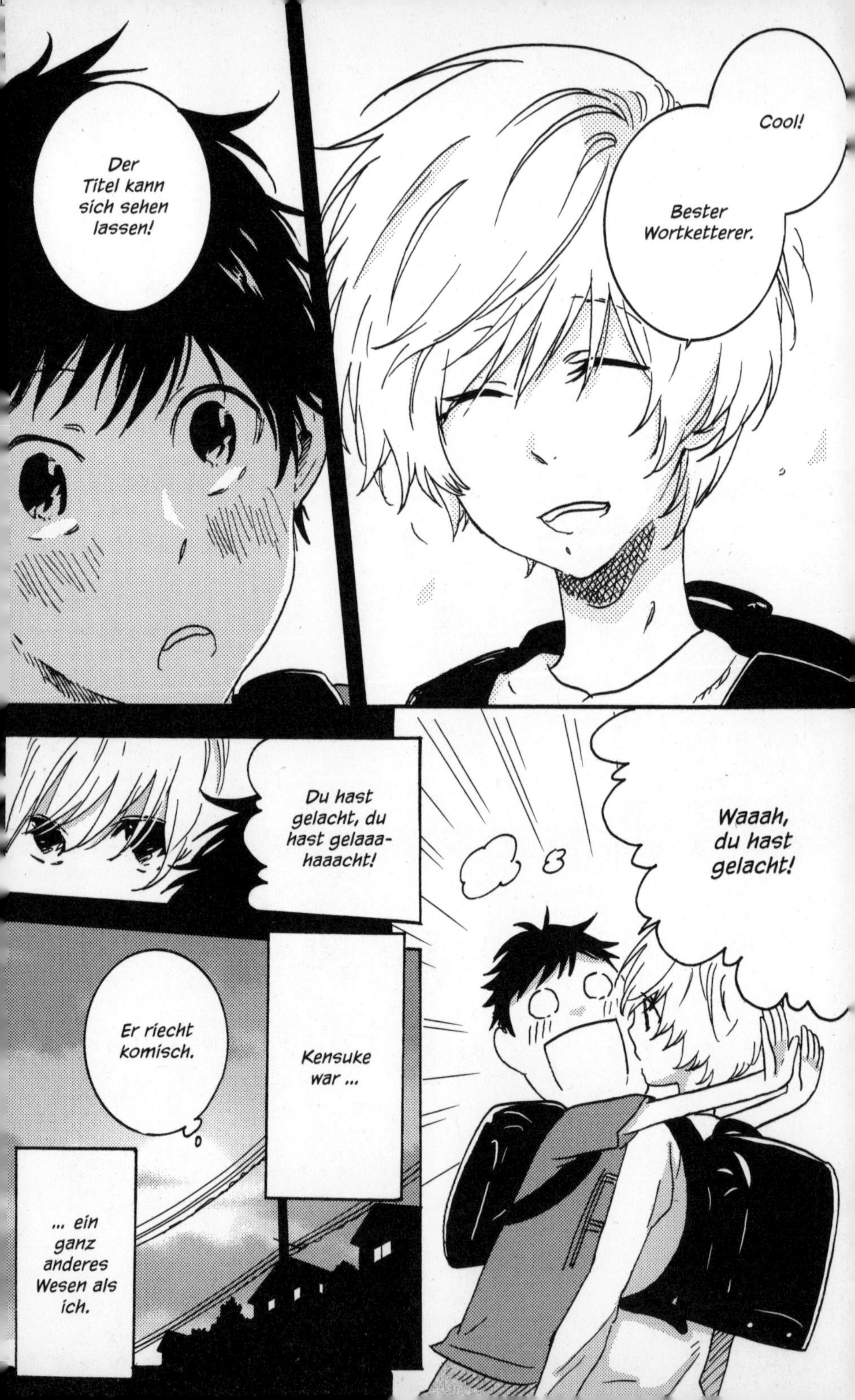
Cool!
Bester Wortketterer.
Der Titel kann sich sehen lassen!
Waaah, du hast gelacht!
Du hast gelacht, du hast gelaaa-haaacht!
Kensuke war ...
Er riecht komisch.
... ein ganz anderes Wesen als ich.

„Hitorijime Boyfriend" #6/#7 wurden erstmals 2014 veröffentlicht.
Dreieinhalb Jahre später wurden Kapitel 46/47 in der Buchausgabe abgedruckt.
Ich mag diese Kapitel ziemlich gern, darum freut mich das umso mehr!

Pferdemakrelen lassen sich auch von Anfängern gut angeln. (Angeblich.)

Setagawa hat sie vorbereitet und eingefroren, damit sie nur noch frittiert werden müssen.

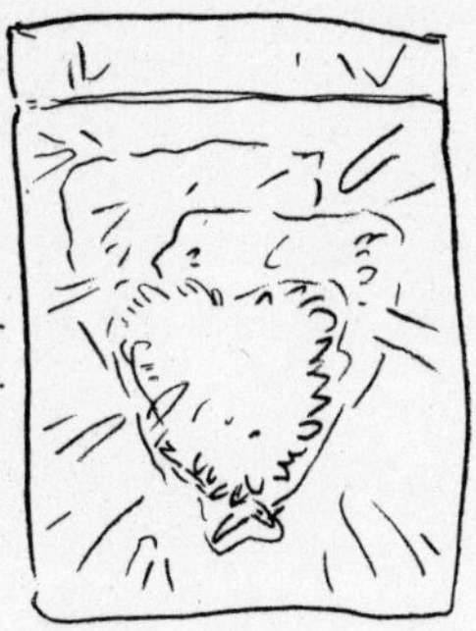

HITORIJIME MY HERO

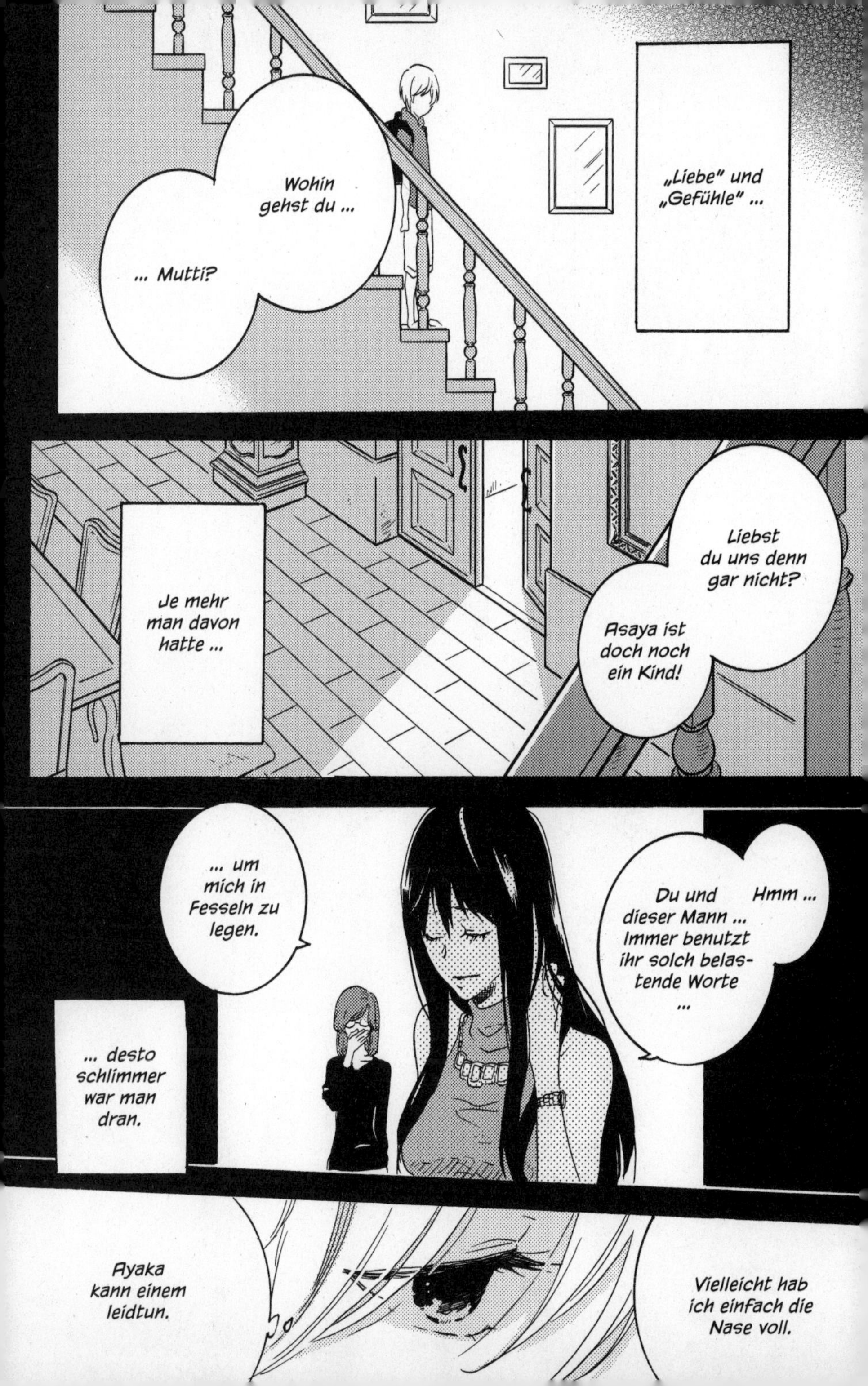
„Liebe" und „Gefühle" ...
Wohin gehst du ... ... Mutti?
Liebst du uns denn gar nicht?
Asaya ist doch noch ein Kind!
Je mehr man davon hatte ...
Hmm ...
Du und dieser Mann ... Immer benutzt ihr solch belastende Worte ...
... um mich in Fesseln zu legen.
... desto schlimmer war man dran.
Vielleicht hab ich einfach die Nase voll.
Ayaka kann einem leidtun.

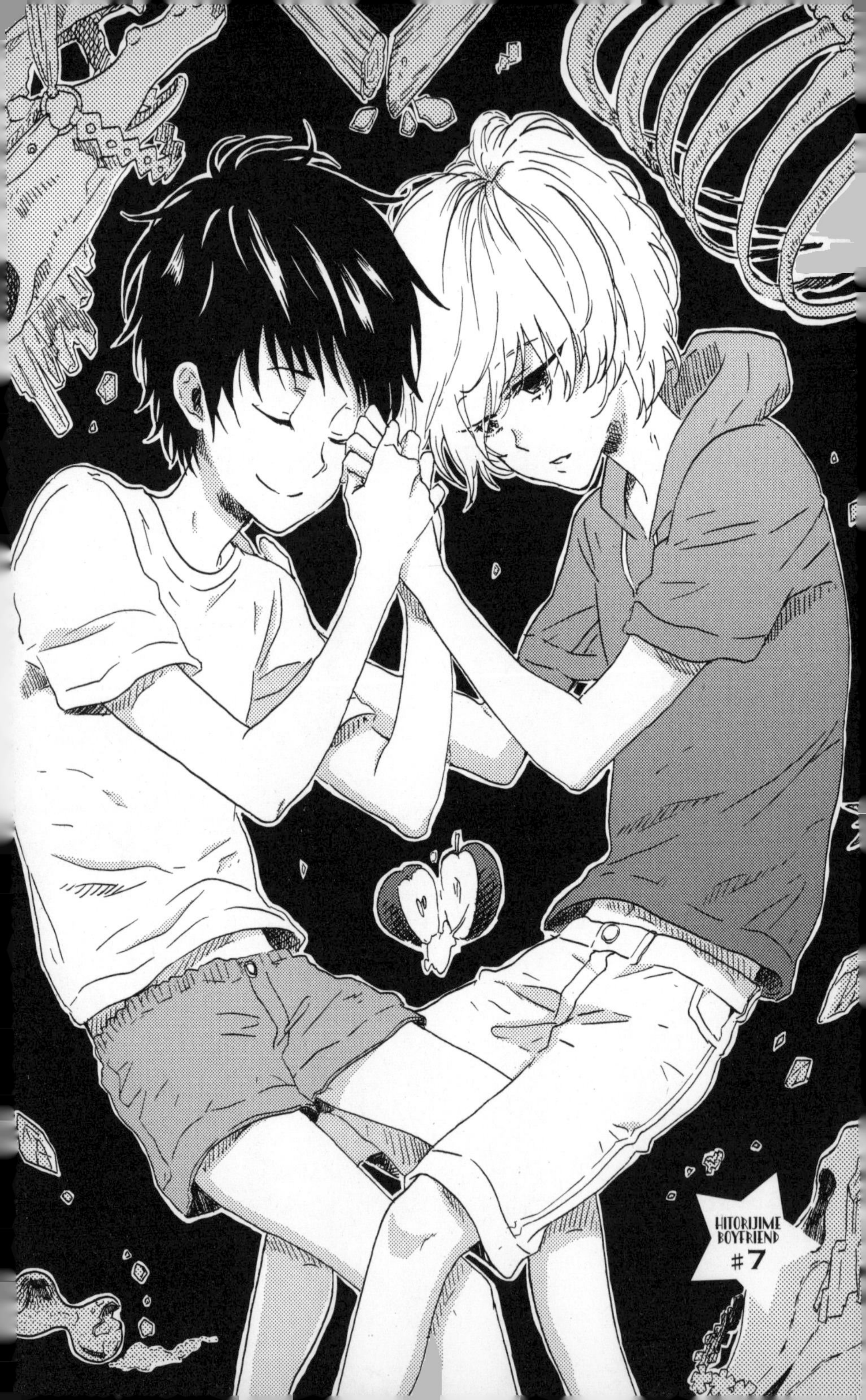
HITORIJIME BOYFRIEND
#7

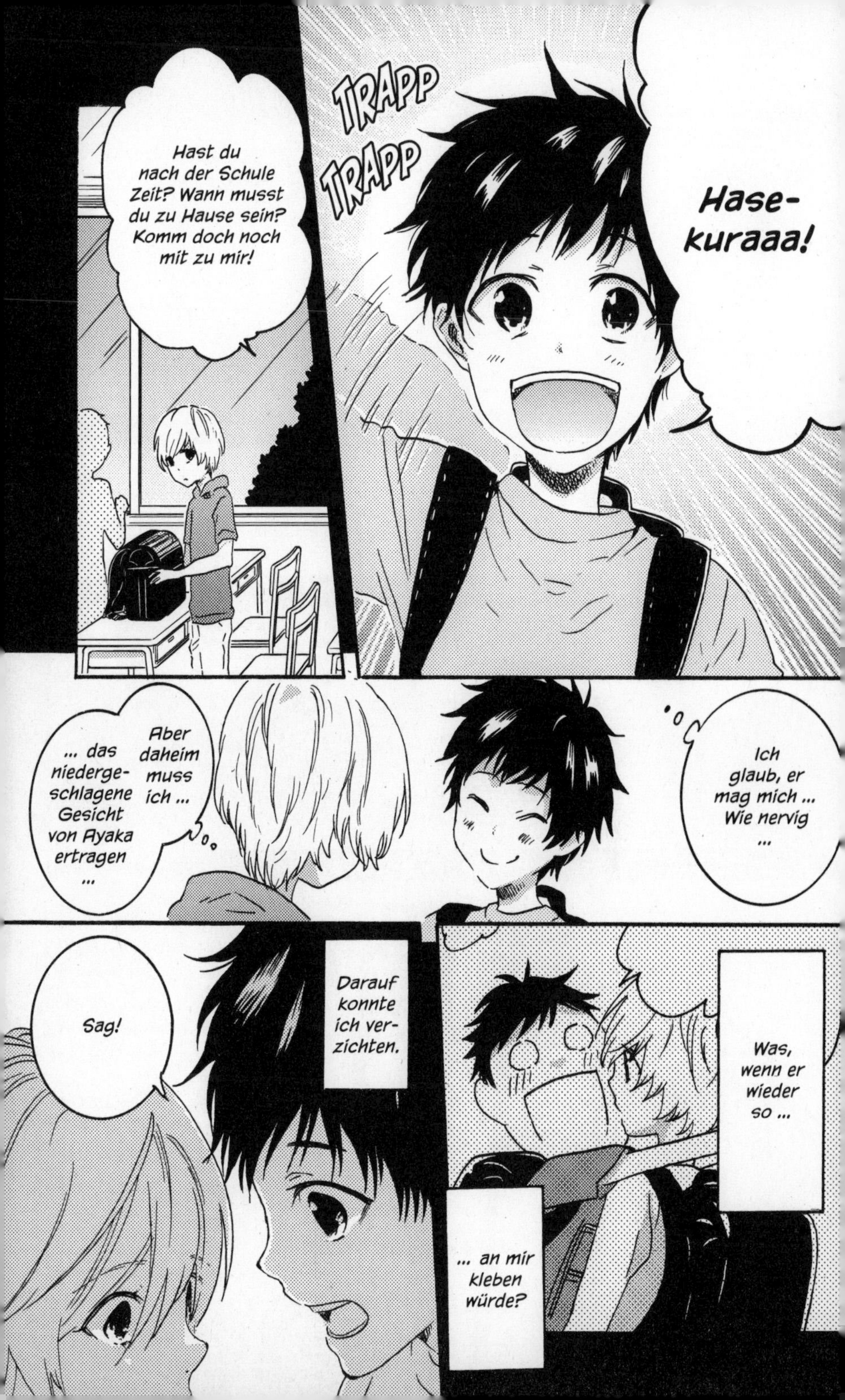
Hase-
kuraaa!
TRAPP
TRAPP
Hast du nach der Schule Zeit? Wann musst du zu Hause sein? Komm doch noch mit zu mir!
Ich glaub, er mag mich ... Wie nervig ...
Aber daheim muss ich ...
... das niederge-schlagene Gesicht von Ayaka ertragen ...
Was, wenn er wieder so ...
... an mir kleben würde?
Darauf konnte ich ver-zichten.
Sag!

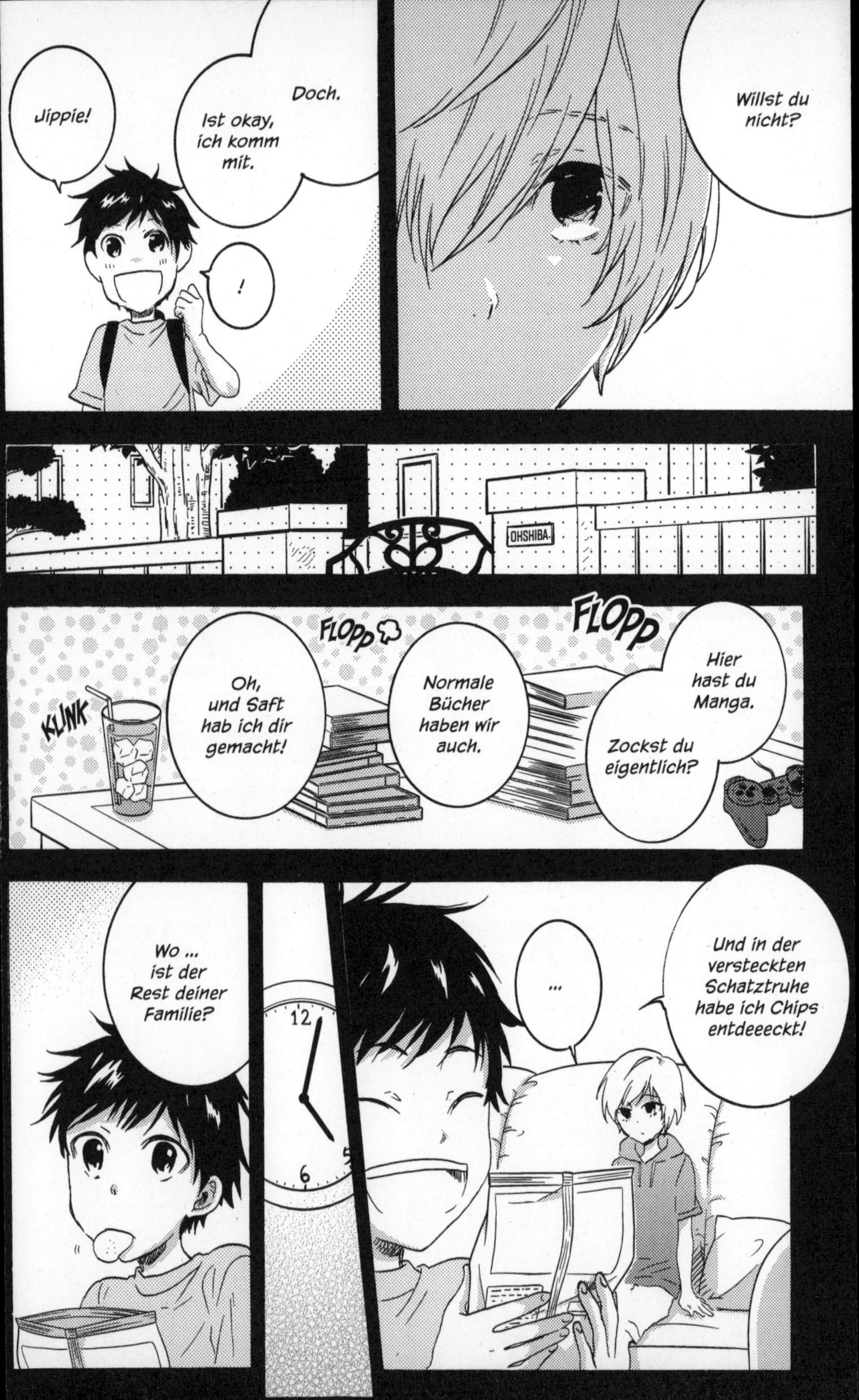
Willst du nicht?
Doch. Ist okay, ich komm mit.
!
Jippie!
OHSHIBA.
FLOPP
Hier hast du Manga.
Zockst du eigentlich?
FLOPP
Normale Bücher haben wir auch.
Oh, und Saft hab ich dir gemacht!
KLINK
Und in der versteckten Schatztruhe habe ich Chips entdeeeckt!
...
Wo ... ist der Rest deiner Familie?

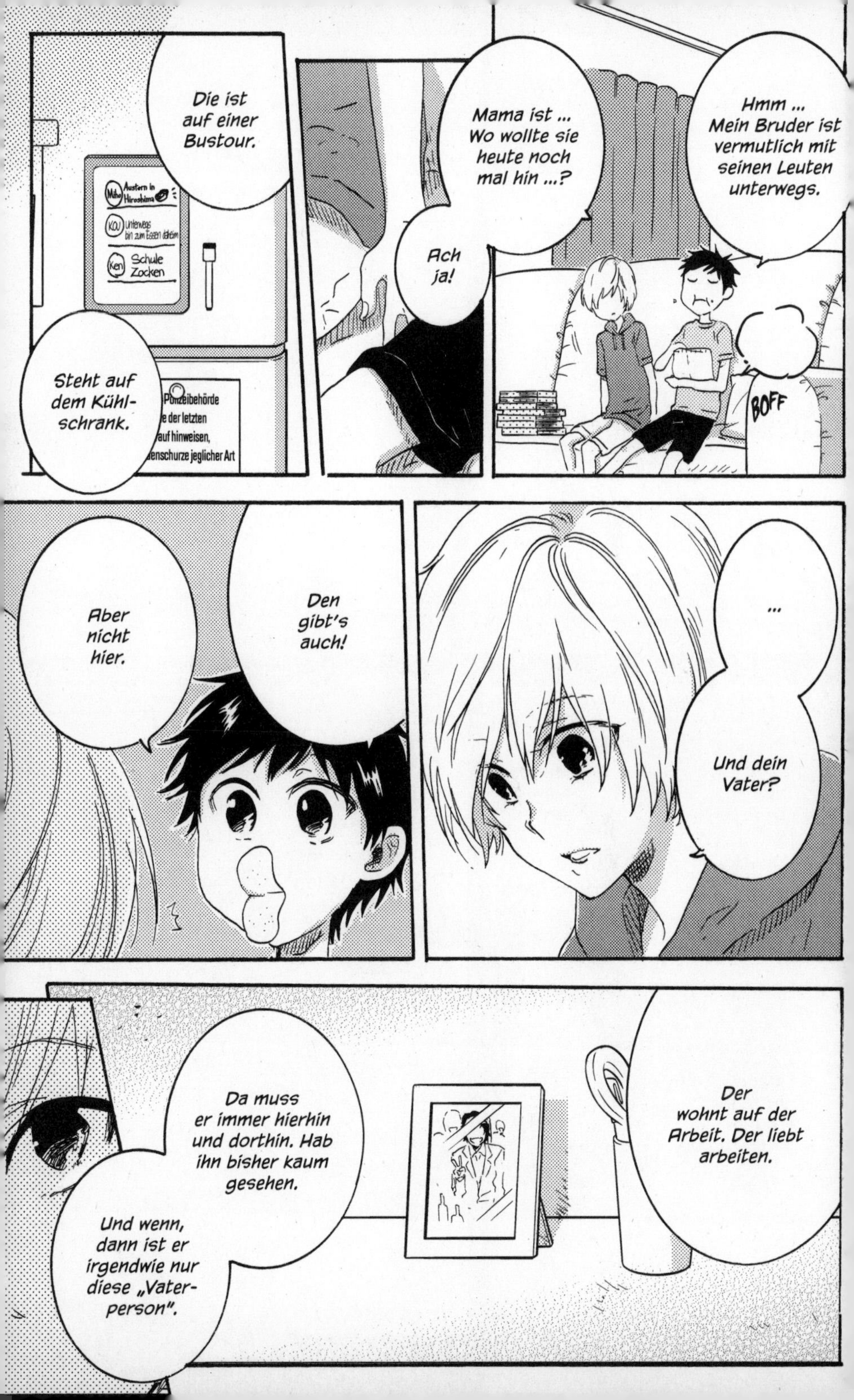
Hmm ... Mein Bruder ist vermutlich mit seinen Leuten unterwegs.
BOFF
Mama ist ... Wo wollte sie heute noch mal hin ...?
Ach ja!
Die ist auf einer Bustour.
Miho Austern in Hiroshima
KOU Unterwegs bin zum Essen daheim
Ken Schule Zocken
Steht auf dem Kühlschrank.
...
Und dein Vater?
Den gibt's auch!
Aber nicht hier.
Der wohnt auf der Arbeit. Der liebt arbeiten.
Da muss er immer hierhin und dorthin. Hab ihn bisher kaum gesehen.
Und wenn, dann ist er irgendwie nur diese „Vater-person".

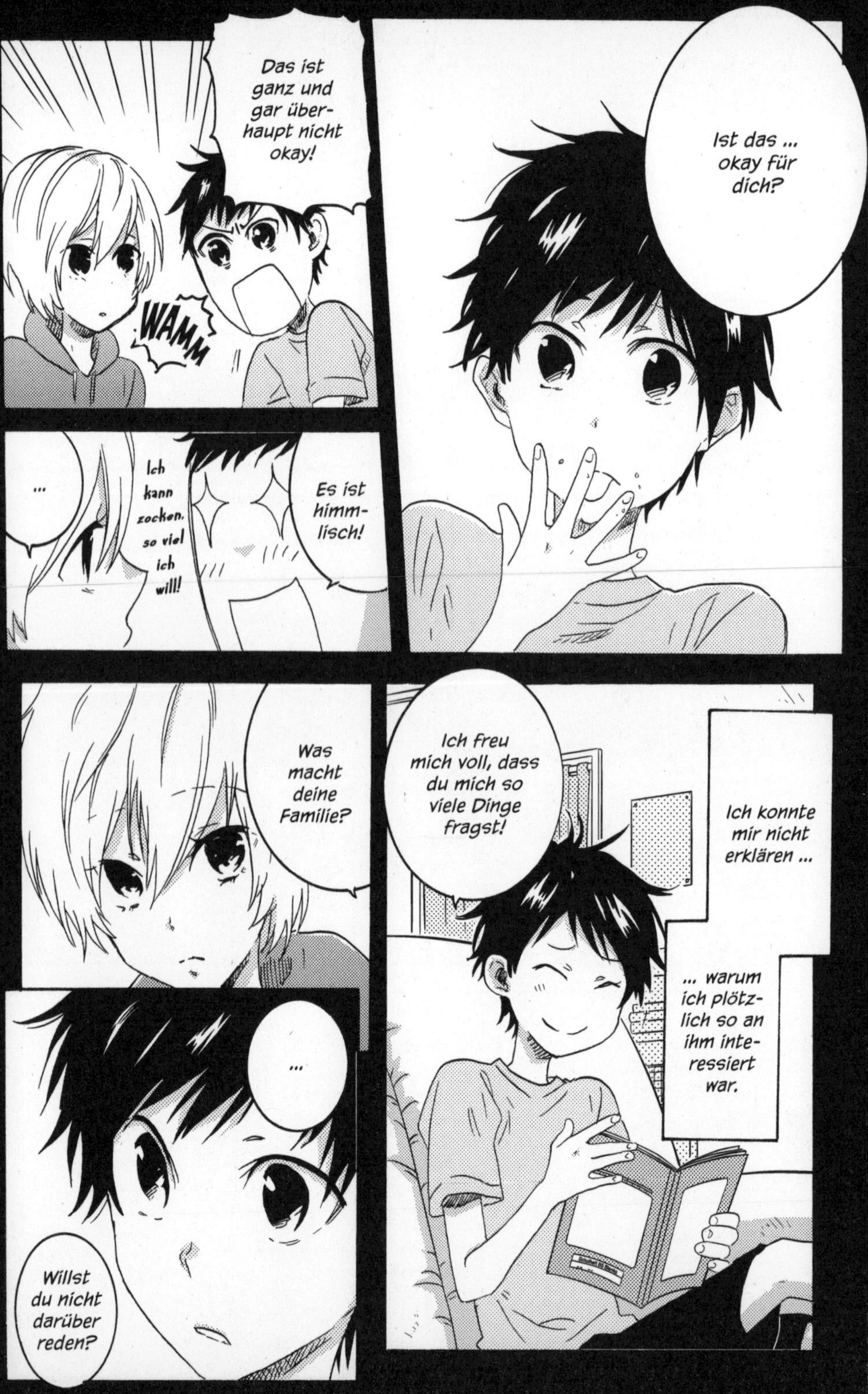
Ist das ... okay für dich?
Das ist ganz und gar überhaupt nicht okay!
WAMM
Es ist himmlisch!
Ich kann zocken, so viel ich will!
...
Ich freu mich voll, dass du mich so viele Dinge fragst!
Ich konnte mir nicht erklären ...
... warum ich plötzlich so an ihm interessiert war.
Was macht deine Familie?
...
Willst du nicht darüber reden?

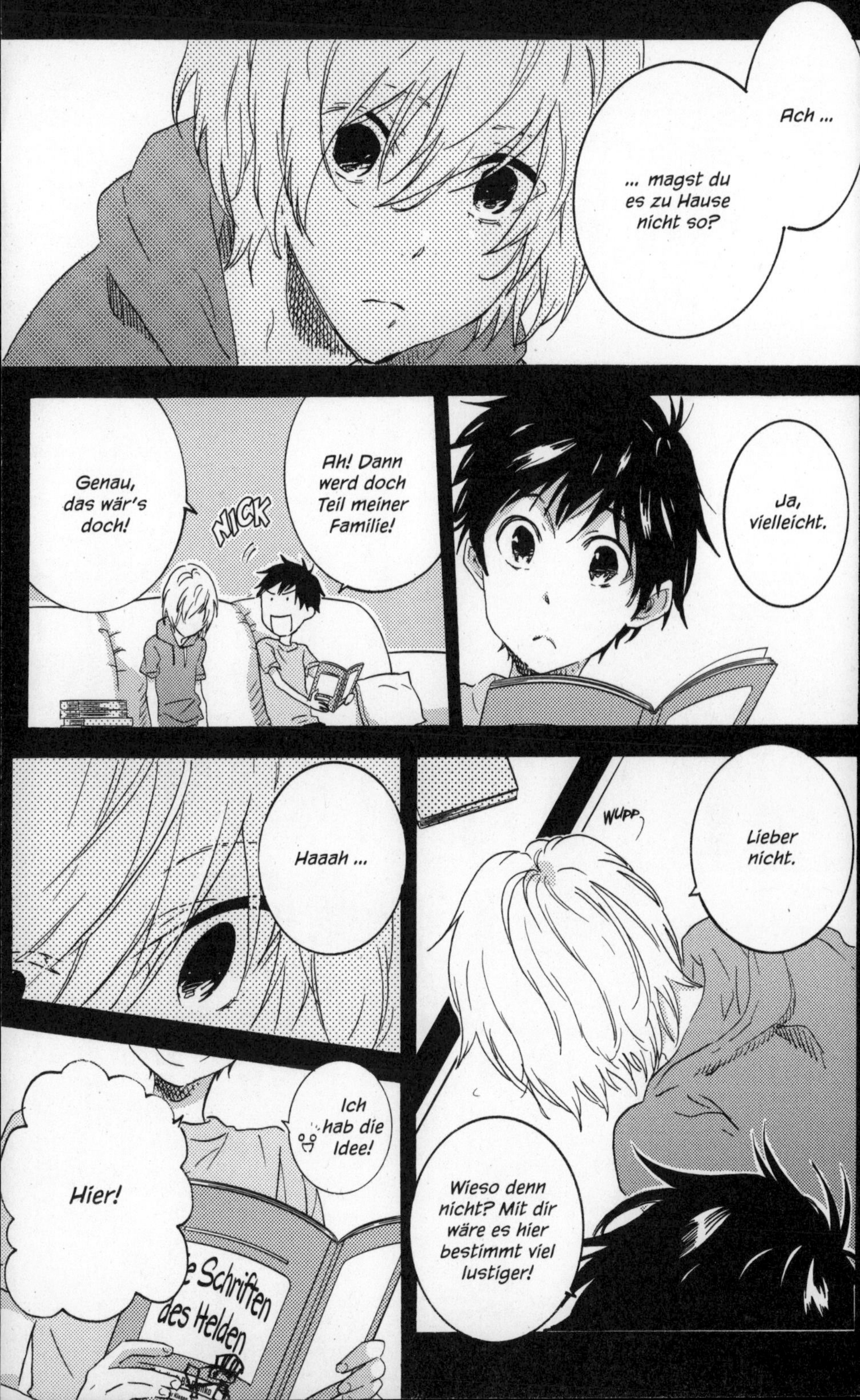
Ach ...
... magst du es zu Hause nicht so?
Ja, vielleicht.
Ah! Dann werd doch Teil meiner Familie!
NICK
Genau, das wär's doch!
WUPP
Lieber nicht.
Wieso denn nicht? Mit dir wäre es hier bestimmt viel lustiger!
Haaah ...
Ich hab die Idee!
Hier!
Schriften des Helden

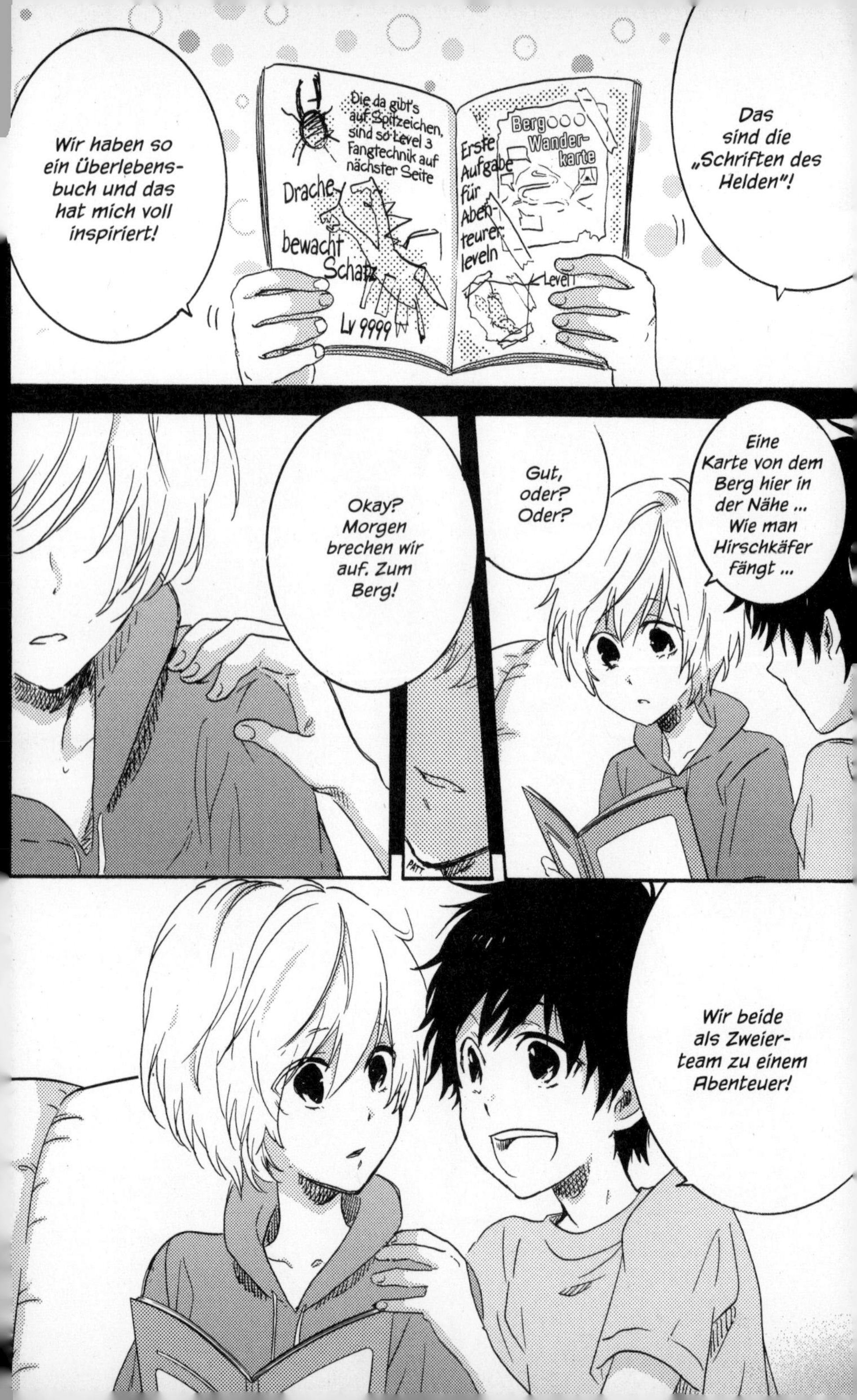

Das sind die „Schriften des Helden"!
Wir haben so ein Überlebensbuch und das hat mich voll inspiriert!
Berg○○○ Wanderkarte
Erste Aufgabe für Abenteurer leveln
Level 1
Die da gibt's auf Spitzeichen, sind so Level 3 Fangtechnik auf nächster Seite
Drache bewacht Schatz
Lv 9999
Eine Karte von dem Berg hier in der Nähe ... Wie man Hirschkäfer fängt ...
Gut, oder? Oder?
Okay? Morgen brechen wir auf. Zum Berg!
PATT
Wir beide als Zweierteam zu einem Abenteuer!

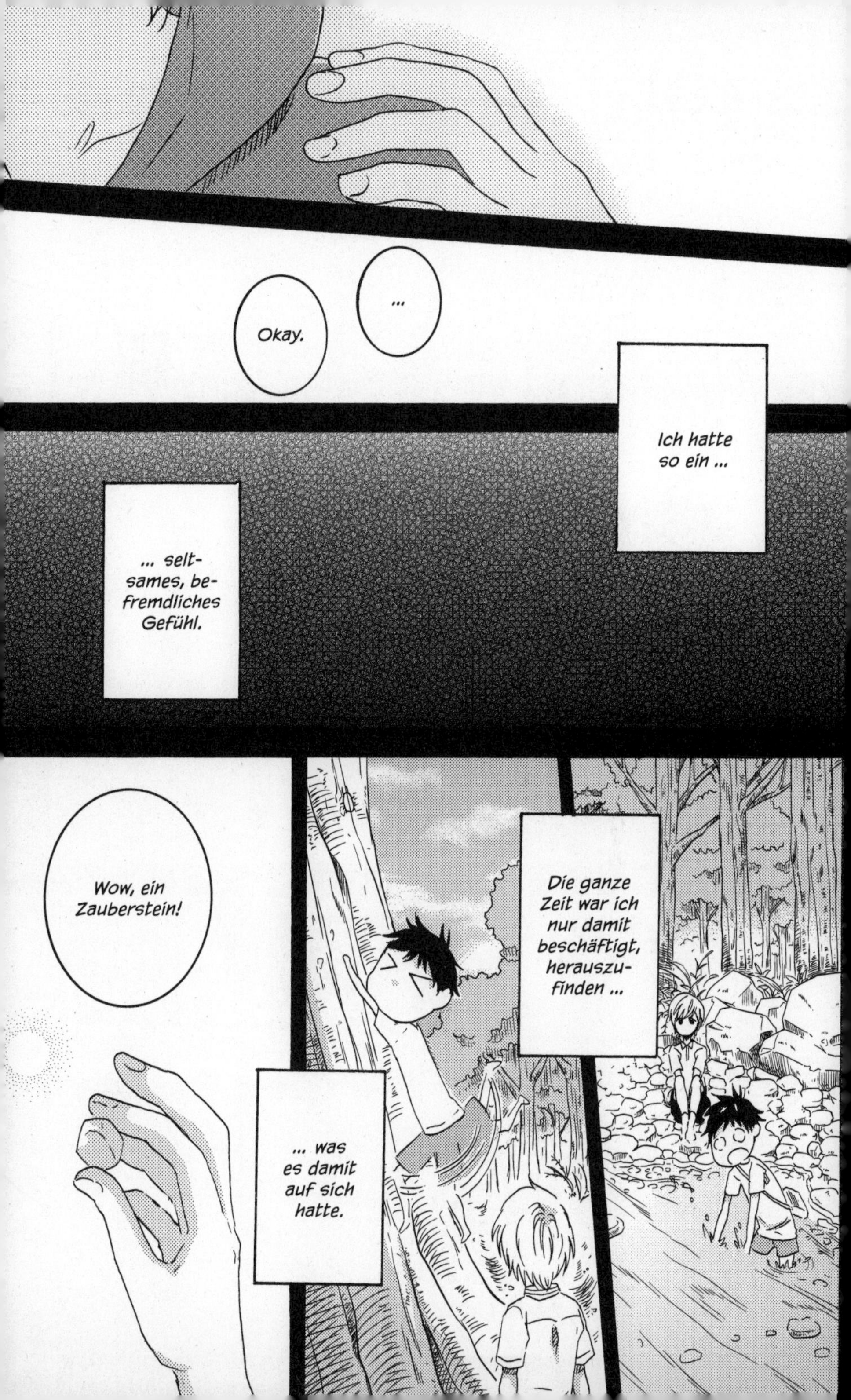

...
Okay.
Ich hatte so ein ...
... selt-
sames, be-
fremdliches
Gefühl.
Die ganze
Zeit war ich
nur damit
beschäftigt,
herauszu-
finden ...
... was
es damit
auf sich
hatte.
Wow, ein
Zauberstein!

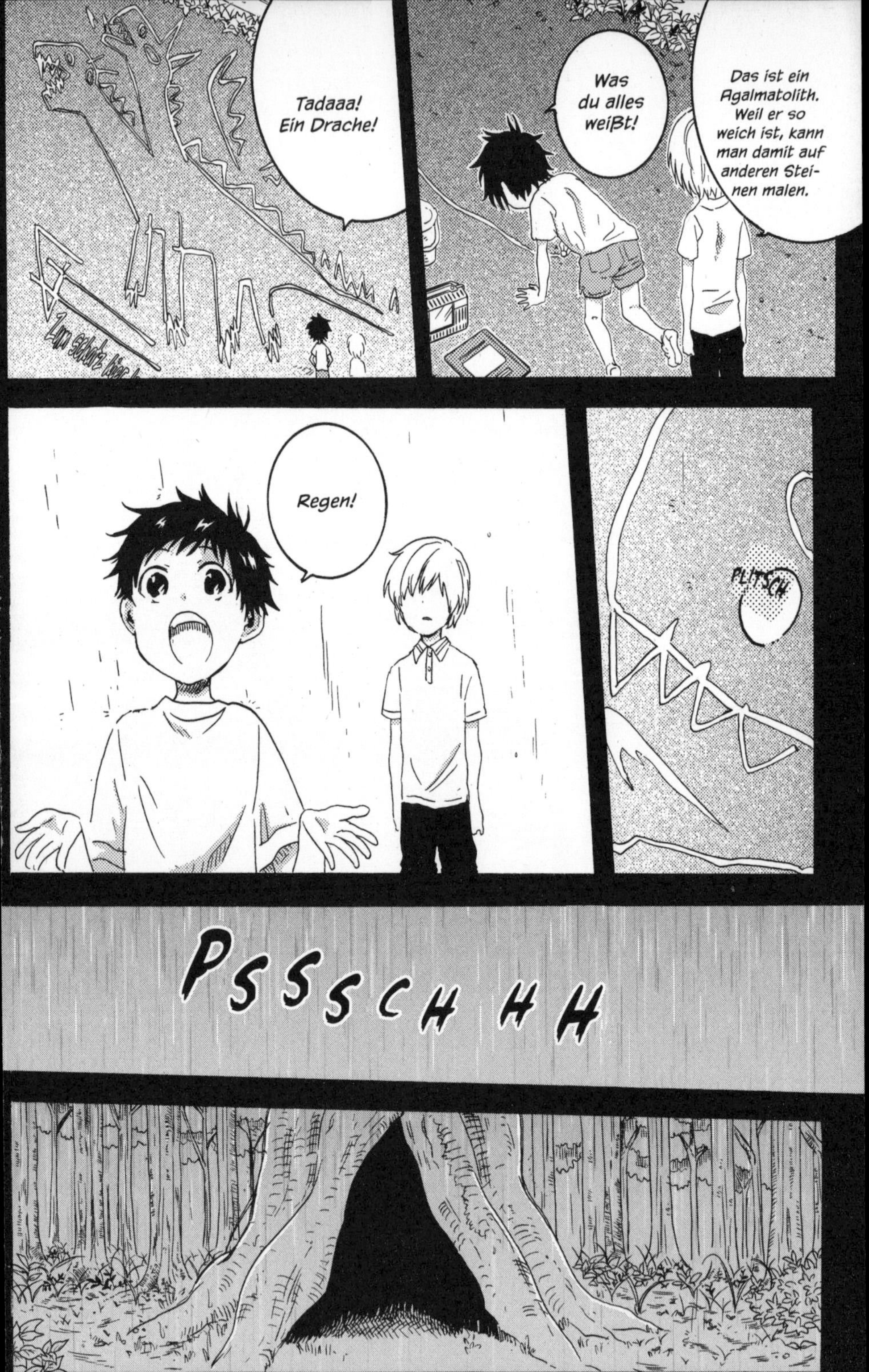
Das ist ein Agalmatolith. Weil er so weich ist, kann man damit auf anderen Steinen malen.
Was du alles weißt!
Tadaaa! Ein Drache!
PLITSCH
Regen!
PSSSCHHH

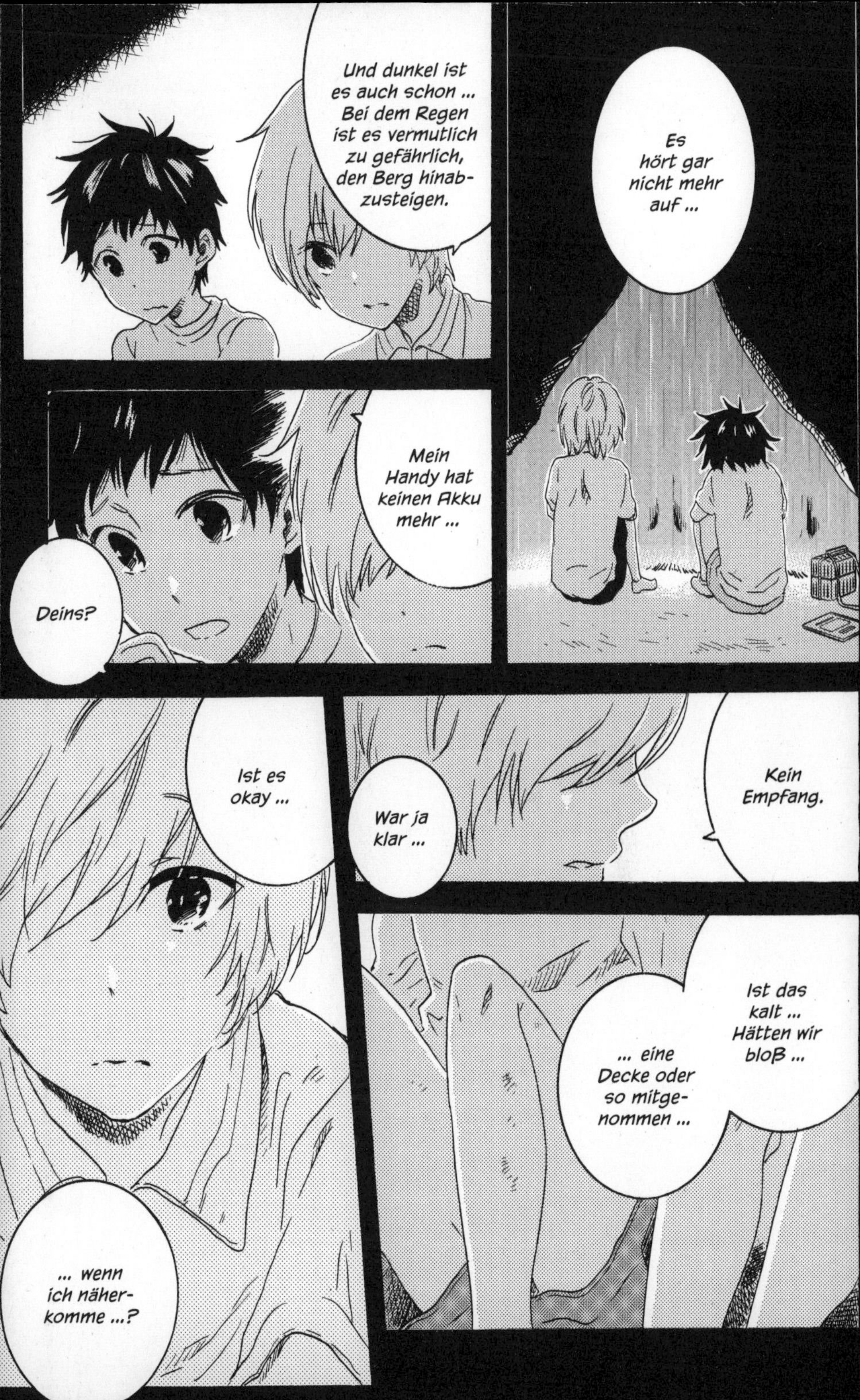

Es hört gar nicht mehr auf ...
Und dunkel ist es auch schon ... Bei dem Regen ist es vermutlich zu gefährlich, den Berg hinabzusteigen.
Mein Handy hat keinen Akku mehr ...
Deins?
Kein Empfang.
War ja klar ...
Ist das kalt ... Hätten wir bloß ...
... eine Decke oder so mitgenommen ...
Ist es okay ...
... wenn ich näherkomme ...?

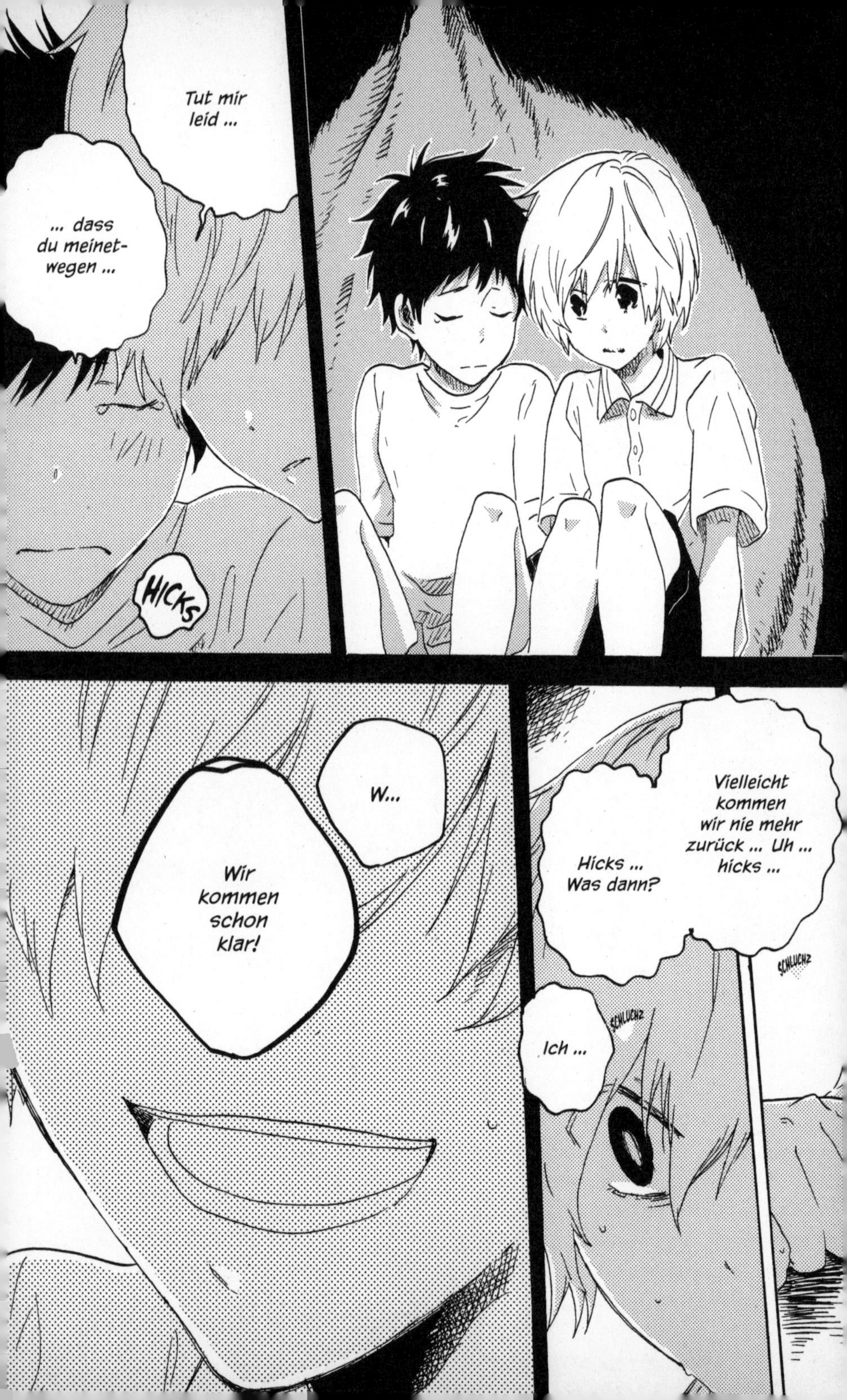
Tut mir leid ...
... dass du meinetwegen ...
HICKS
Vielleicht kommen wir nie mehr zurück ... Uh ... hicks ...
Hicks ... Was dann?
SCHLUCHZ
Ich ...
SCHLUCHZ
W...
Wir kommen schon klar!

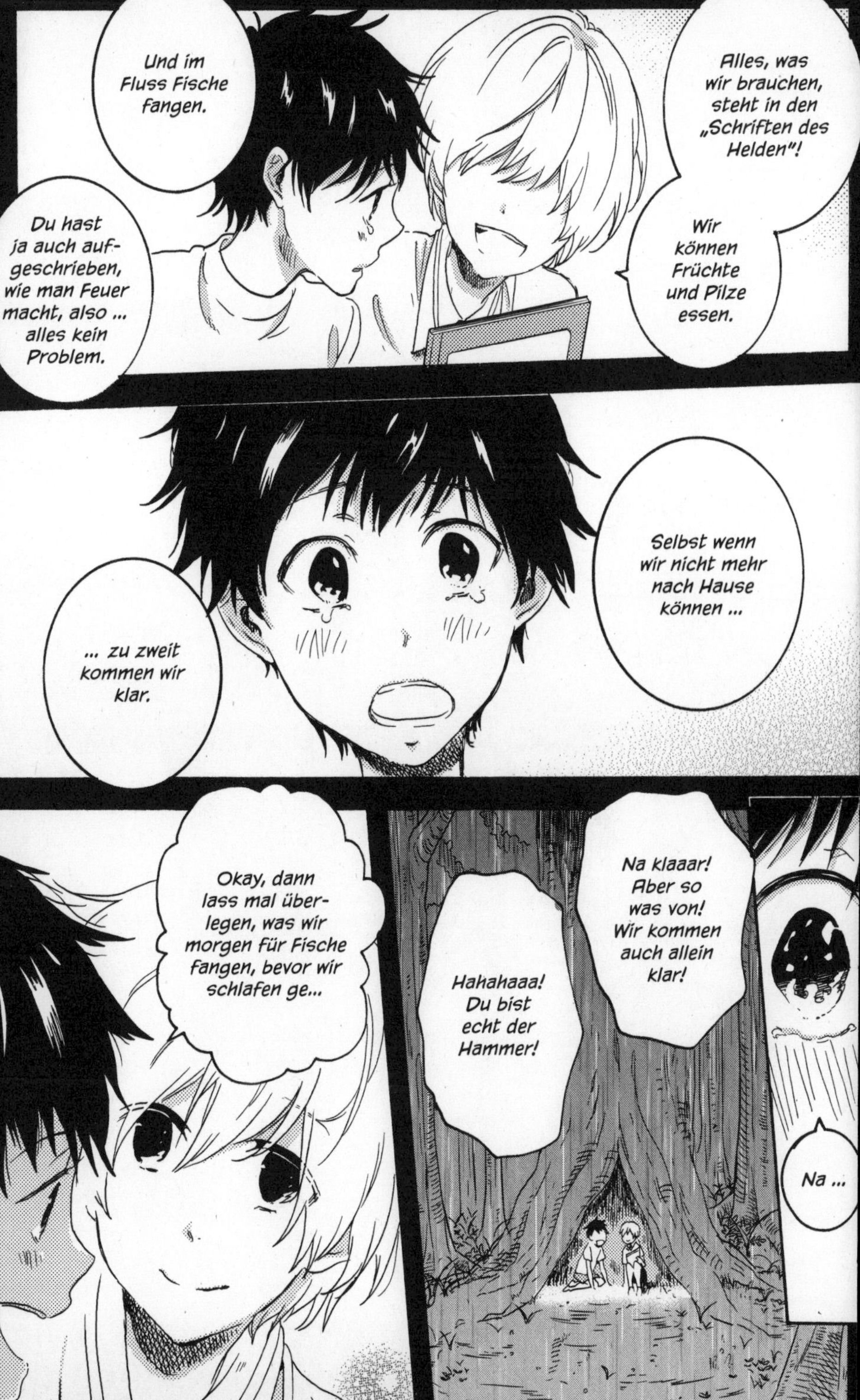
Alles, was wir brauchen, steht in den „Schriften des Helden"!
Wir können Früchte und Pilze essen.
Und im Fluss Fische fangen.
Du hast ja auch aufgeschrieben, wie man Feuer macht, also ... alles kein Problem.
Selbst wenn wir nicht mehr nach Hause können ...
... zu zweit kommen wir klar.
Na ...
Na klaaar! Aber so was von! Wir kommen auch allein klar!
Hahahaaa! Du bist echt der Hammer!
Okay, dann lass mal überlegen, was wir morgen für Fische fangen, bevor wir schlafen ge...

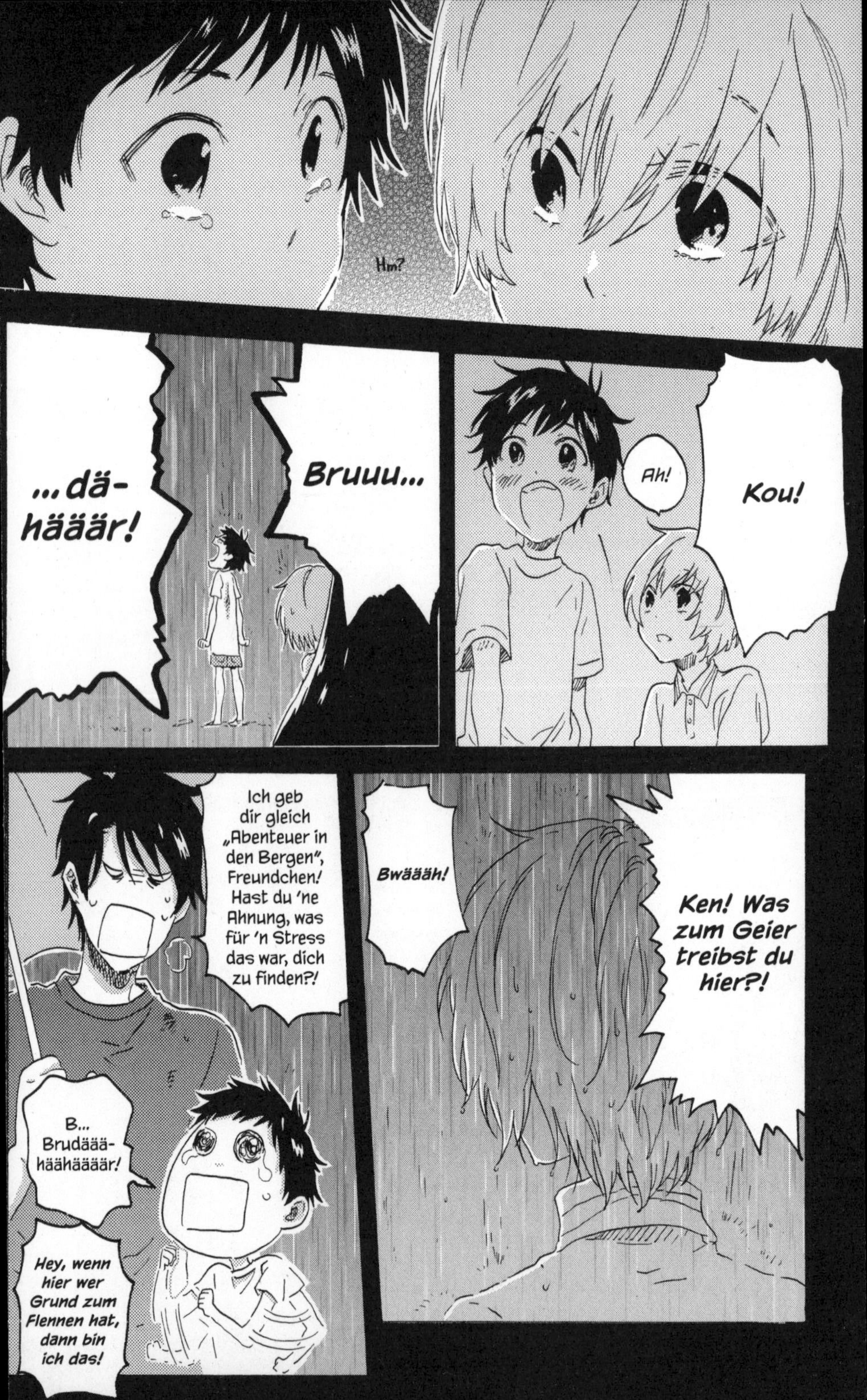
Hm?
Kou!
Ah!
Bruuu...
...dä-häääär!
Ken! Was zum Geier treibst du hier?!
Bwääääh!
Ich geb dir gleich „Abenteuer in den Bergen", Freundchen! Hast du 'ne Ahnung, was für 'n Stress das war, dich zu finden?!
B... Brudäää-häähäääär!
Hey, wenn hier wer Grund zum Flennen hat, dann bin ich das!

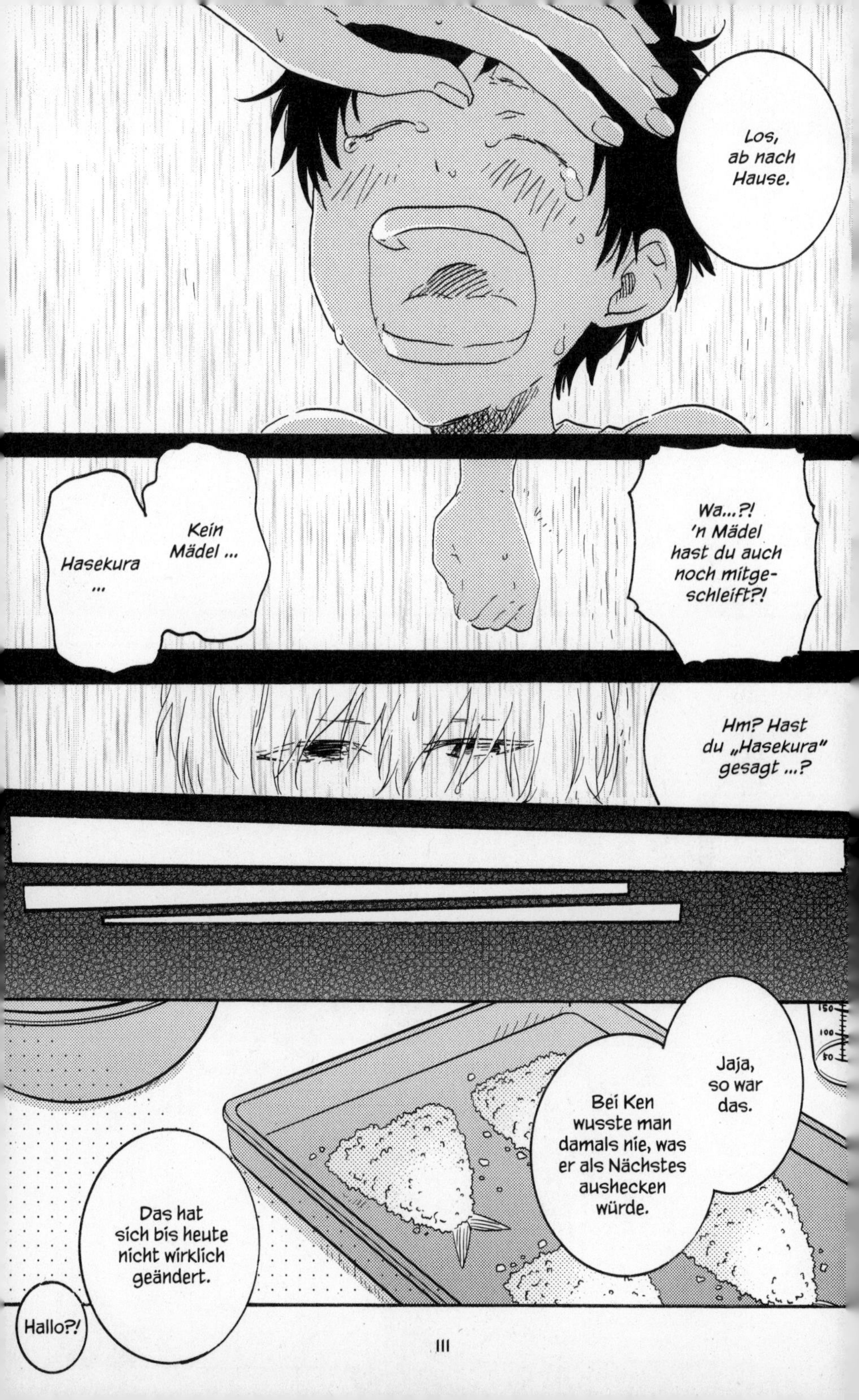
Los, ab nach Hause.
Wa...?! 'n Mädel hast du auch noch mitgeschleift?!
Kein Mädel ...
Hasekura ...
Hm? Hast du „Hasekura" gesagt ...?
Jaja, so war das.
Bei Ken wusste man damals nie, was er als Nächstes aushecken würde.
Das hat sich bis heute nicht wirklich geändert.
Hallo?!

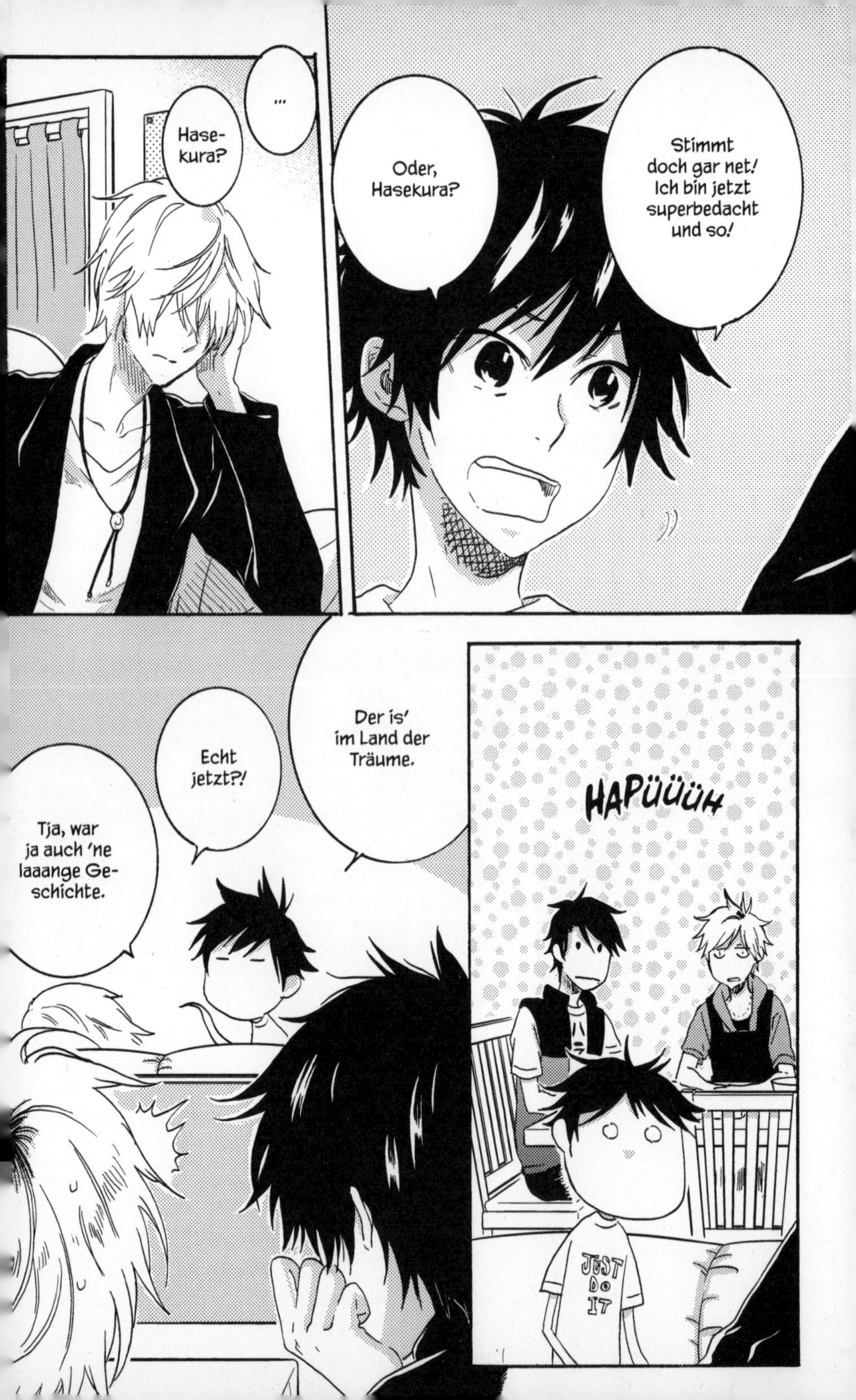
Stimmt doch gar net! Ich bin jetzt superbedacht und so!
Oder, Hasekura?
...
Hase-kura?
HAPÜÜÜH
Der is' im Land der Träume.
Echt jetzt?!
Tja, war ja auch 'ne laaange Geschichte.

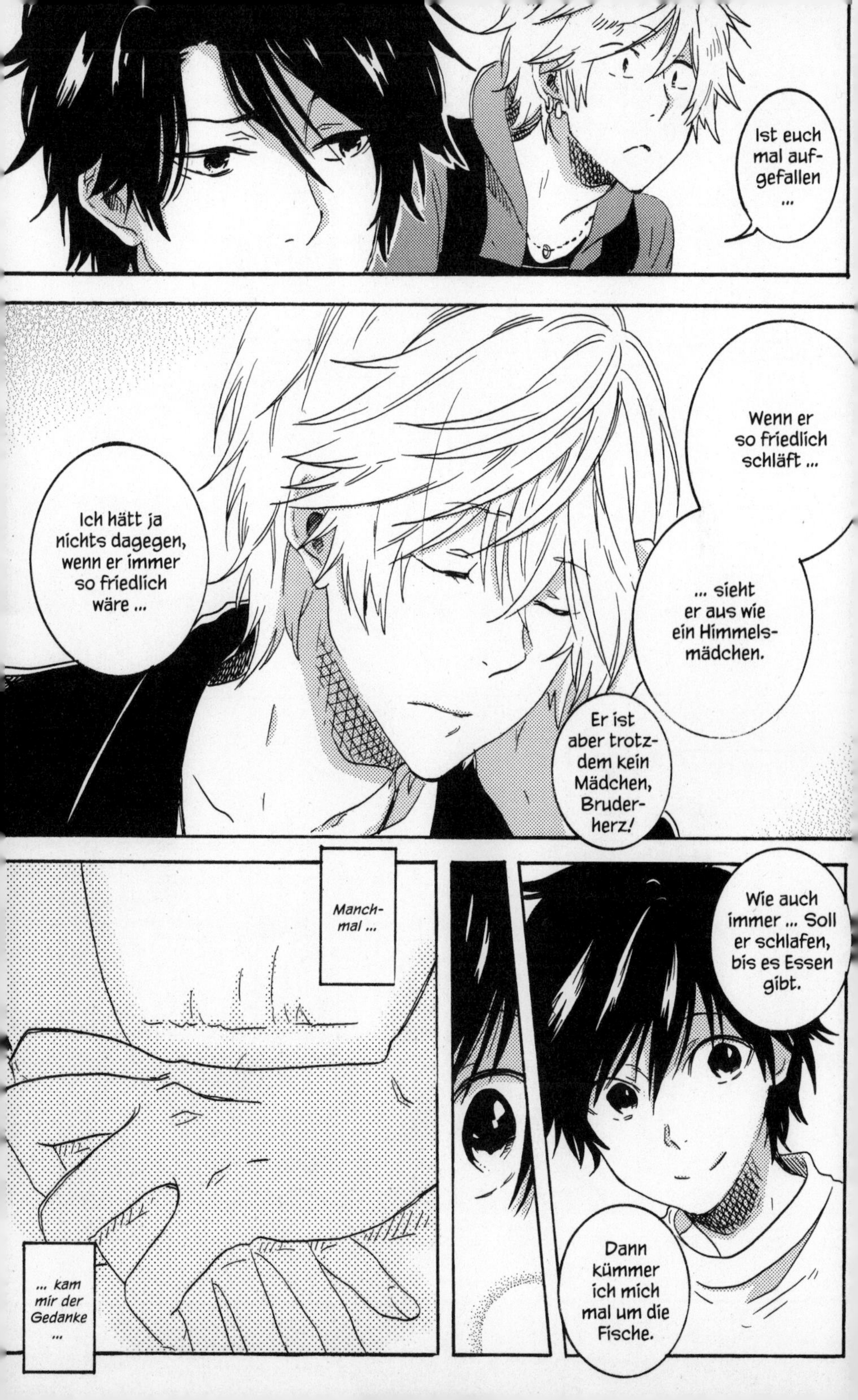
Ist euch mal aufgefallen ...
Wenn er so friedlich schläft ...
... sieht er aus wie ein Himmelsmädchen.
Er ist aber trotzdem kein Mädchen, Bruderherz!
Ich hätt ja nichts dagegen, wenn er immer so friedlich wäre ...
Wie auch immer ... Soll er schlafen, bis es Essen gibt.
Dann kümmer ich mich mal um die Fische.
Manchmal ...
... kam mir der Gedanke ...

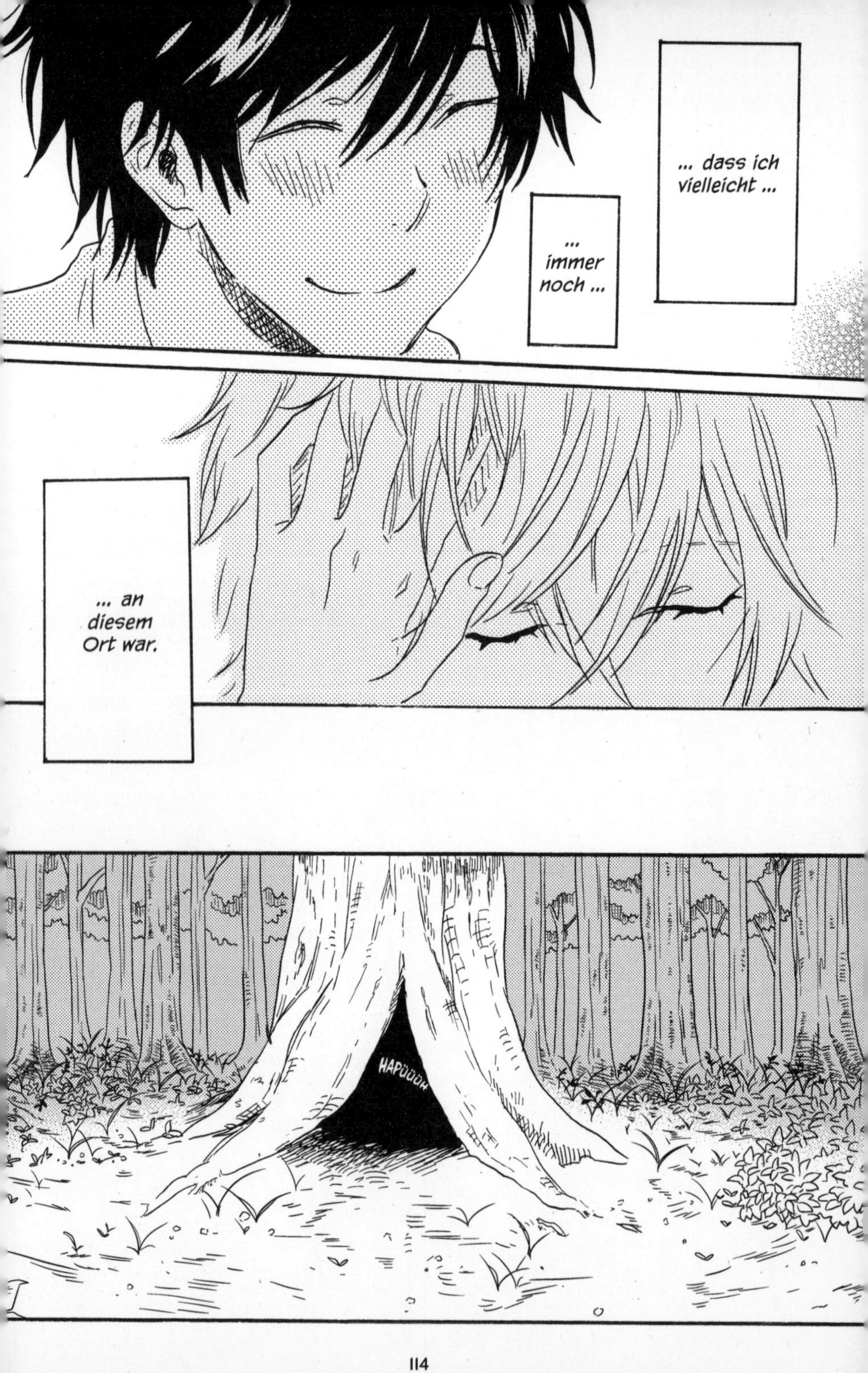
... dass ich vielleicht ...
... immer noch ...
... an diesem Ort war.
HAPÜÜÜH

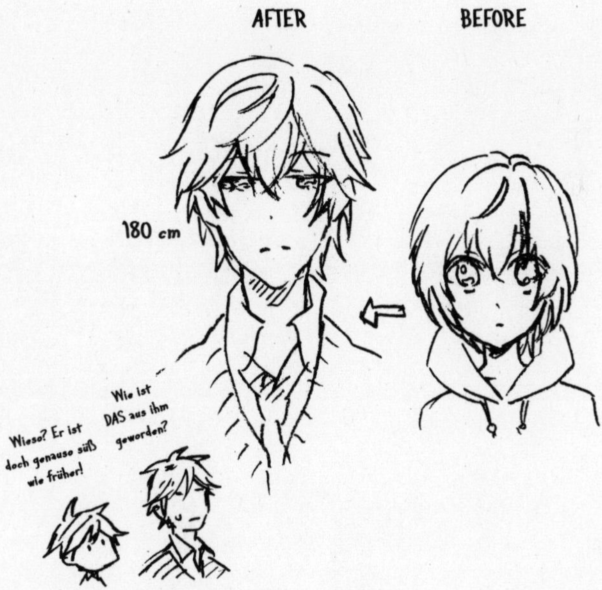
AFTER
BEFORE
180 cm
Wie ist DAS aus ihm geworden?
Wieso? Er ist doch genauso süß wie früher!

HITORIJIME
MY HERO

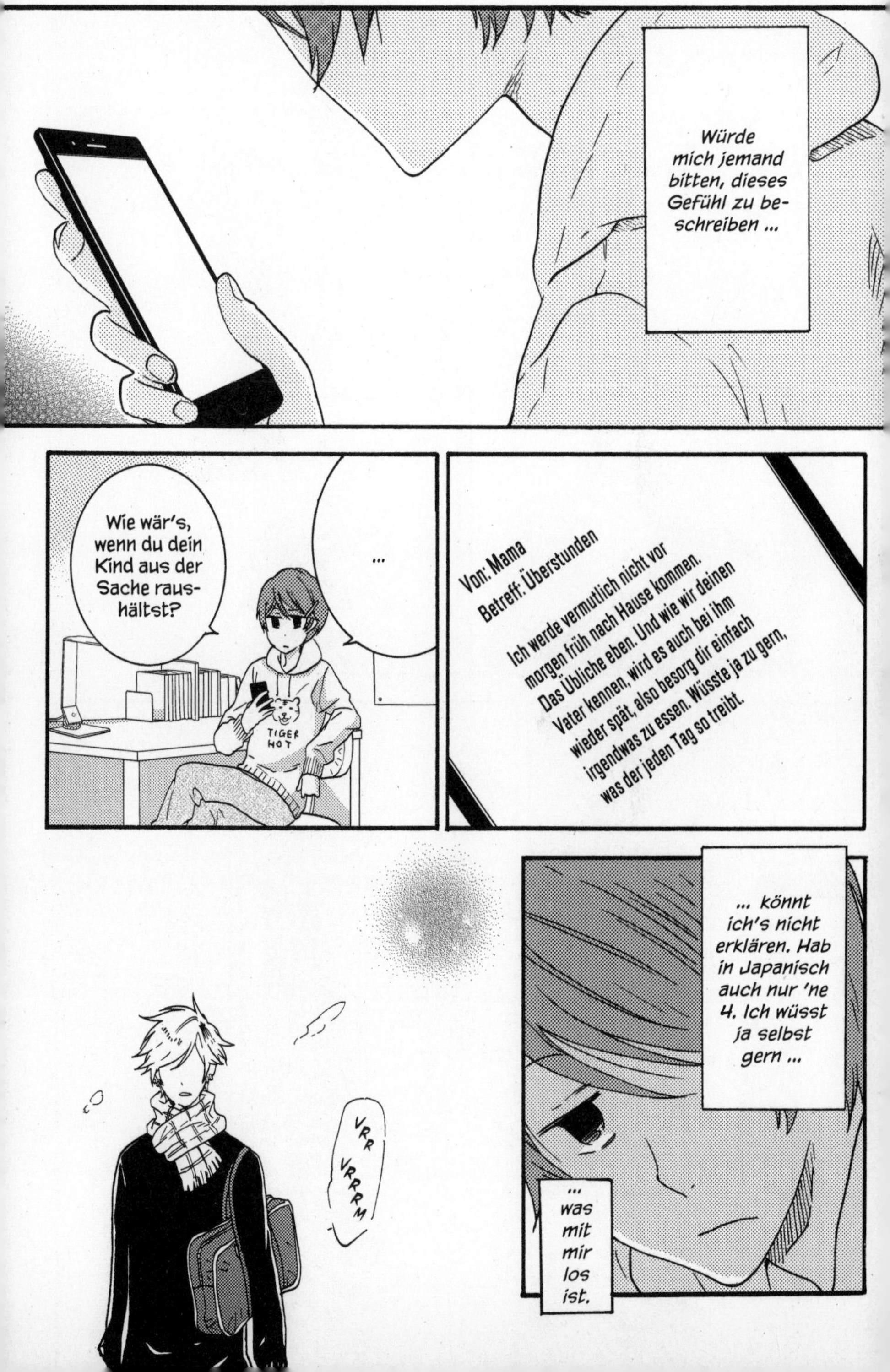
Würde mich jemand bitten, dieses Gefühl zu beschreiben ...
Von: Mama
Betreff: Überstunden
Ich werde vermutlich nicht vor morgen früh nach Hause kommen. Das Übliche eben. Und wie wir deinen Vater kennen, wird es auch bei ihm wieder spät, also besorg dir einfach irgendwas zu essen. Wüsste ja zu gern, was der jeden Tag so treibt.
...
Wie wär's, wenn du dein Kind aus der Sache raushältst?
TIGER HOT
... könnt ich's nicht erklären. Hab in Japanisch auch nur 'ne 4. Ich wüsst ja selbst gern ...
... was mit mir los ist.
VRR VRRRM

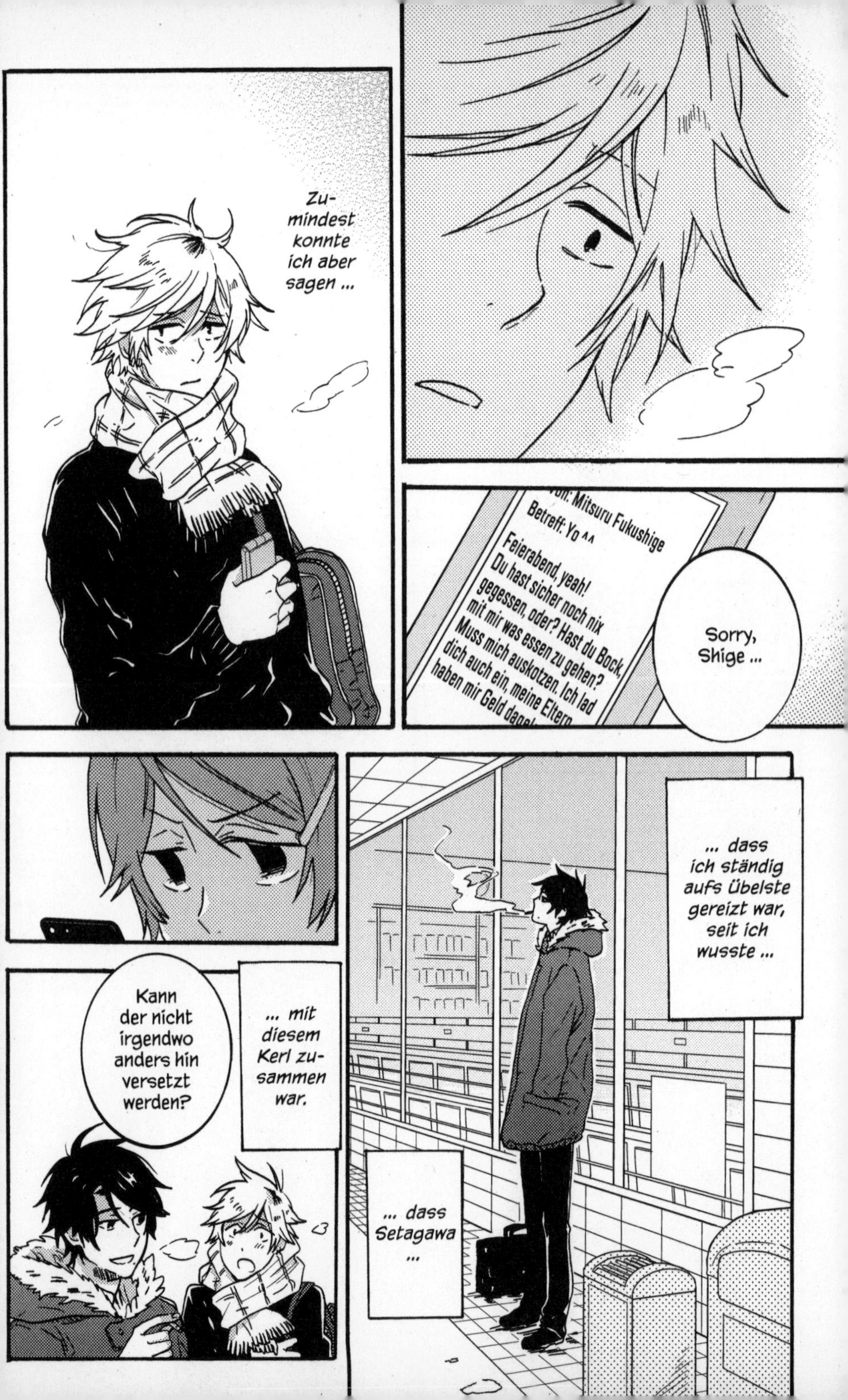
Mitsuru Fukushige
Betreff: Yo ^^
Feierabend, yeah!
Du hast sicher noch nix
gegessen, oder? Hast du Bock,
mit mir was essen zu gehen?
Muss mich auskotzen. Ich lad
dich auch ein, meine Eltern
haben mir Geld
Sorry, Shige ...
Zumindest konnte ich aber sagen ...
... dass ich ständig aufs Übelste gereizt war, seit ich wusste ...
... dass Setagawa ...
... mit diesem Kerl zusammen war.
Kann der nicht irgendwo anders hin versetzt werden?

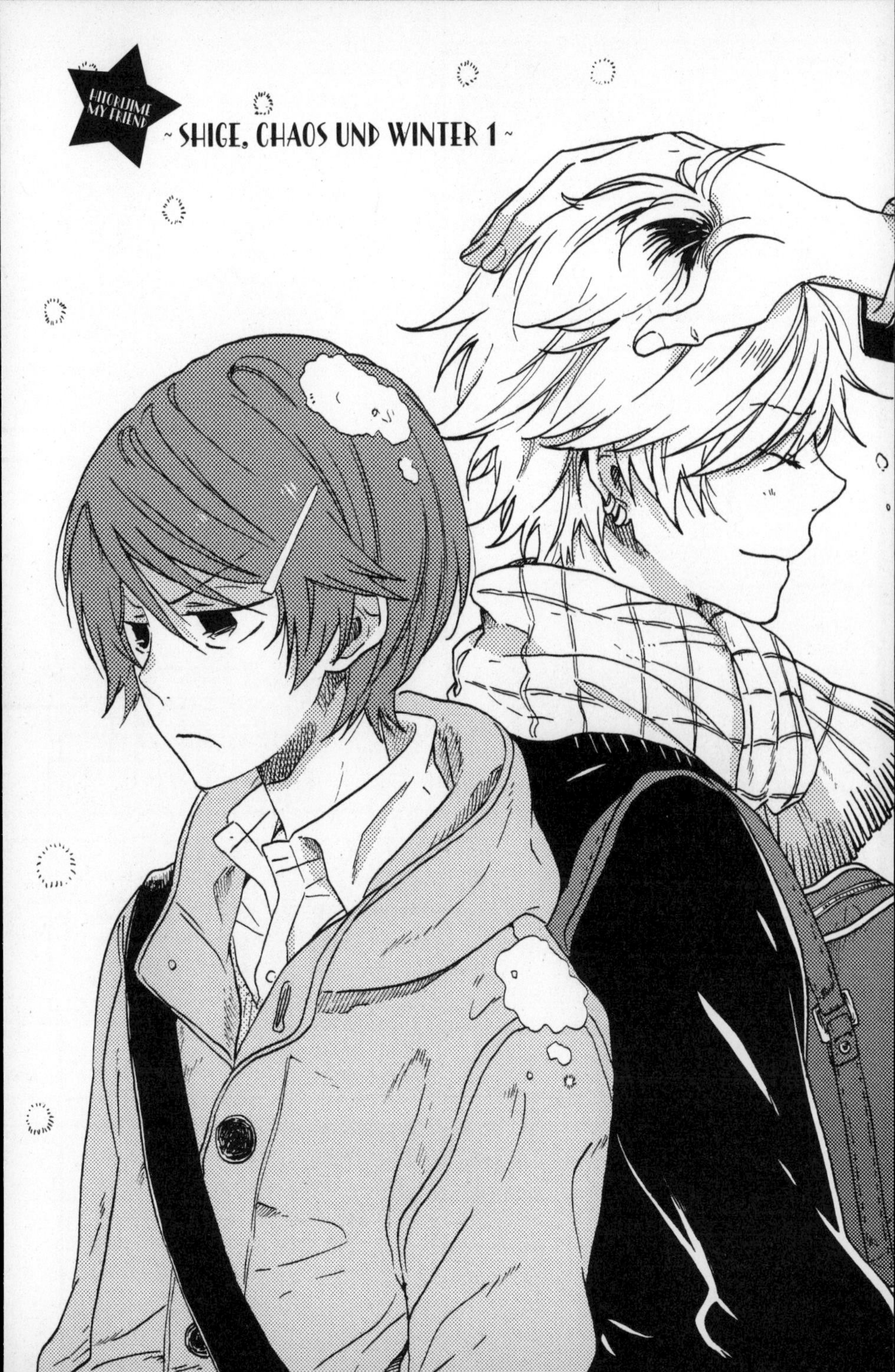
HITORIJIME MY FRIEND
~ SHIGE, CHAOS UND WINTER 1 ~

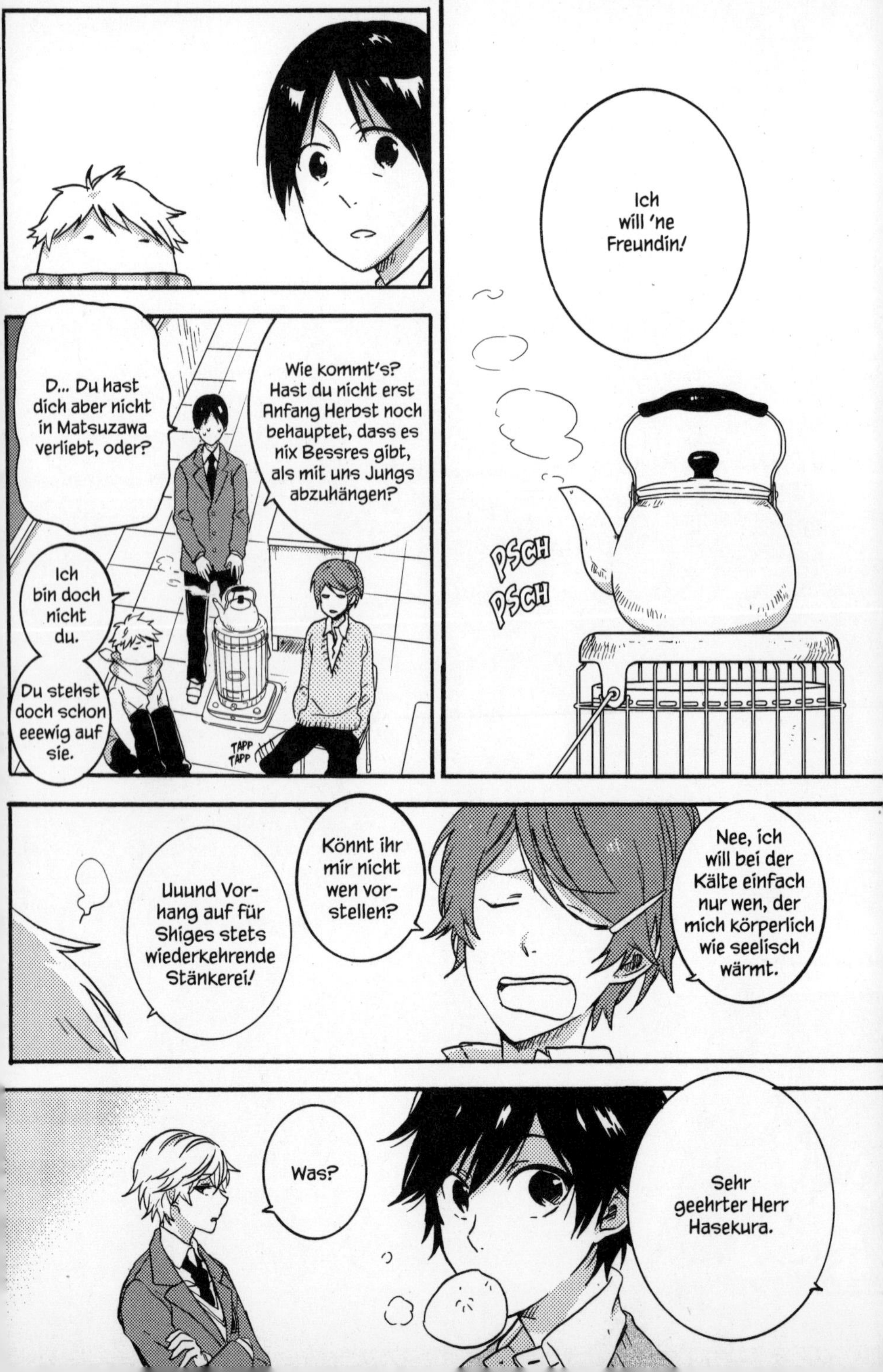
Ich will 'ne Freundin!
PSCH
PSCH
Wie kommt's? Hast du nicht erst Anfang Herbst noch behauptet, dass es nix Bessres gibt, als mit uns Jungs abzuhängen?
D... Du hast dich aber nicht in Matsuzawa verliebt, oder?
Ich bin doch nicht du.
Du stehst doch schon eeewig auf sie.
TAPP TAPP
Nee, ich will bei der Kälte einfach nur wen, der mich körperlich wie seelisch wärmt.
Könnt ihr mir nicht wen vorstellen?
Uuund Vorhang auf für Shiges stets wiederkehrende Stänkerei!
Sehr geehrter Herr Hasekura.
Was?

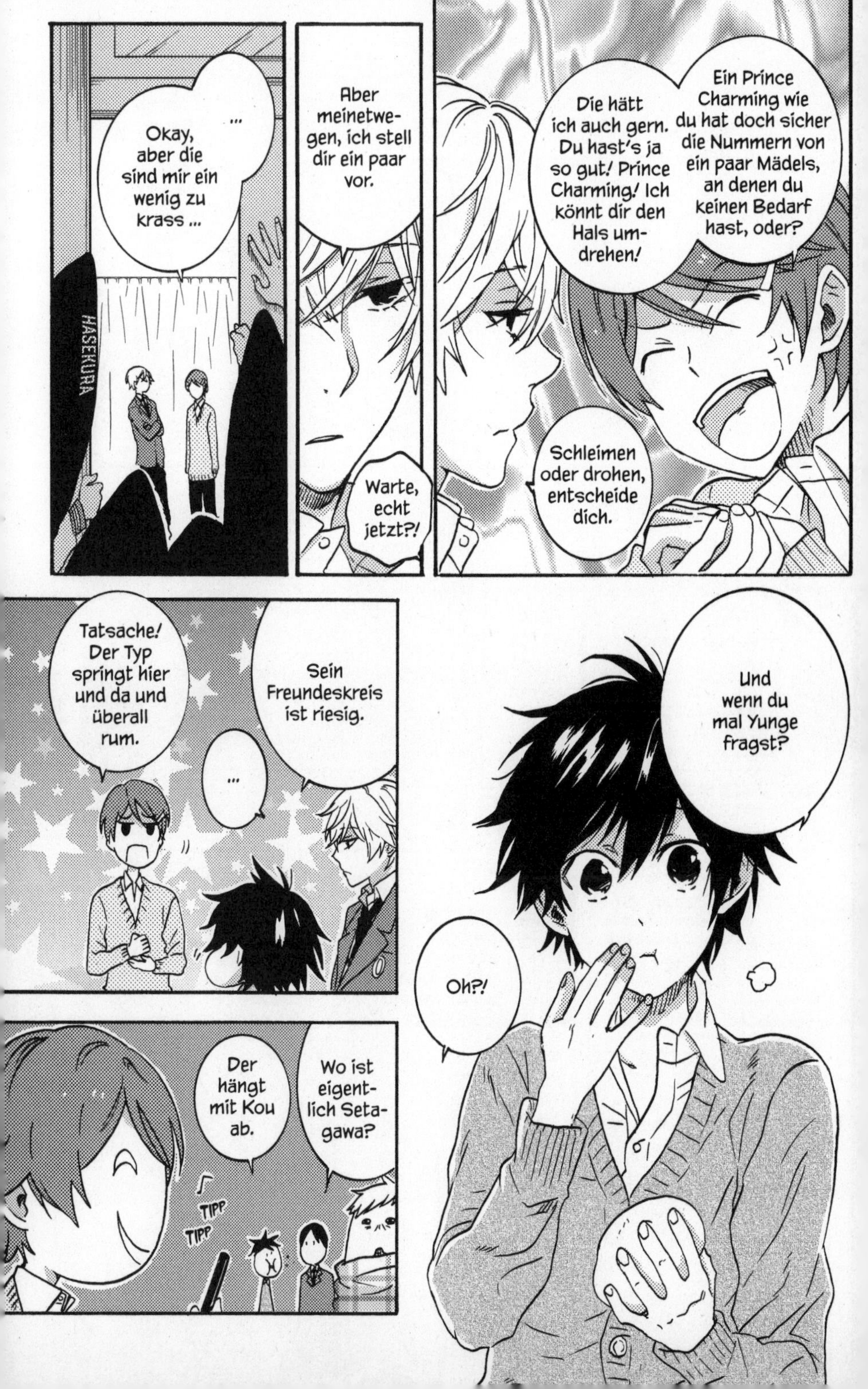
Ein Prince Charming wie du hat doch sicher die Nummern von ein paar Mädels, an denen du keinen Bedarf hast, oder?
Die hätt ich auch gern. Du hast's ja so gut! Prince Charming! Ich könnt dir den Hals umdrehen!
Schleimen oder drohen, entscheide dich.
Aber meinetwegen, ich stell dir ein paar vor.
Warte, echt jetzt?!
...
Okay, aber die sind mir ein wenig zu krass ...
HASEKURA
Und wenn du mal Yunge fragst?
Oh?!
Sein Freundeskreis ist riesig.
Tatsache! Der Typ springt hier und da und überall rum.
...
Wo ist eigentlich Setagawa?
Der hängt mit Kou ab.
TIPP
TIPP

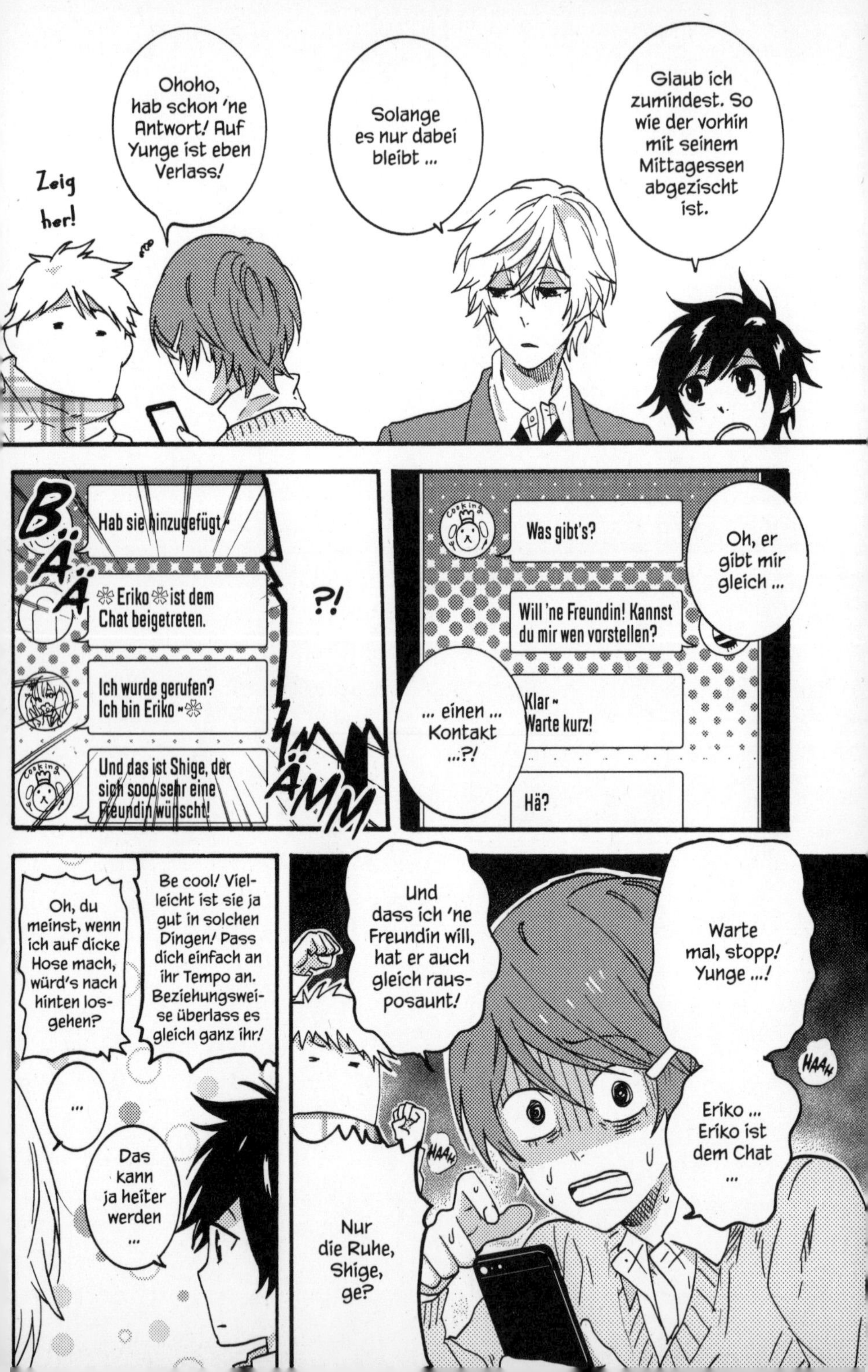
Glaub ich zumindest. So wie der vorhin mit seinem Mittagessen abgezischt ist.
Solange es nur dabei bleibt ...
Ohoho, hab schon 'ne Antwort! Auf Yunge ist eben Verlass!
Zeig her!
Oh, er gibt mir gleich ...
Was gibt's?
Will 'ne Freundin! Kannst du mir wen vorstellen?
Klar ~ Warte kurz!
Hä?
... einen ... Kontakt ...?!
?!
BÄÄÄMM
Hab sie hinzugefügt ~
Eriko ist dem Chat beigetreten.
Ich wurde gerufen? Ich bin Eriko ~
Und das ist Shige, der sich sooo sehr eine Freundin wünscht!
Warte mal, stopp! Yunge ...!
HAAH
Eriko ... Eriko ist dem Chat ...
Und dass ich 'ne Freundin will, hat er auch gleich rausposaunt!
HAAH
Nur die Ruhe, Shige, ge?
Be cool! Vielleicht ist sie ja gut in solchen Dingen! Pass dich einfach an ihr Tempo an. Beziehungsweise überlass es gleich ganz ihr!
Oh, du meinst, wenn ich auf dicke Hose mach, würd's nach hinten losgehen?
...
Das kann ja heiter werden ...

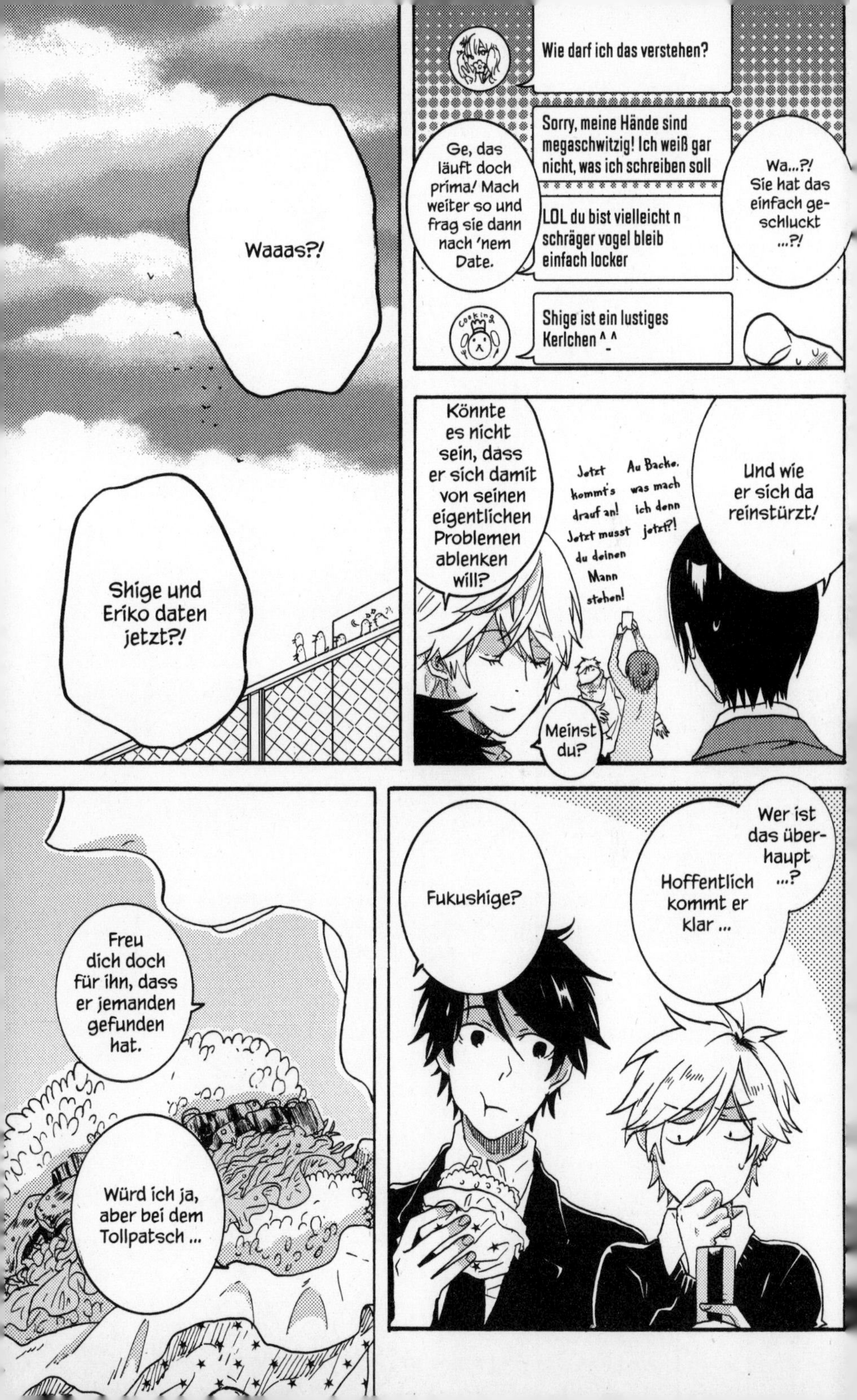
Wie darf ich das verstehen?
Sorry, meine Hände sind megaschwitzig! Ich weiß gar nicht, was ich schreiben soll
Wa...?! Sie hat das einfach geschluckt ...?!
Ge, das läuft doch prima! Mach weiter so und frag sie dann nach 'nem Date.
LOL du bist vielleicht n schräger vogel bleib einfach locker
Shige ist ein lustiges Kerlchen ^_^
Waaas?!
Shige und Eriko daten jetzt?!
Und wie er sich da reinstürzt!
Au Backe. was mach ich denn jetzt?!
Jetzt kommt's drauf an! Jetzt musst du deinen Mann stehen!
Könnte es nicht sein, dass er sich damit von seinen eigentlichen Problemen ablenken will?
Meinst du?
Wer ist das überhaupt ...?
Hoffentlich kommt er klar ...
Fukushige?
Freu dich doch für ihn, dass er jemanden gefunden hat.
Würd ich ja, aber bei dem Tollpatsch ...

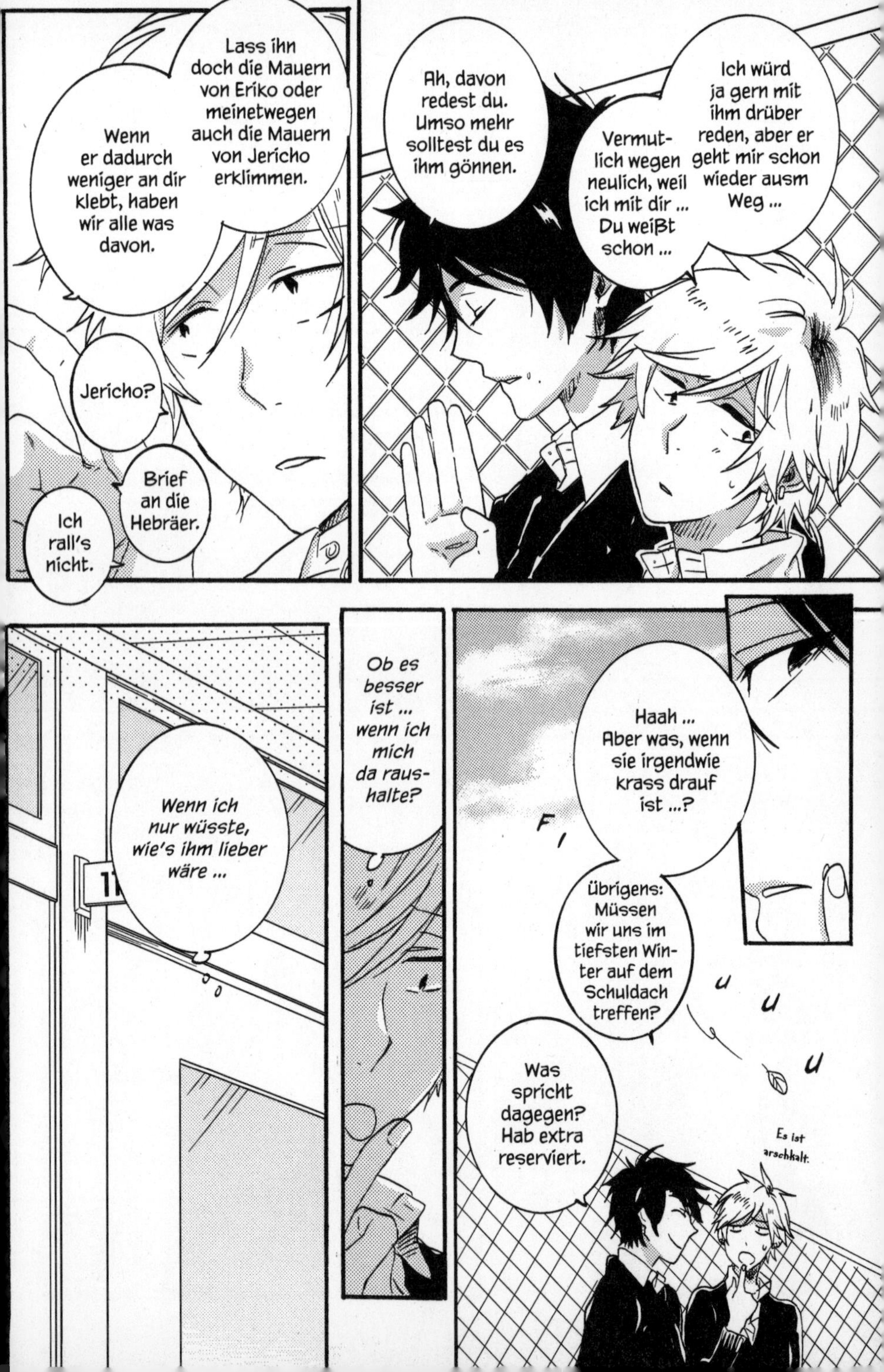

Ich würd ja gern mit ihm drüber reden, aber er geht mir schon wieder ausm Weg ...
Vermut-lich wegen neulich, weil ich mit dir ... Du weißt schon ...
Ah, davon redest du. Umso mehr solltest du es ihm gönnen.
Lass ihn doch die Mauern von Eriko oder meinetwegen auch die Mauern von Jericho erklimmen.
Wenn er dadurch weniger an dir klebt, haben wir alle was davon.
Jericho?
Brief an die Hebräer.
Ich rall's nicht.
Haah ... Aber was, wenn sie irgendwie krass drauf ist ...?
F
Übrigens: Müssen wir uns im tiefsten Win-ter auf dem Schuldach treffen?
Was spricht dagegen? Hab extra reserviert.
u u u
Es ist arschkalt.
Ob es besser ist ... wenn ich mich da raus-halte?
Wenn ich nur wüsste, wie's ihm lieber wäre ...

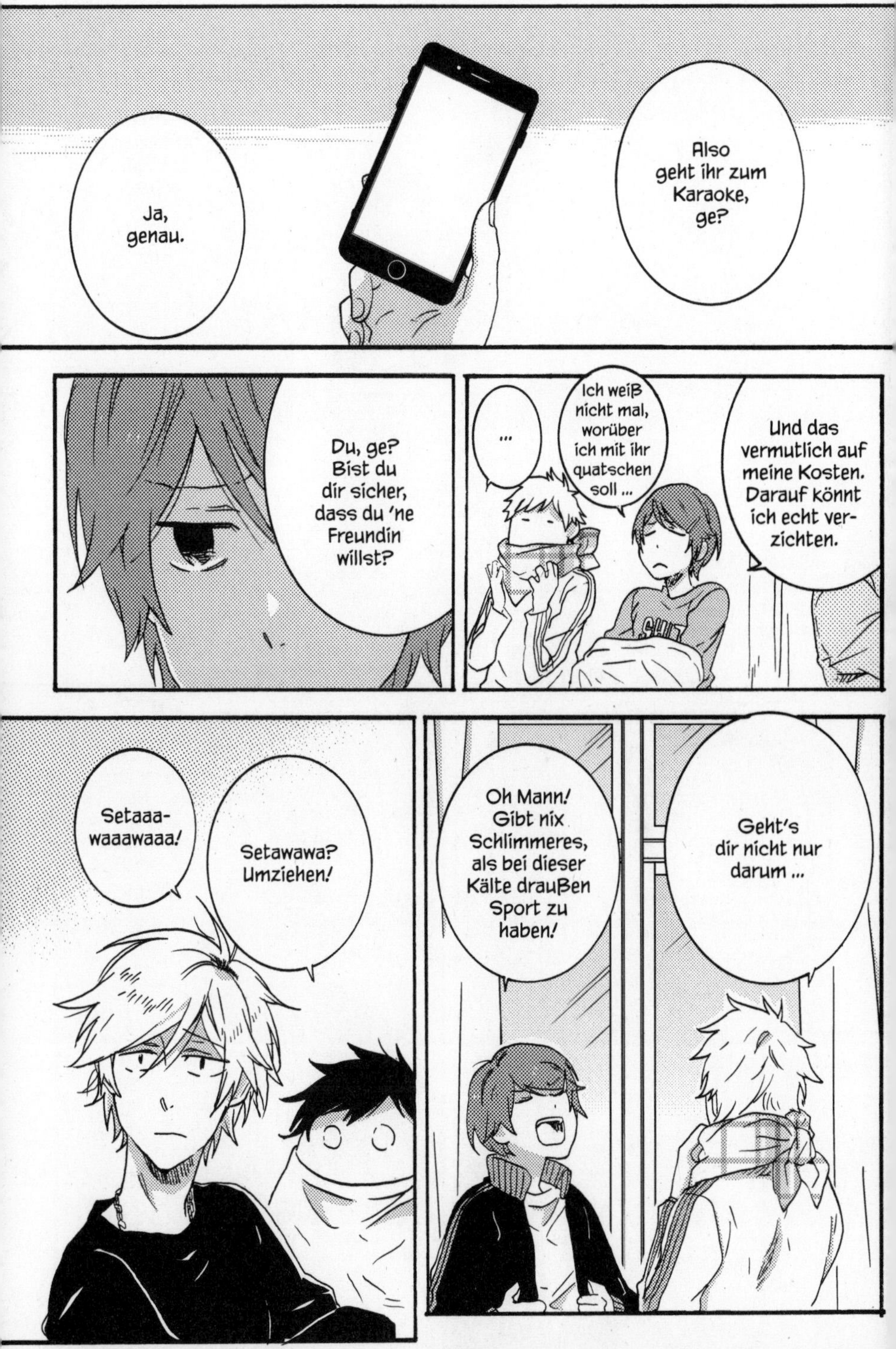
Also geht ihr zum Karaoke, ge?
Ja, genau.
Und das vermutlich auf meine Kosten. Darauf könnt ich echt ver-zichten.
Ich weiß nicht mal, worüber ich mit ihr quatschen soll ...
...
Du, ge? Bist du dir sicher, dass du 'ne Freundin willst?
Geht's dir nicht nur darum ...
Oh Mann! Gibt nix Schlimmeres, als bei dieser Kälte draußen Sport zu haben!
Setawawa? Umziehen!
Setaaa-waaawaaa!

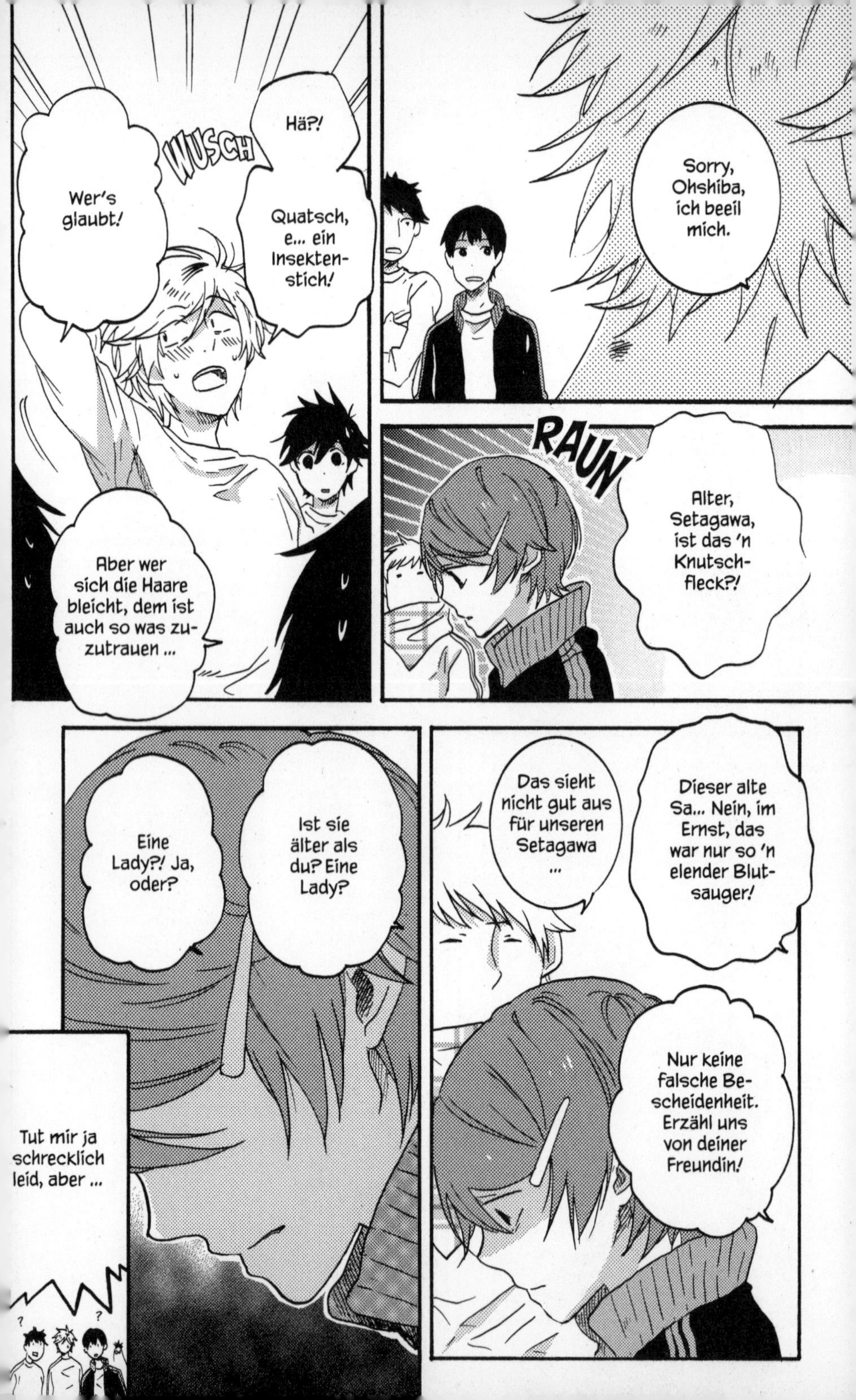
Sorry, Ohshiba, ich beeil mich.
RAUN
Alter, Setagawa, ist das 'n Knutschfleck?!
Hä?!
Quatsch, e... ein Insektenstich!
WUSCH
Wer's glaubt!
Aber wer sich die Haare bleicht, dem ist auch so was zuzutrauen ...
Dieser alte Sa... Nein, im Ernst, das war nur so 'n elender Blutsauger!
Das sieht nicht gut aus für unseren Setagawa ...
Nur keine falsche Bescheidenheit. Erzähl uns von deiner Freundin!
Ist sie älter als du? Eine Lady?
Eine Lady?! Ja, oder?
Tut mir ja schrecklich leid, aber ...

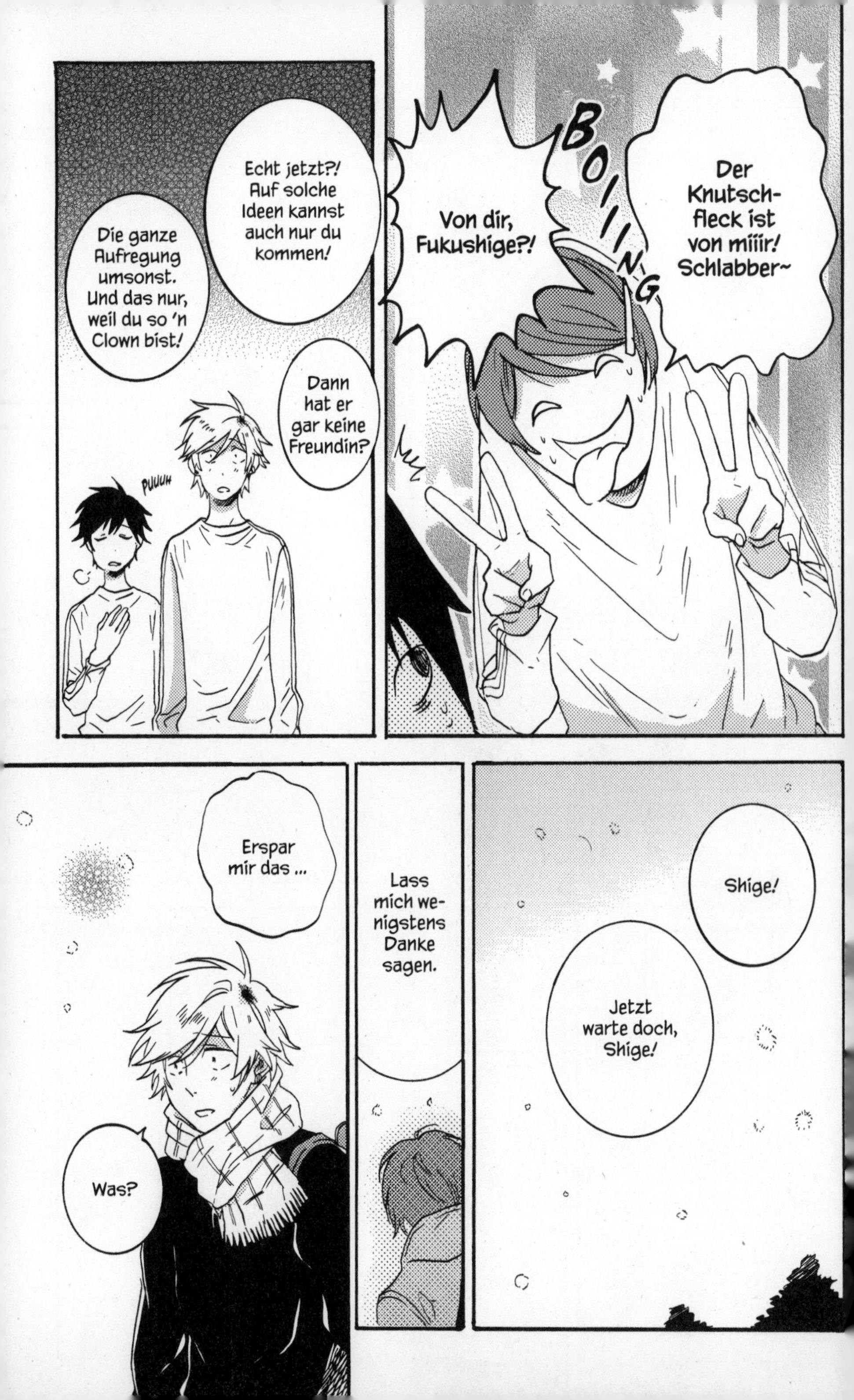
Der Knutsch-fleck ist von miiir! Schlabber~
BOIIIING
Von dir, Fukushige?!
Echt jetzt?! Auf solche Ideen kannst auch nur du kommen!
Die ganze Aufregung umsonst. Und das nur, weil du so 'n Clown bist!
Dann hat er gar keine Freundin?
PUUUH
Shige!
Jetzt warte doch, Shige!
Lass mich we-nigstens Danke sagen.
Erspar mir das ...
Was?

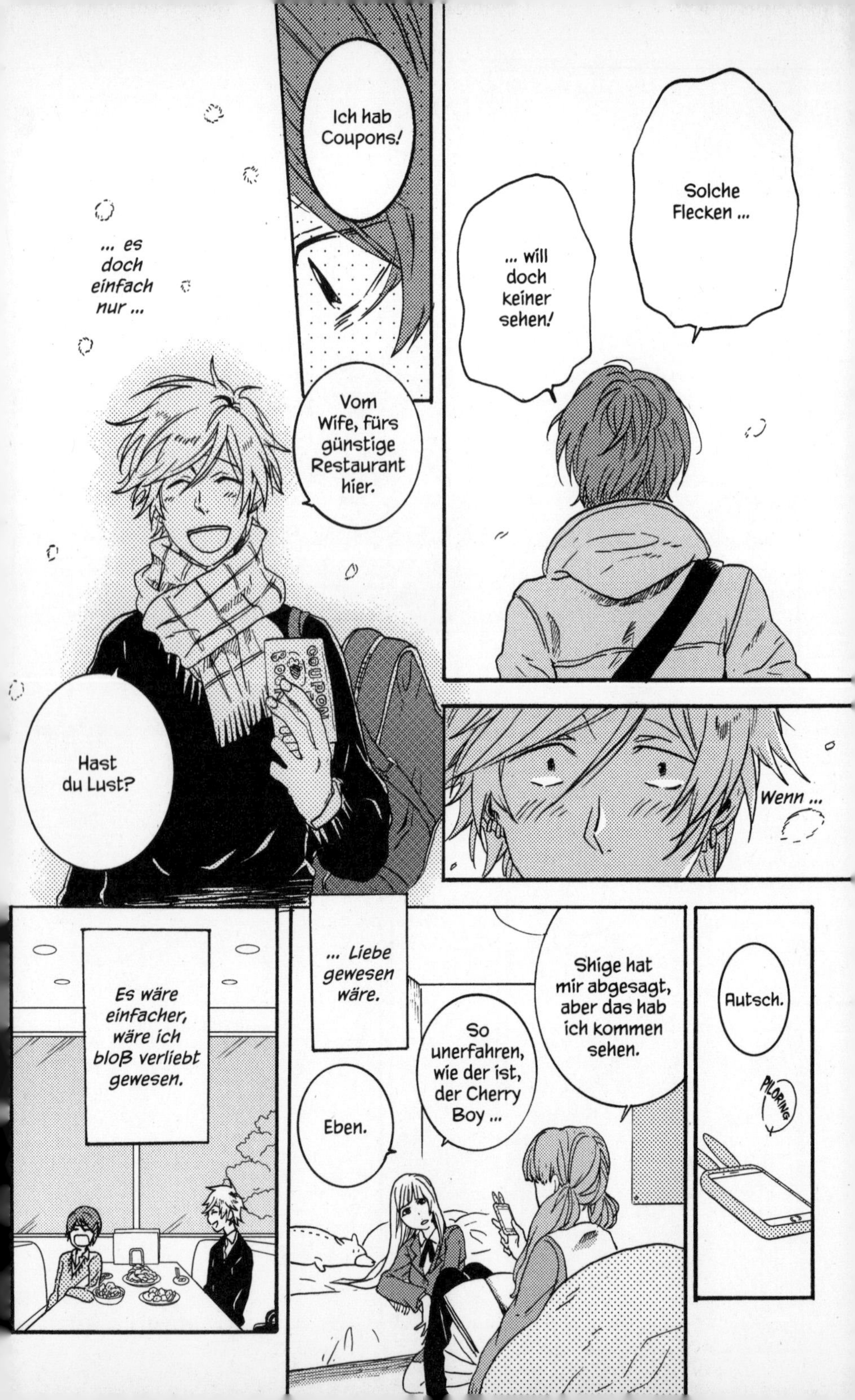
Solche Flecken ...
... will doch keiner sehen!
Ich hab Coupons!
... es doch einfach nur ...
Vom Wife, fürs günstige Restaurant hier.
COUPON BOOK
Hast du Lust?
Wenn ...
Autsch.
PILORING
Shige hat mir abgesagt, aber das hab ich kommen sehen.
So unerfahren, wie der ist, der Cherry Boy ...
Eben.
... Liebe gewesen wäre.
Es wäre einfacher, wäre ich bloß verliebt gewesen.

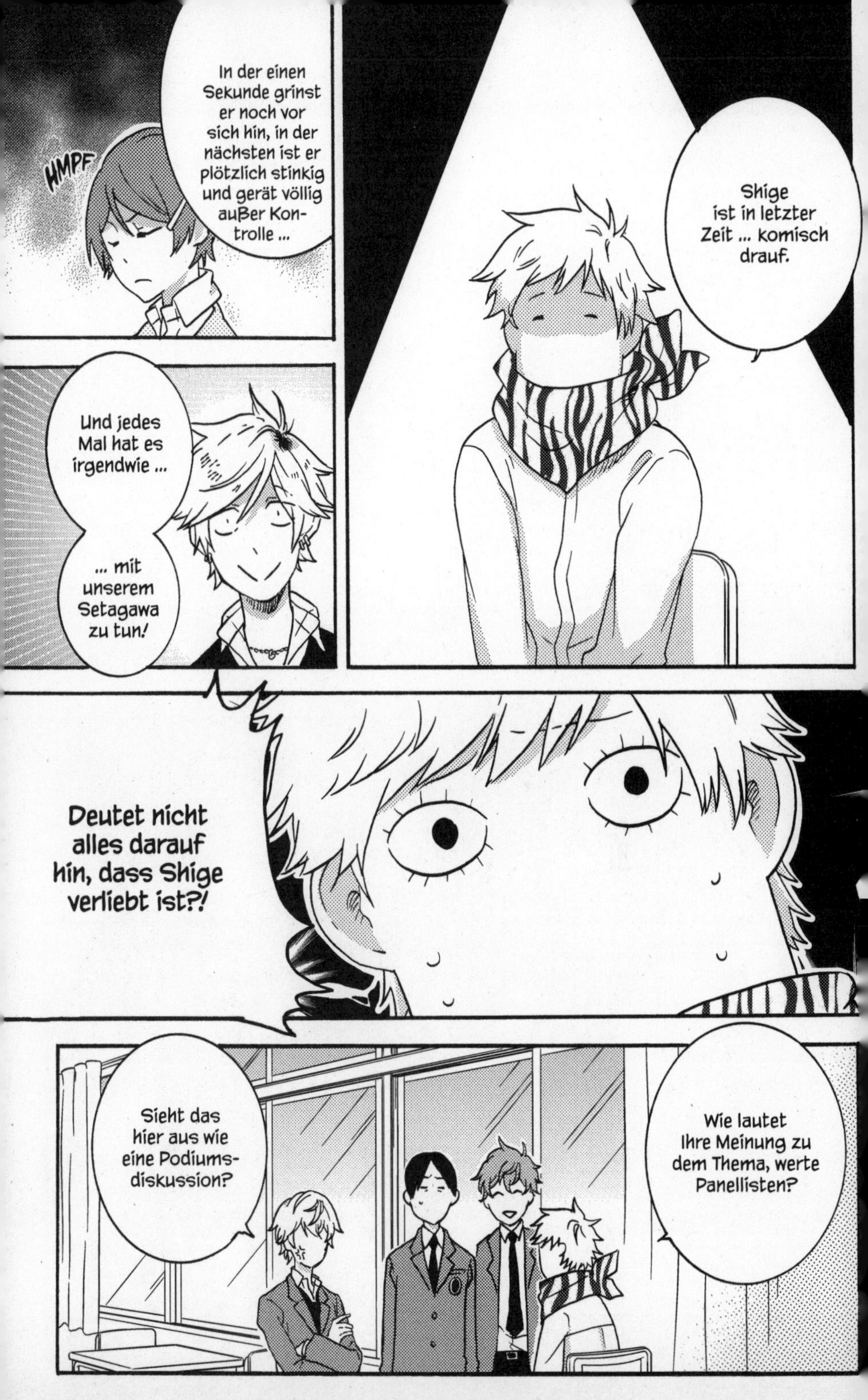
Shige ist in letzter Zeit ... komisch drauf.
In der einen Sekunde grinst er noch vor sich hin, in der nächsten ist er plötzlich stinkig und gerät völlig außer Kontrolle ...
HMPF
Und jedes Mal hat es irgendwie ...
... mit unserem Setagawa zu tun!
Deutet nicht alles darauf hin, dass Shige verliebt ist?!
Wie lautet Ihre Meinung zu dem Thema, werte Panellisten?
Sieht das hier aus wie eine Podiumsdiskussion?

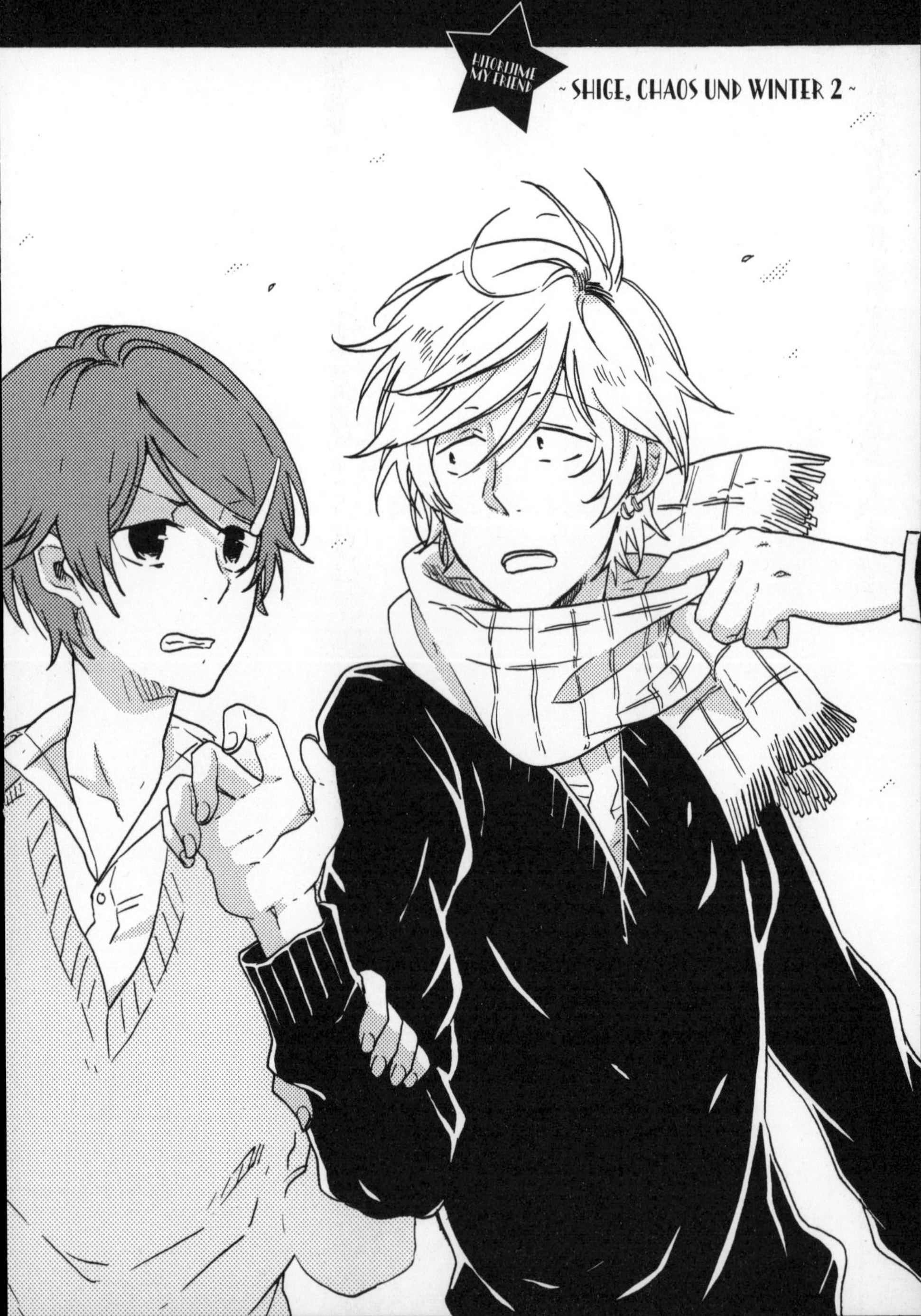
HITORIJIME MY FRIEND
~ SHIGE, CHAOS UND WINTER 2 ~

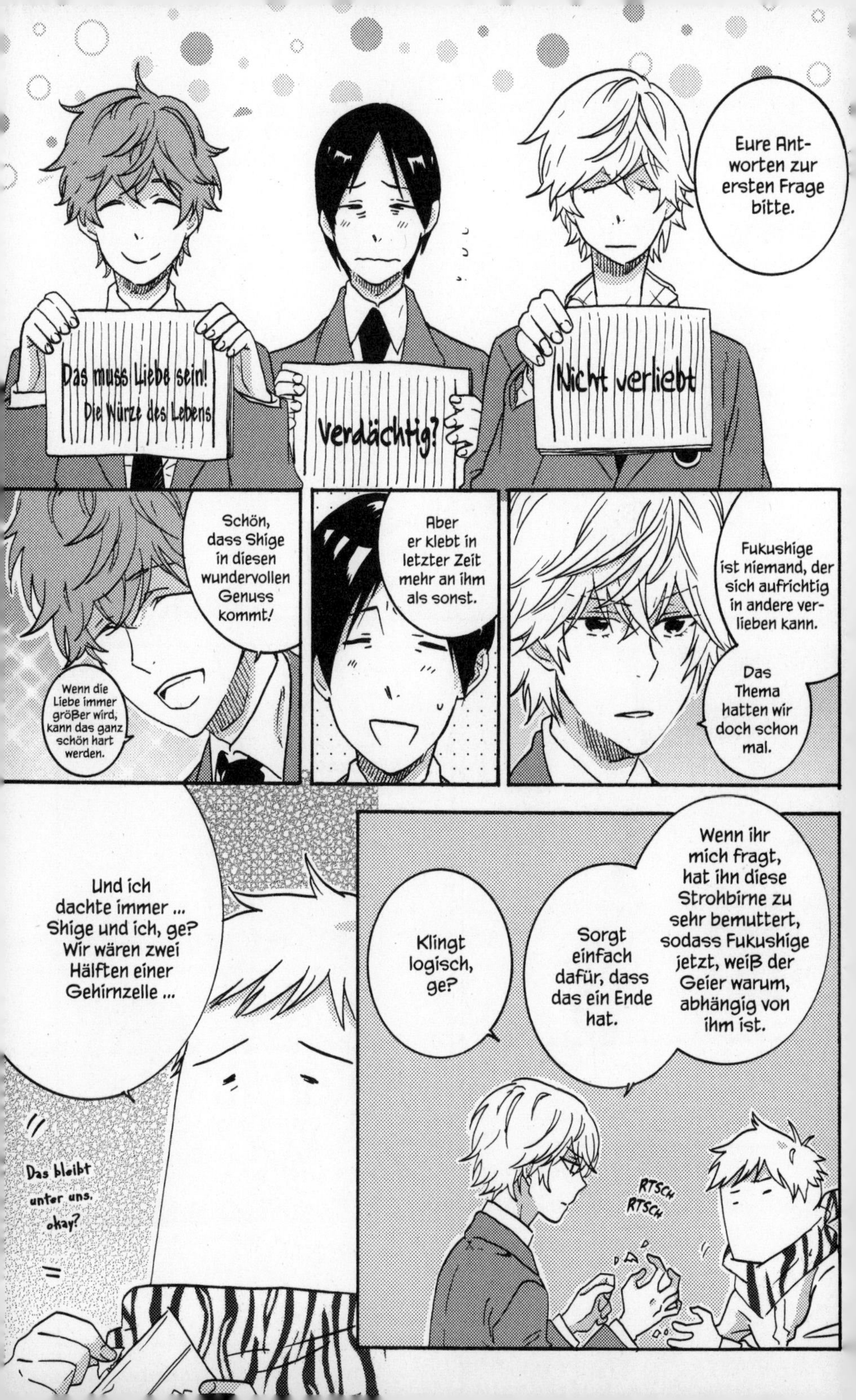
Eure Antworten zur ersten Frage bitte.
Nicht verliebt
Verdächtig?
Das muss Liebe sein!
Die Würze des Lebens
Fukushige ist niemand, der sich aufrichtig in andere verlieben kann.
Das Thema hatten wir doch schon mal.
Aber er klebt in letzter Zeit mehr an ihm als sonst.
Schön, dass Shige in diesen wundervollen Genuss kommt!
Wenn die Liebe immer größer wird, kann das ganz schön hart werden.
Wenn ihr mich fragt, hat ihn diese Strohbirne zu sehr bemuttert, sodass Fukushige jetzt, weiß der Geier warum, abhängig von ihm ist.
Sorgt einfach dafür, dass das ein Ende hat.
Klingt logisch, ge?
RTSCH
RTSCH
Und ich dachte immer ... Shige und ich, ge? Wir wären zwei Hälften einer Gehirnzelle ...
Das bleibt unter uns, okay?

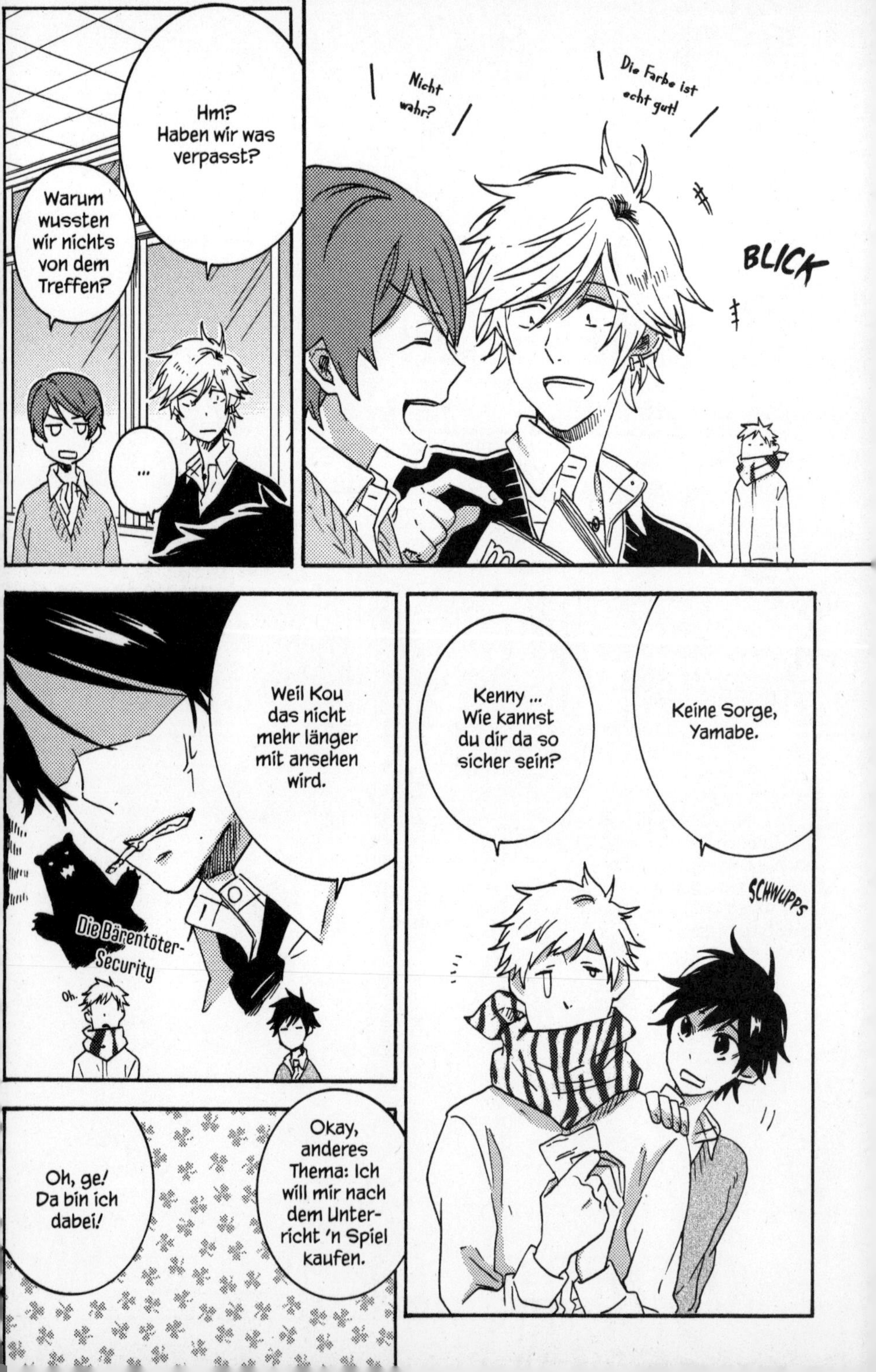

Die Farbe ist echt gut!
Nicht wahr?
BLICK
Hm? Haben wir was verpasst?
Warum wussten wir nichts von dem Treffen?
...
Keine Sorge, Yamabe.
Kenny ... Wie kannst du dir da so sicher sein?
SCHWUPPS
Weil Kou das nicht mehr länger mit ansehen wird.
Die Bärentöter-Security
Oh.
Okay, anderes Thema: Ich will mir nach dem Unterricht 'n Spiel kaufen.
Oh, ge! Da bin ich dabei!

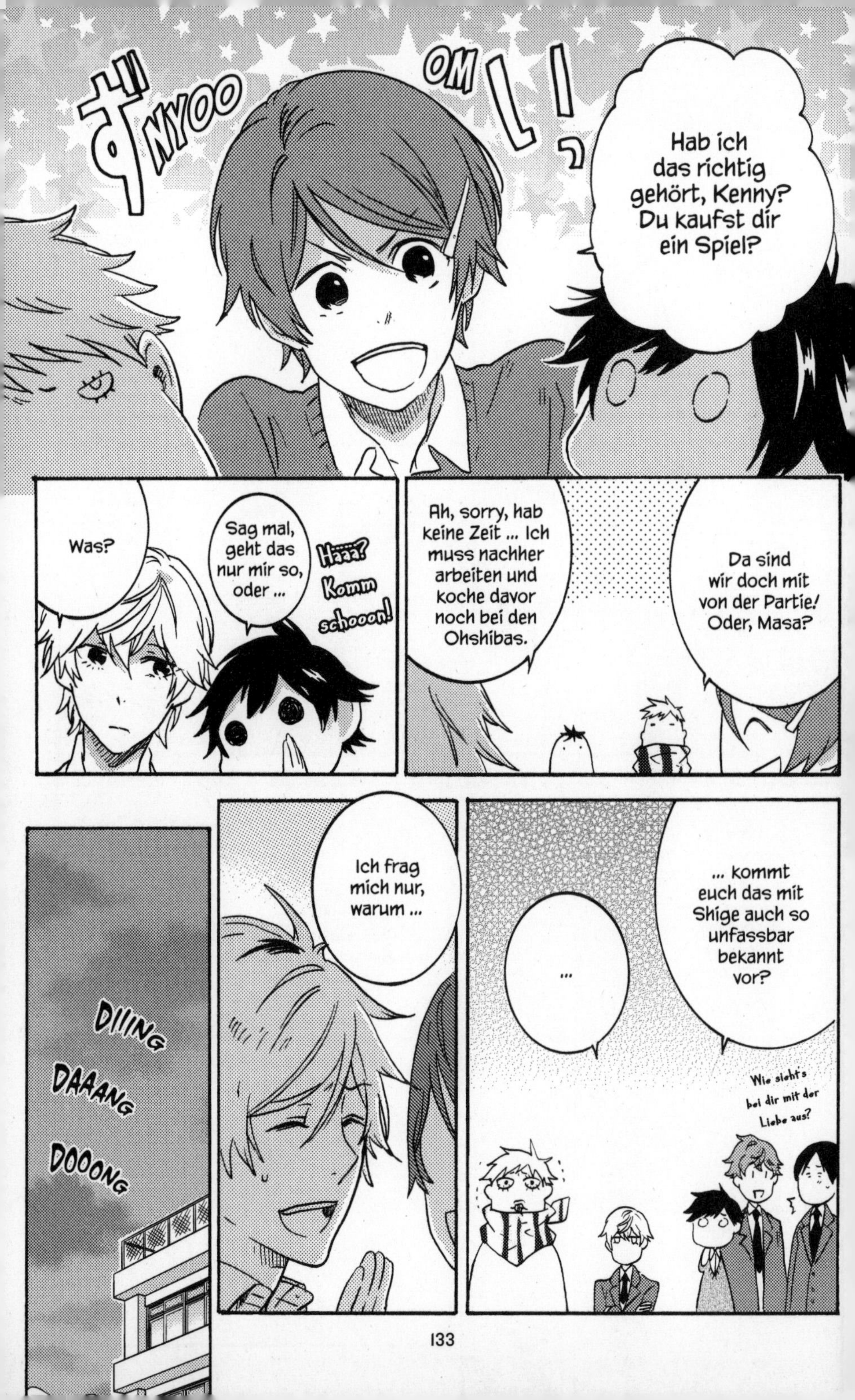
NYOO
OM
Hab ich das richtig gehört, Kenny? Du kaufst dir ein Spiel?
Da sind wir doch mit von der Partie! Oder, Masa?
Ah, sorry, hab keine Zeit ... Ich muss nachher arbeiten und koche davor noch bei den Ohshibas.
Hääa? Komm schooon!
Sag mal, geht das nur mir so, oder ...
Was?
... kommt euch das mit Shige auch so unfassbar bekannt vor?
...
Wie sieht's bei dir mit der Liebe aus?
Ich frag mich nur, warum ...
DIIING
DAAAANG
DOOONG

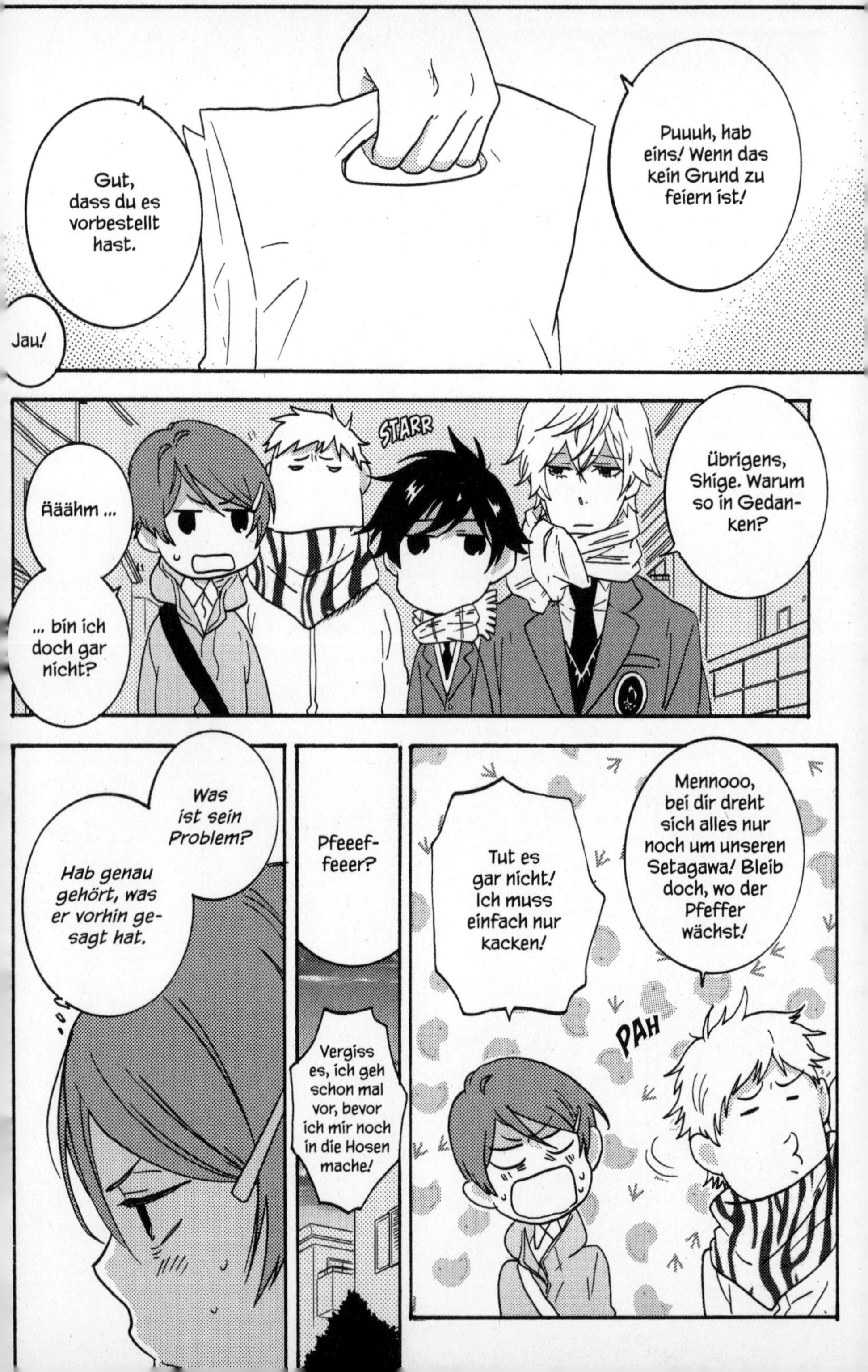
Puuuh, hab eins! Wenn das kein Grund zu feiern ist!
Gut, dass du es vorbestellt hast.
Jau!
Übrigens, Shige. Warum so in Gedanken?
STARR
Äääähm ...
... bin ich doch gar nicht?
Mennooo, bei dir dreht sich alles nur noch um unseren Setagawa! Bleib doch, wo der Pfeffer wächst!
Tut es gar nicht! Ich muss einfach nur kacken!
PAH
Pfeeef-feeer?
Vergiss es, ich geh schon mal vor, bevor ich mir noch in die Hosen mache!
Was ist sein Problem?
Hab genau gehört, was er vorhin gesagt hat.

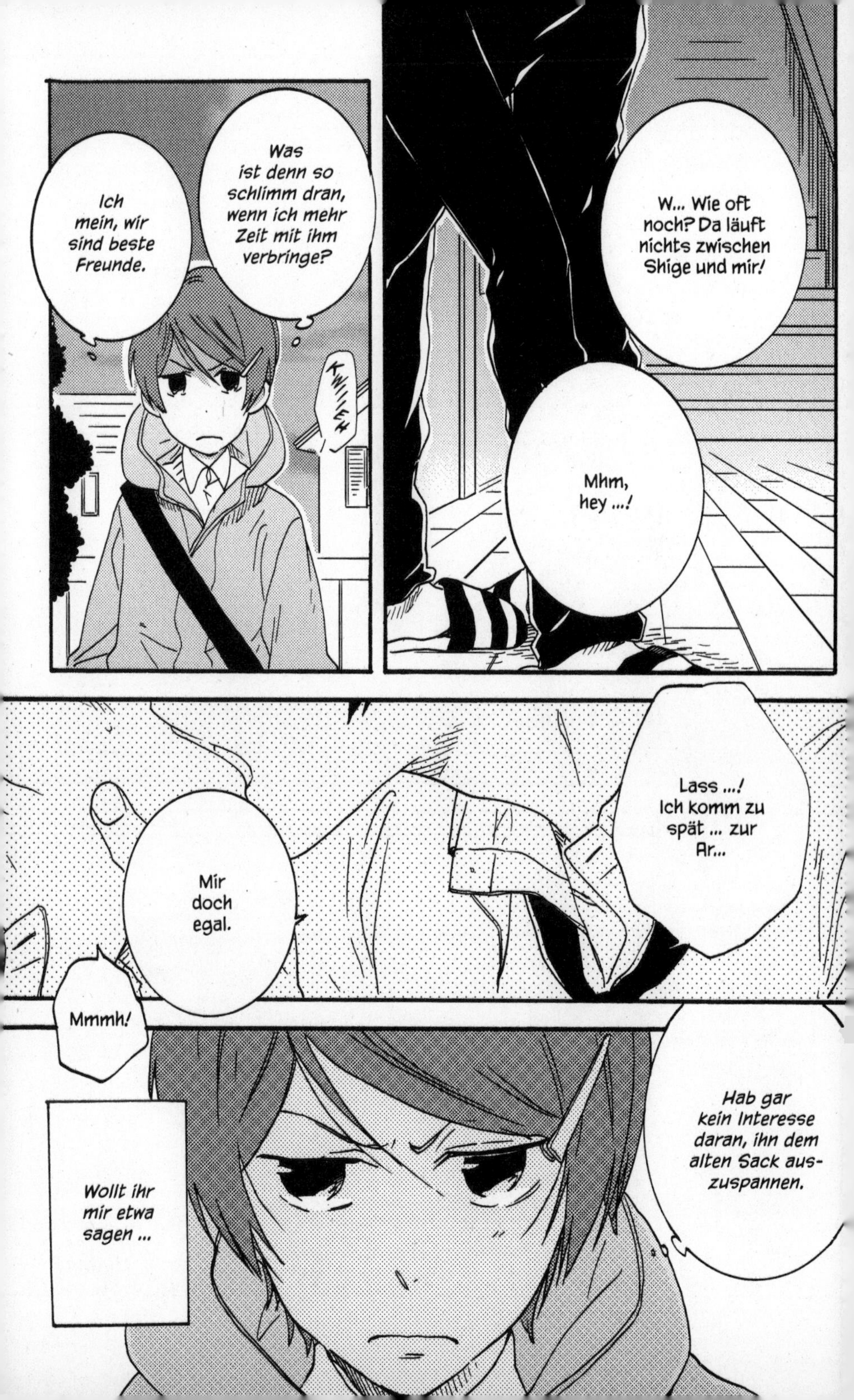
W... Wie oft noch? Da läuft nichts zwischen Shige und mir!
Mhm, hey ...!
Was ist denn so schlimm dran, wenn ich mehr Zeit mit ihm verbringe?
Ich mein, wir sind beste Freunde.
Lass ...! Ich komm zu spät ... zur Ar...
Mir doch egal.
Mmmh!
Hab gar kein Interesse daran, ihn dem alten Sack auszuspannen.
Wollt ihr mir etwa sagen ...

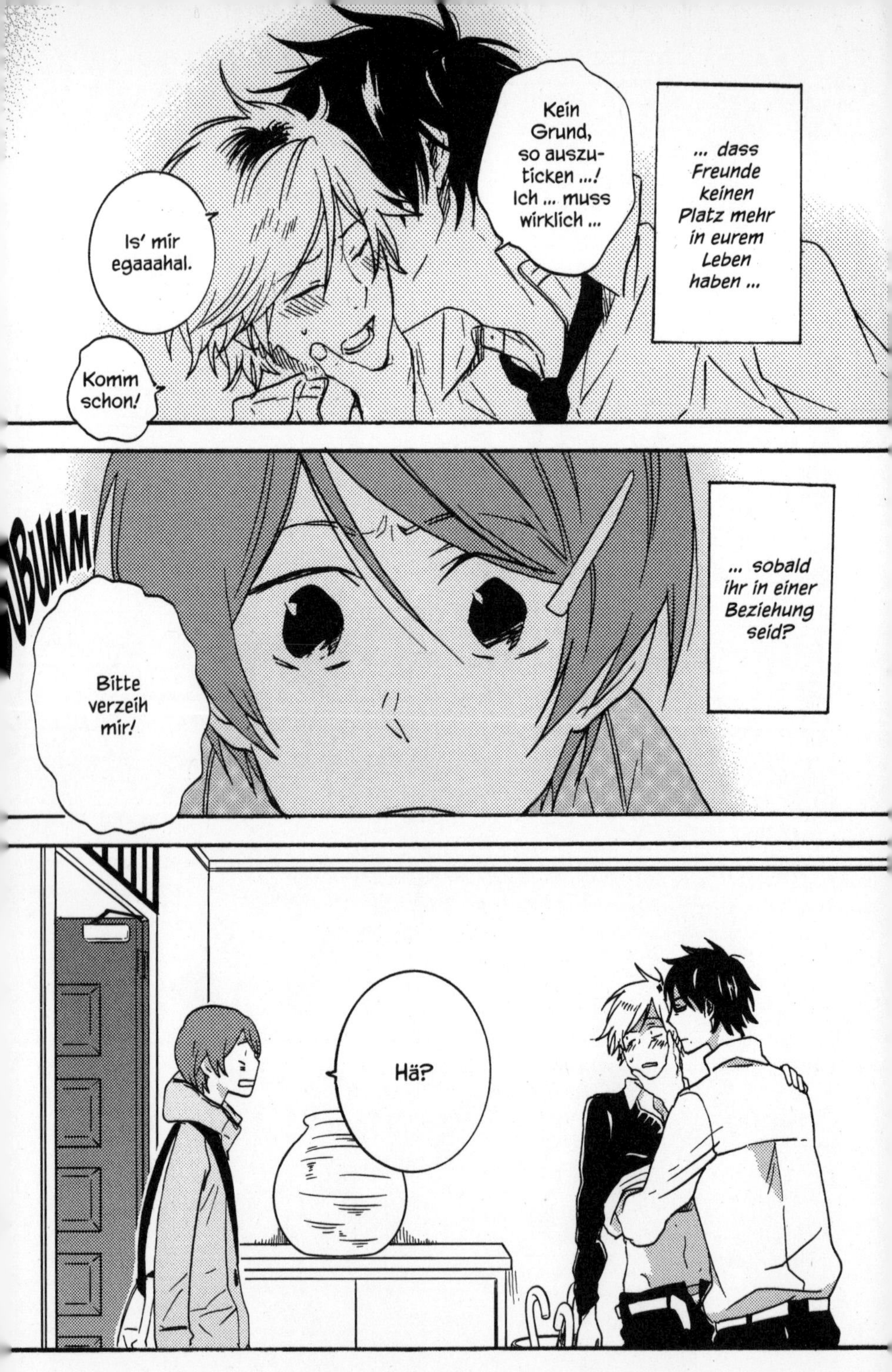
... dass Freunde keinen Platz mehr in eurem Leben haben ...
Kein Grund, so auszuticken ...! Ich ... muss wirklich ...
Is' mir egaaahal.
Komm schon!
... sobald ihr in einer Beziehung seid?
BUMM
Bitte verzeih mir!
Hä?

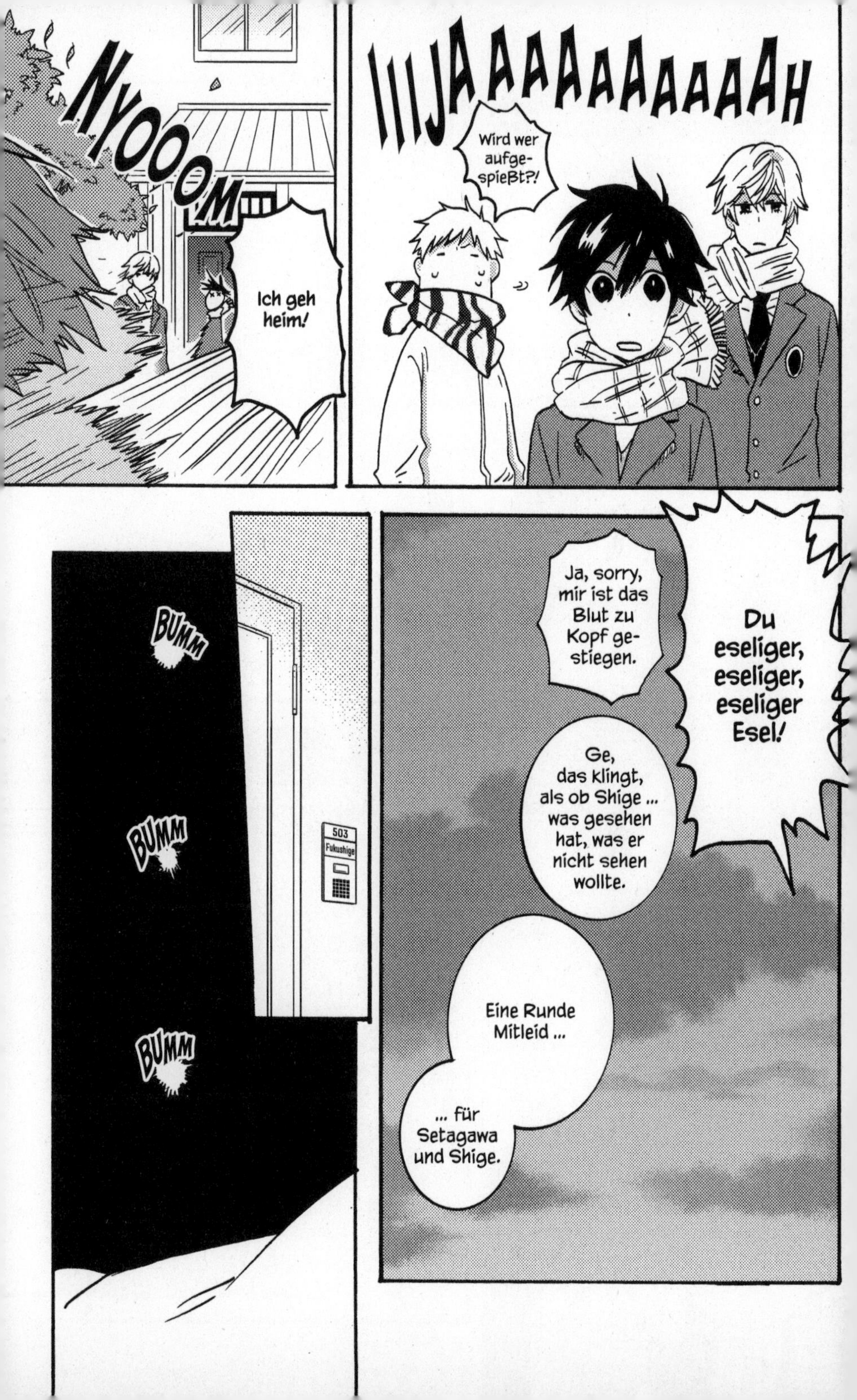
IIIJAAAAAAAAAAH
Wird wer aufge-spießt?!
NYOOOM
Ich geh heim!
Du eseliger, eseliger, eseliger Esel!
Ja, sorry, mir ist das Blut zu Kopf ge-stiegen.
Ge, das klingt, als ob Shige ... was gesehen hat, was er nicht sehen wollte.
Eine Runde Mitleid ...
... für Setagawa und Shige.
BUMM
BUMM
BUMM
503
Fukushige

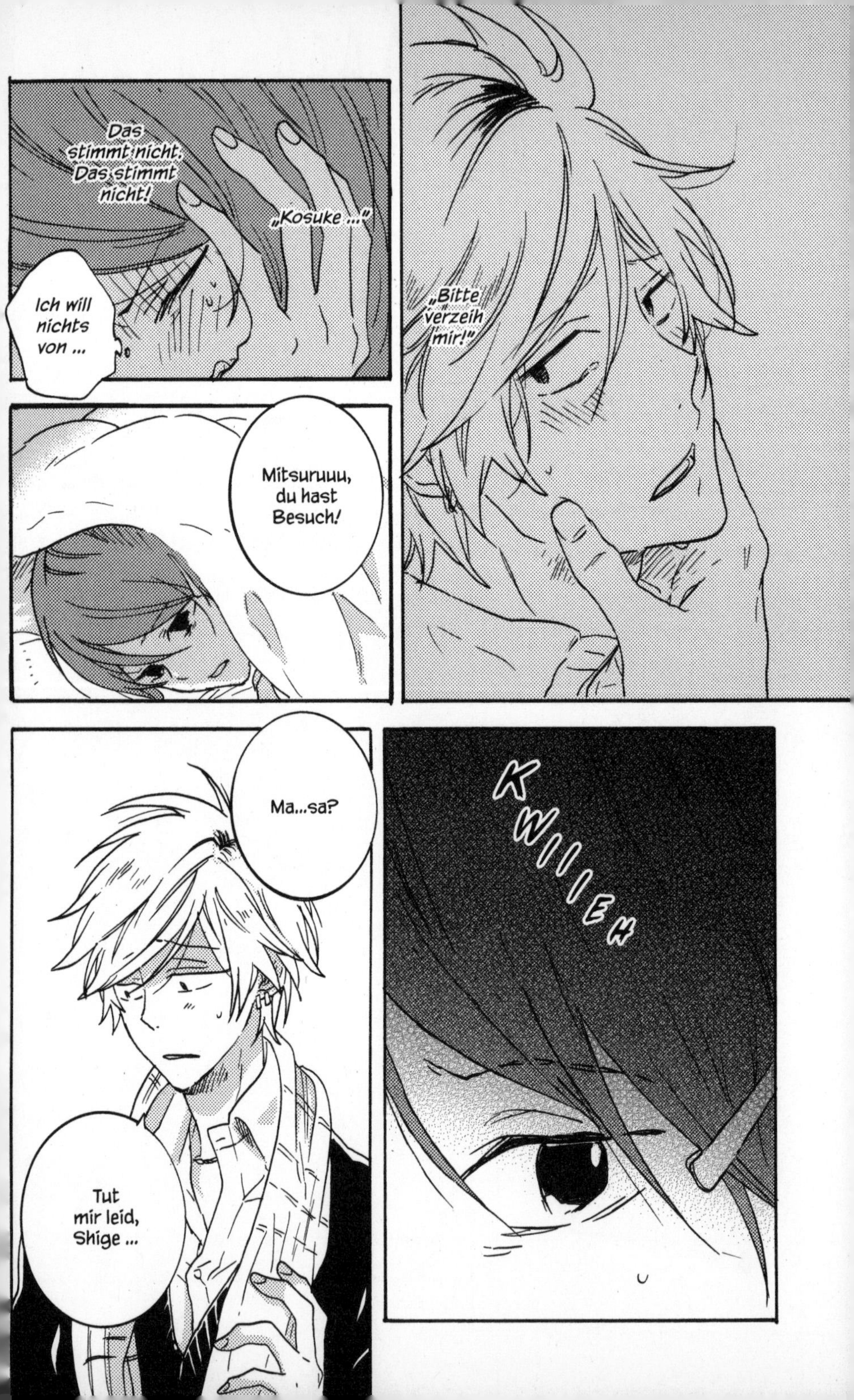
„Bitte verzeih mir!“
„Kosuke ...“
Das stimmt nicht. Das stimmt nicht!
Ich will nichts von ...
Mitsuruuu, du hast Besuch!
KWIIIEH
Ma...sa?
Tut mir leid, Shige ...

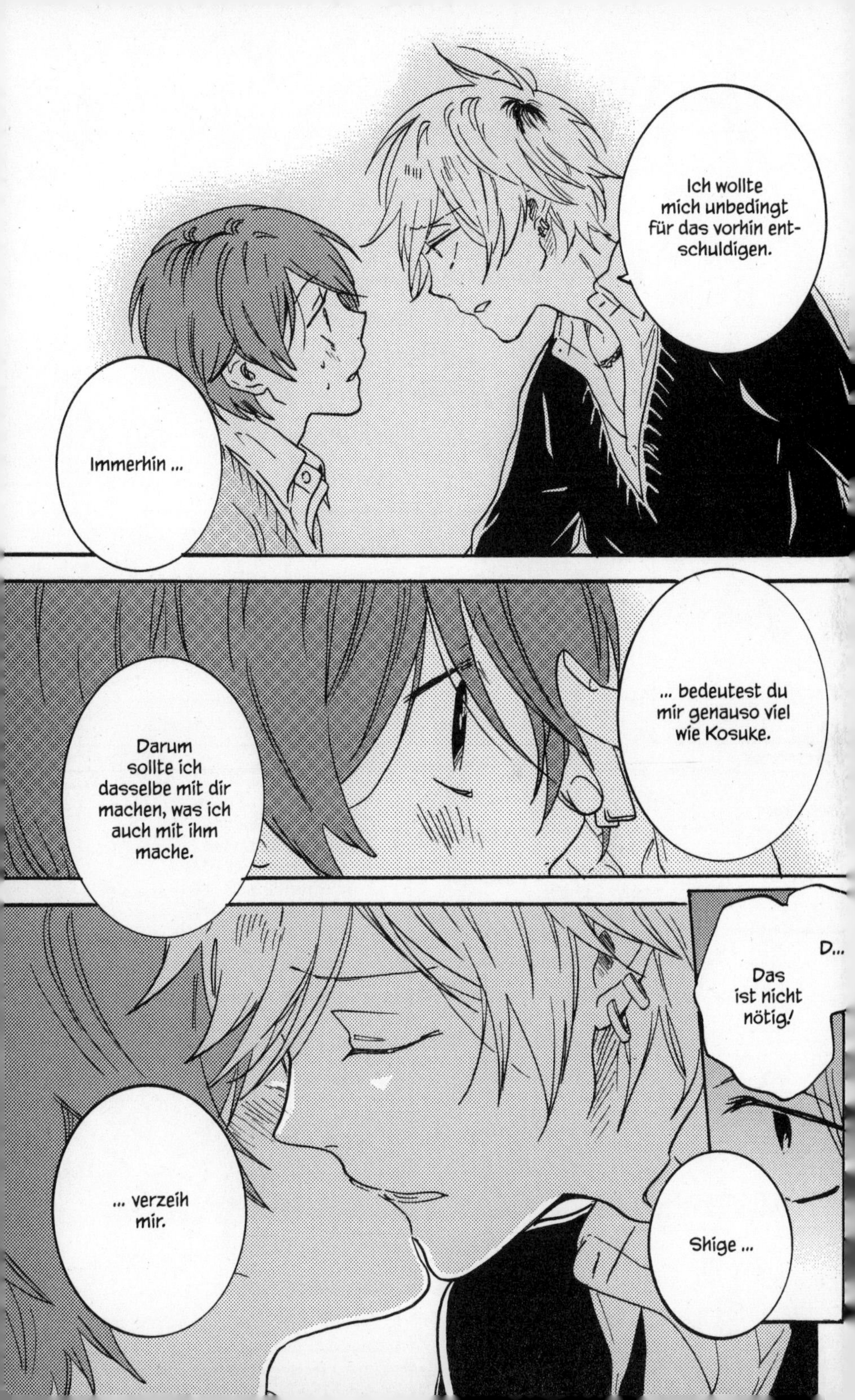
Ich wollte mich unbedingt für das vorhin entschuldigen.
Immerhin ...
... bedeutest du mir genauso viel wie Kosuke.
Darum sollte ich dasselbe mit dir machen, was ich auch mit ihm mache.
D... Das ist nicht nötig!
Shige ...
... verzeih mir.

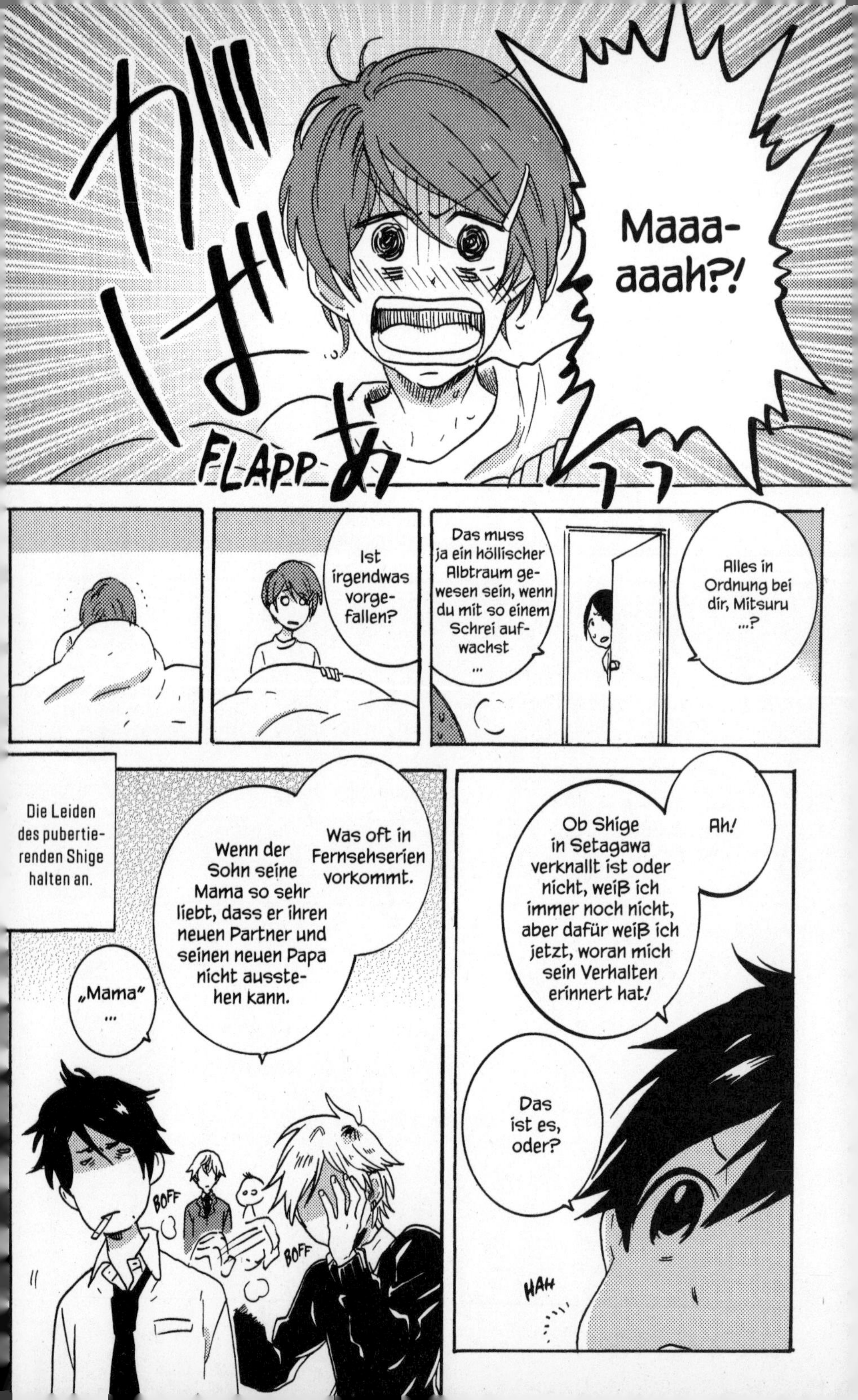
FLAPP
Maaa-aaah?!
Alles in Ordnung bei dir, Mitsuru ...?
Das muss ja ein höllischer Albtraum gewesen sein, wenn du mit so einem Schrei aufwachst ...
Ist irgendwas vorgefallen?
Ah!
Ob Shige in Setagawa verknallt ist oder nicht, weiß ich immer noch nicht, aber dafür weiß ich jetzt, woran mich sein Verhalten erinnert hat!
Das ist es, oder?
HAH
Was oft in Fernsehserien vorkommt.
Wenn der Sohn seine Mama so sehr liebt, dass er ihren neuen Partner und seinen neuen Papa nicht ausstehen kann.
„Mama“ ...
Die Leiden des pubertierenden Shige halten an.
BOFF
BOFF

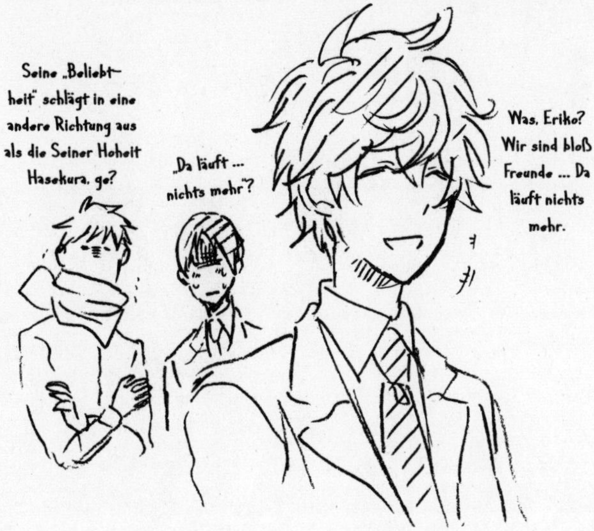
Seine „Beliebtheit“ schlägt in eine andere Richtung aus als die Seiner Hoheit Hasekura, ge?
„Da läuft … nichts mehr“?
Was, Eriko? Wir sind bloß Freunde … Da läuft nichts mehr.

HITORIJIME MY HERO

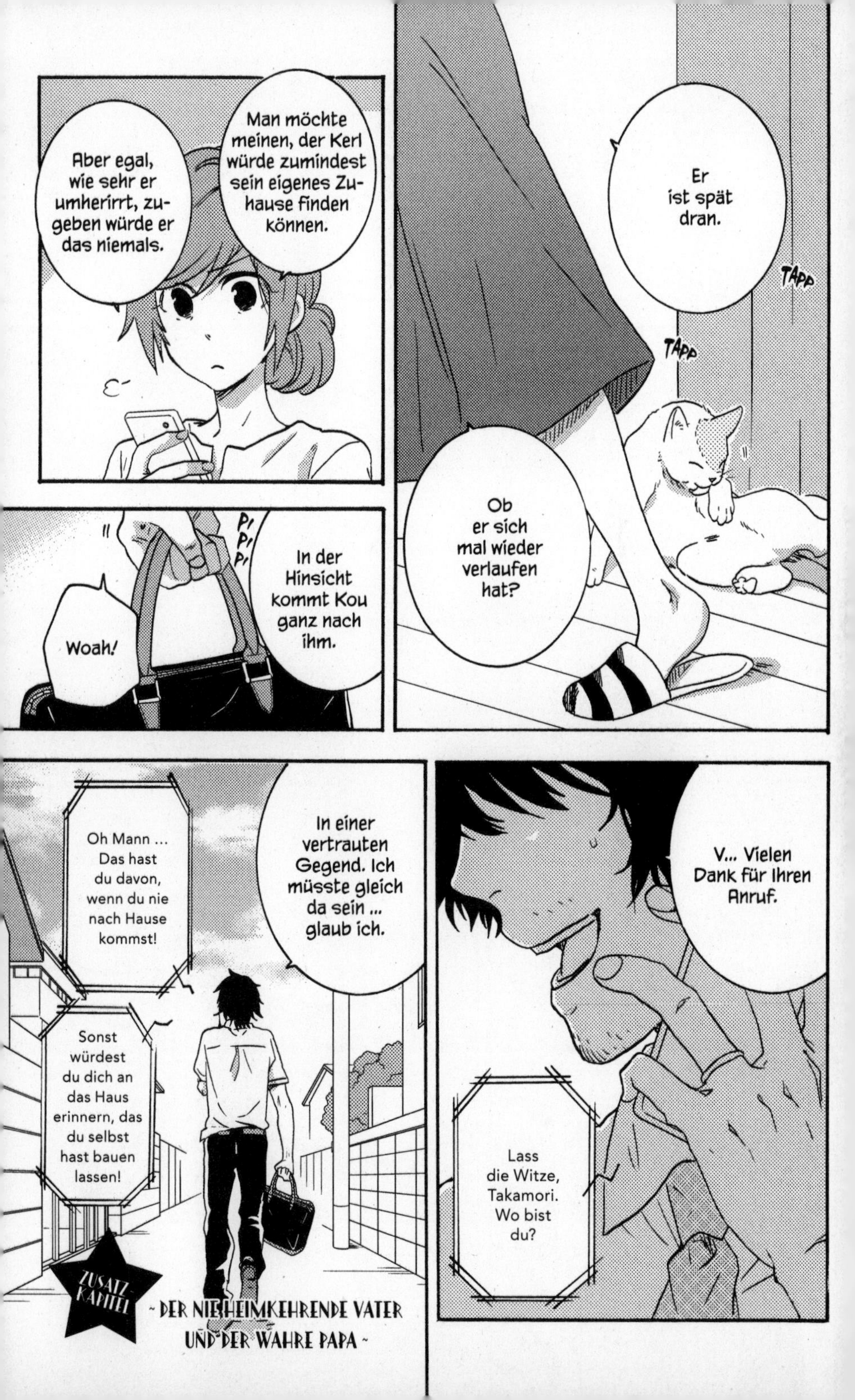
Er ist spät dran.
TAPP
TAPP
Ob er sich mal wieder verlaufen hat?
Man möchte meinen, der Kerl würde zumindest sein eigenes Zuhause finden können.
Aber egal, wie sehr er umherirrt, zugeben würde er das niemals.
In der Hinsicht kommt Kou ganz nach ihm.
PI PI PI
Woah!
V... Vielen Dank für Ihren Anruf.
Lass die Witze, Takamori. Wo bist du?
In einer vertrauten Gegend. Ich müsste gleich da sein ... glaub ich.
Oh Mann ... Das hast du davon, wenn du nie nach Hause kommst!
Sonst würdest du dich an das Haus erinnern, das du selbst hast bauen lassen!
ZUSATZ-KAPITEL
~ DER NIE HEIMKEHRENDE VATER UND DER WAHRE PAPA ~

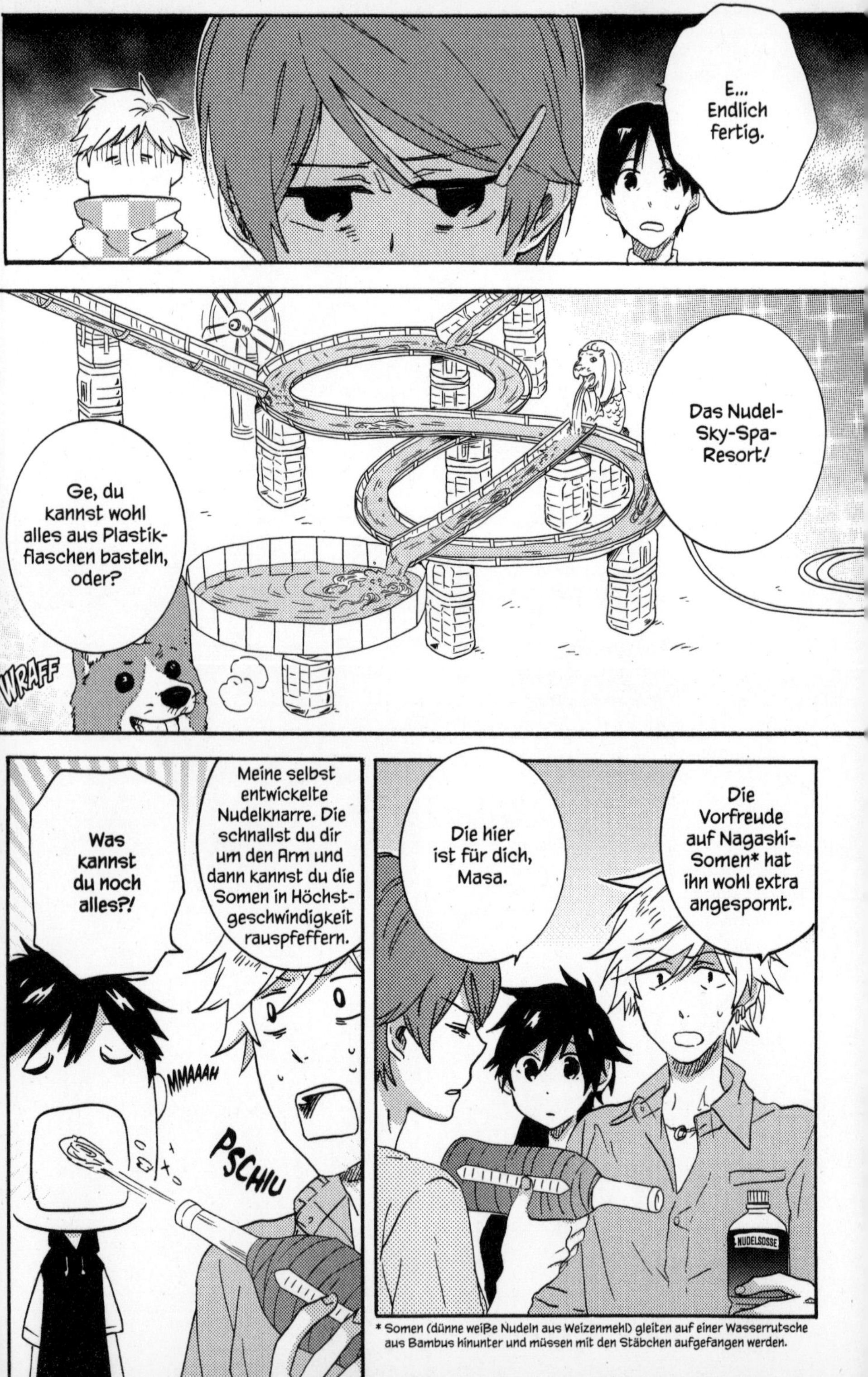

* Somen (dünne weiße Nudeln aus Weizenmehl) gleiten auf einer Wasserrutsche aus Bambus hinunter und müssen mit den Stäbchen aufgefangen werden.

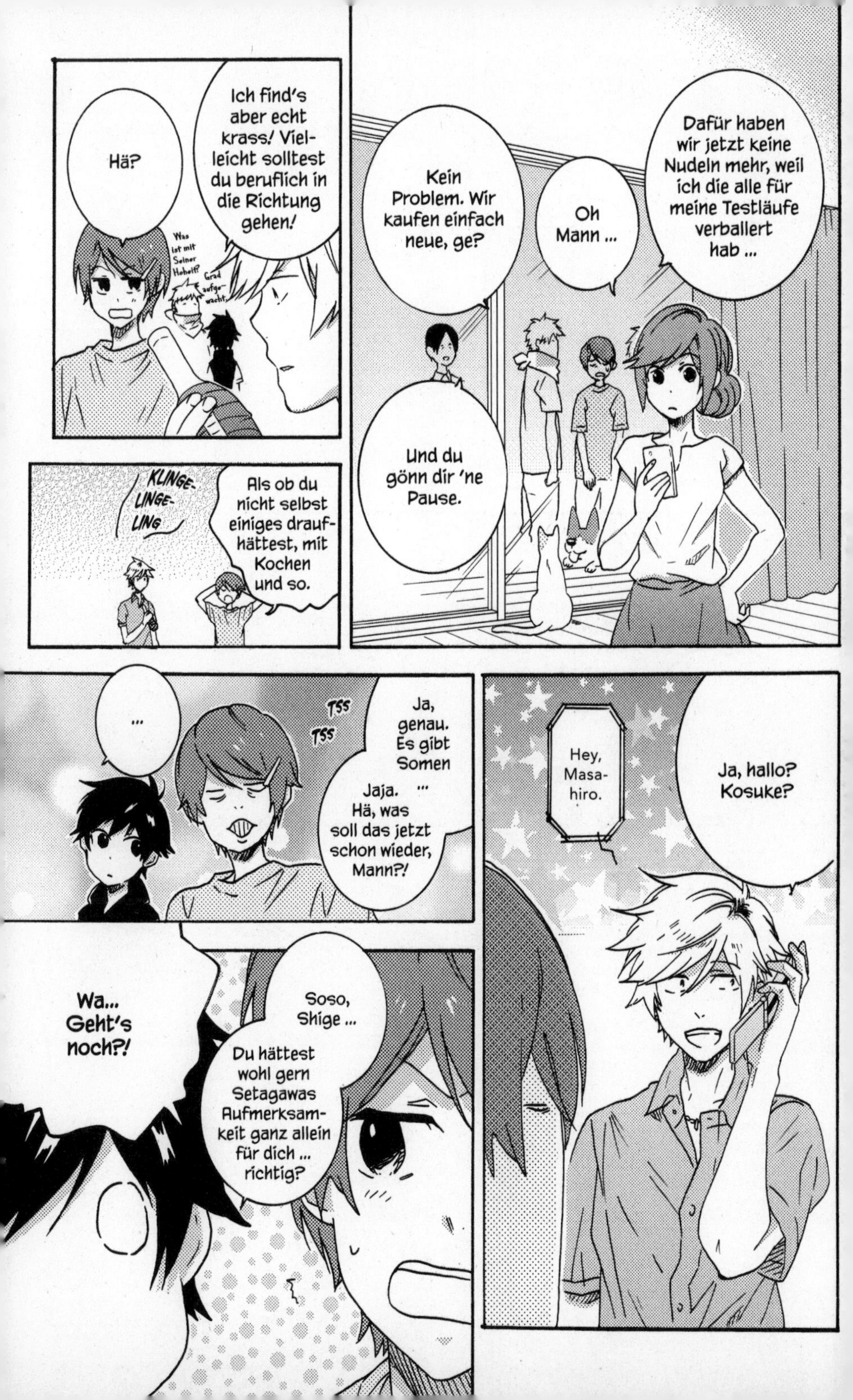
Dafür haben wir jetzt keine Nudeln mehr, weil ich die alle für meine Testläufe verballert hab ...
Oh Mann ...
Kein Problem. Wir kaufen einfach neue, ge?
Und du gönn dir 'ne Pause.
Ich find's aber echt krass! Vielleicht solltest du beruflich in die Richtung gehen!
Hä?
Was ist mit Seiner Hoheit?
Grad aufgewacht.
Als ob du nicht selbst einiges draufhättest, mit Kochen und so.
KLINGE-LINGE-LING
Ja, hallo? Kosuke?
Hey, Masahiro.
Ja, genau. Es gibt Somen ...
TSS
TSS
...
Jaja. Hä, was soll das jetzt schon wieder, Mann?!
Soso, Shige ...
Du hättest wohl gern Setagawas Aufmerksamkeit ganz allein für dich ... richtig?
Wa... Geht's noch?!

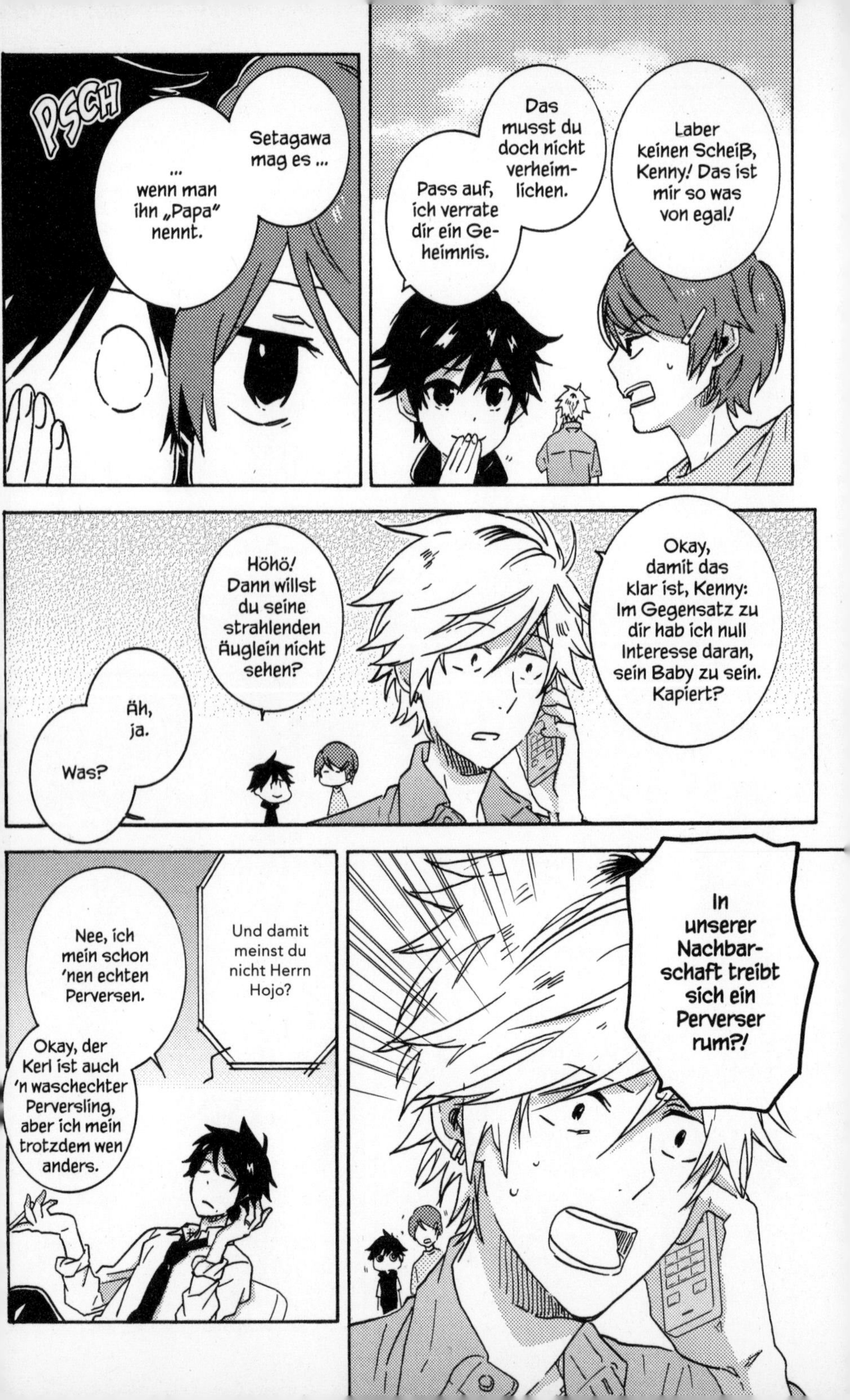

Laber keinen Scheiß, Kenny! Das ist mir so was von egal!
Das musst du doch nicht verheimlichen.
Pass auf, ich verrate dir ein Geheimnis.
PSCH
Setagawa mag es ...
... wenn man ihn „Papa" nennt.
Okay, damit das klar ist, Kenny: Im Gegensatz zu dir hab ich null Interesse daran, sein Baby zu sein. Kapiert?
Höhö! Dann willst du seine strahlenden Äuglein nicht sehen?
Äh, ja.
Was?
In unserer Nachbarschaft treibt sich ein Perverser rum?!
Und damit meinst du nicht Herrn Hojo?
Nee, ich mein schon 'nen echten Perversen.
Okay, der Kerl ist auch 'n waschechter Perversling, aber ich mein trotzdem wen anders.

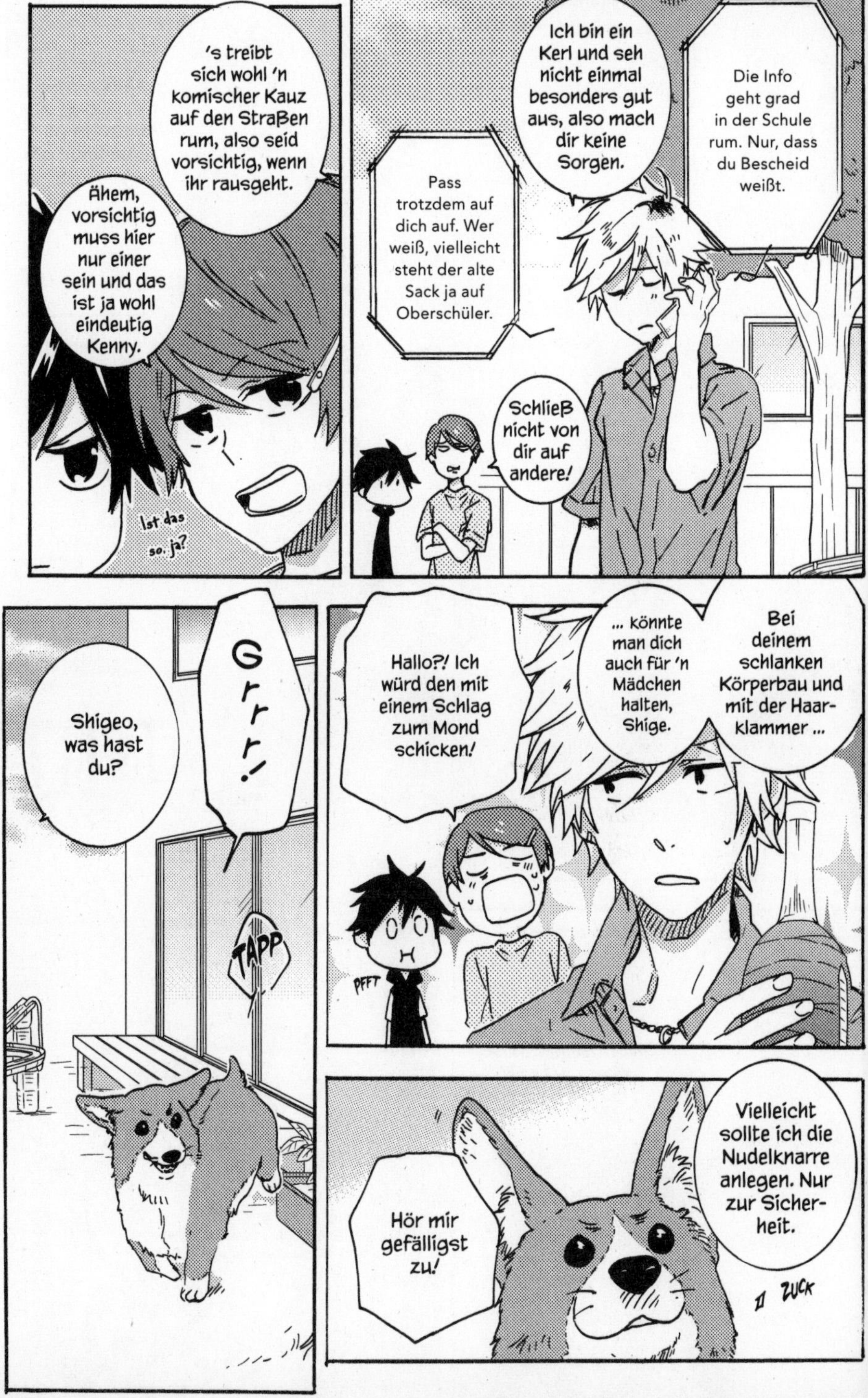
Die Info geht grad in der Schule rum. Nur, dass du Bescheid weißt.
Ich bin ein Kerl und seh nicht einmal besonders gut aus, also mach dir keine Sorgen.
Pass trotzdem auf dich auf. Wer weiß, vielleicht steht der alte Sack ja auf Oberschüler.
Schließ nicht von dir auf andere!
's treibt sich wohl 'n komischer Kauz auf den Straßen rum, also seid vorsichtig, wenn ihr rausgeht.
Ähem, vorsichtig muss hier nur einer sein und das ist ja wohl eindeutig Kenny.
Ist das so, ja?
Bei deinem schlanken Körperbau und mit der Haarklammer ...
... könnte man dich auch für 'n Mädchen halten, Shige.
Hallo?! Ich würd den mit einem Schlag zum Mond schicken!
PFFT
Shigeo, was hast du?
Grrr!
TAPP
Vielleicht sollte ich die Nudelknarre anlegen. Nur zur Sicherheit.
ZUCK
Hör mir gefälligst zu!

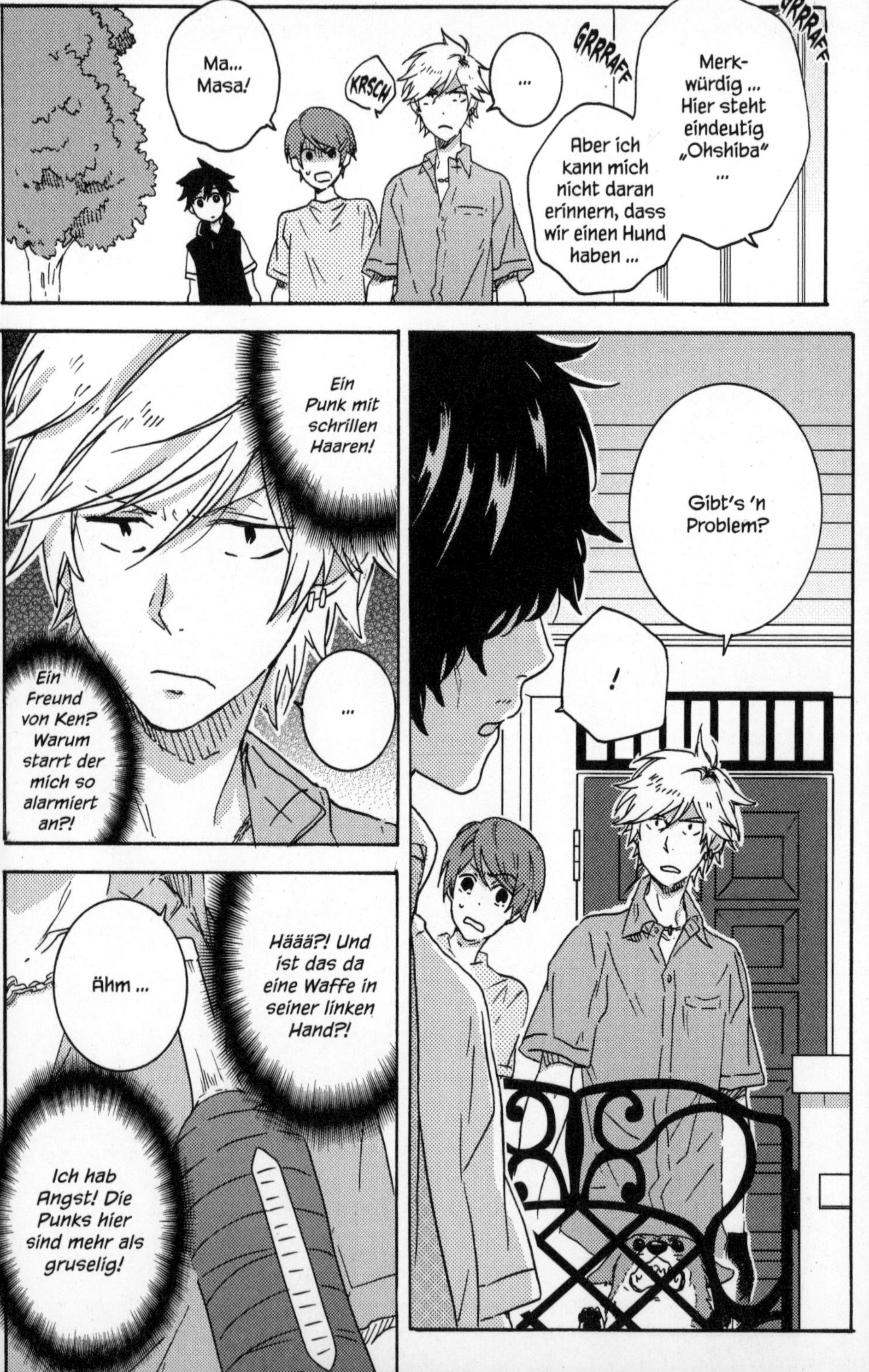
GRRRAFF
GRRRAFF
Merk-würdig ... Hier steht eindeutig „Ohshiba" ...
Aber ich kann mich nicht daran erinnern, dass wir einen Hund haben ...
...
KRSCH
Ma... Masa!
Gibt's 'n Problem?
!
Ein Punk mit schrillen Haaren!
...
Ein Freund von Ken? Warum starrt der mich so alarmiert an?!
Häää?! Und ist das da eine Waffe in seiner linken Hand?!
Ähm ...
Ich hab Angst! Die Punks hier sind mehr als gruselig!

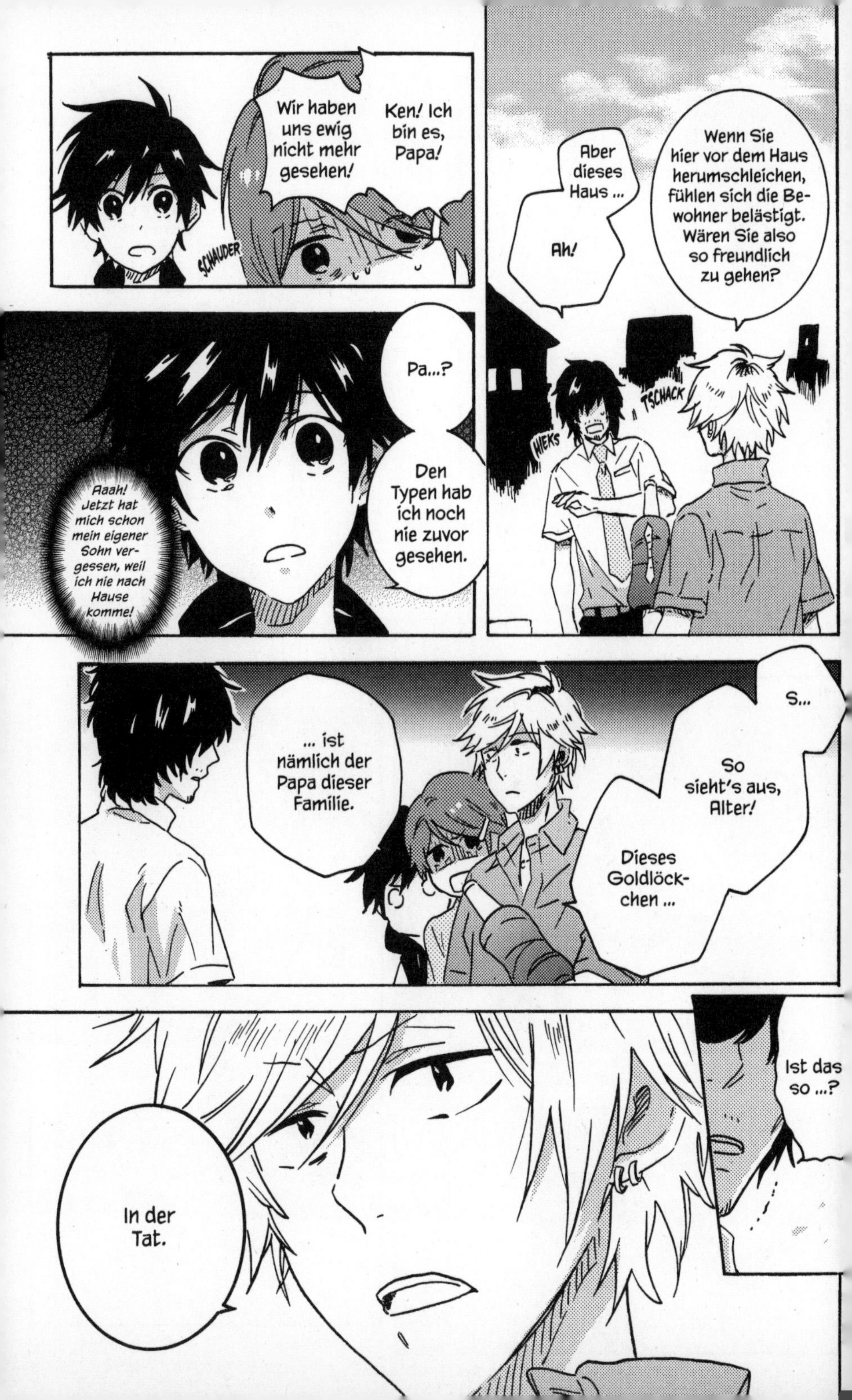
Wenn Sie hier vor dem Haus herumschleichen, fühlen sich die Bewohner belästigt. Wären Sie also so freundlich zu gehen?
Aber dieses Haus ...
Ah!
TSCHACK
HIEKS
Ken! Ich bin es, Papa!
Wir haben uns ewig nicht mehr gesehen!
SCHAUDER
Pa...?
Den Typen hab ich noch nie zuvor gesehen.
Aaah! Jetzt hat mich schon mein eigener Sohn vergessen, weil ich nie nach Hause komme!
S...
So sieht's aus, Alter!
Dieses Goldlöckchen ...
... ist nämlich der Papa dieser Familie.
Ist das so ...?
In der Tat.

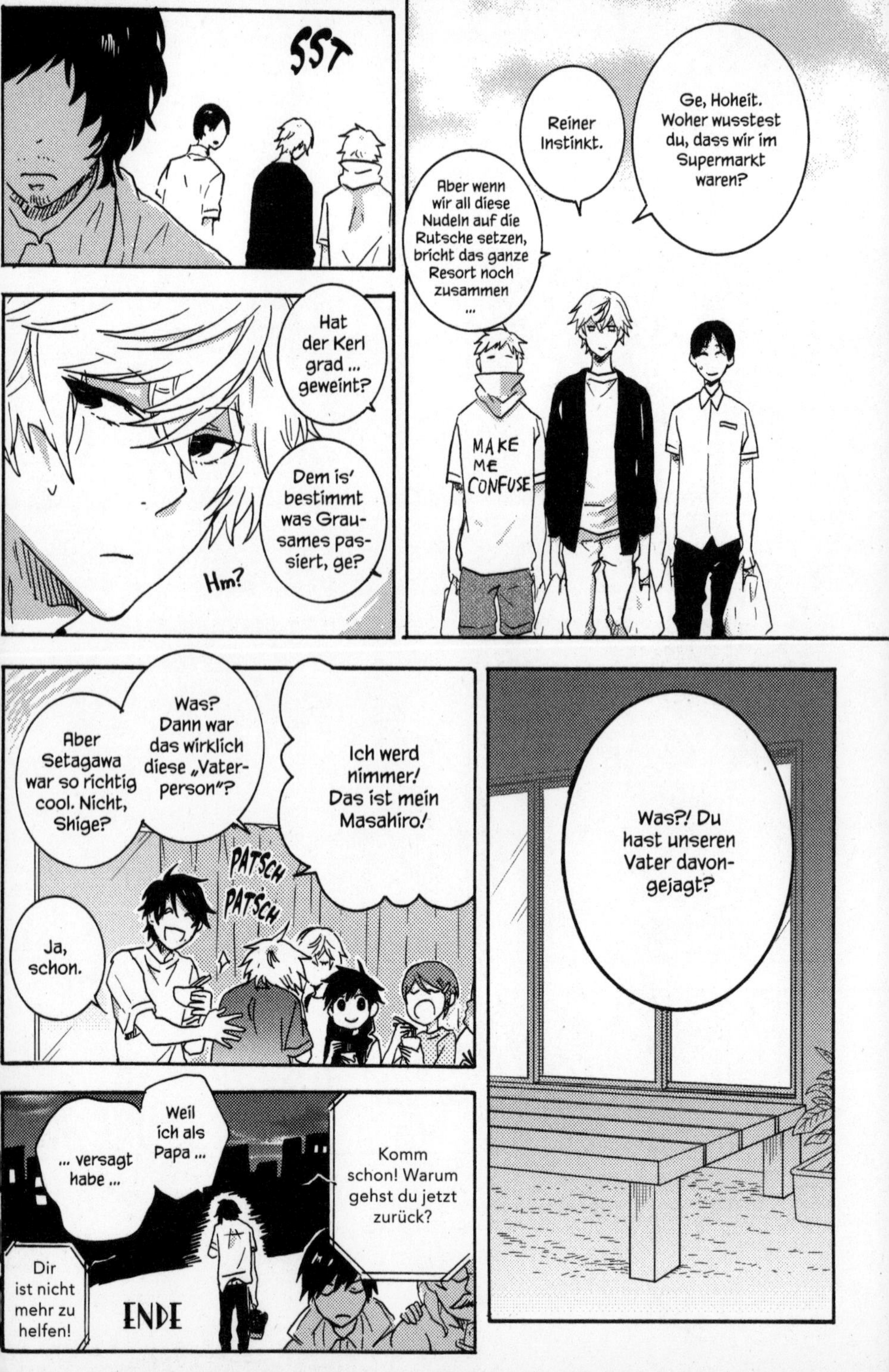
Ge, Hoheit. Woher wusstest du, dass wir im Supermarkt waren?
Reiner Instinkt.
Aber wenn wir all diese Nudeln auf die Rutsche setzen, bricht das ganze Resort noch zusammen ...
MAKE ME CONFUSE
SST
Hat der Kerl grad ... geweint?
Dem is' bestimmt was Grausames passiert, ge?
Hm?
Was?! Du hast unseren Vater davongejagt?
Ich werd nimmer! Das ist mein Masahiro!
PATSCH PATSCH
Was? Dann war das wirklich diese „Vaterperson"?
Aber Setagawa war so richtig cool. Nicht, Shige?
Ja, schon.
Komm schon! Warum gehst du jetzt zurück?
Weil ich als Papa ...
... versagt habe ...
Dir ist nicht mehr zu helfen!
ENDE

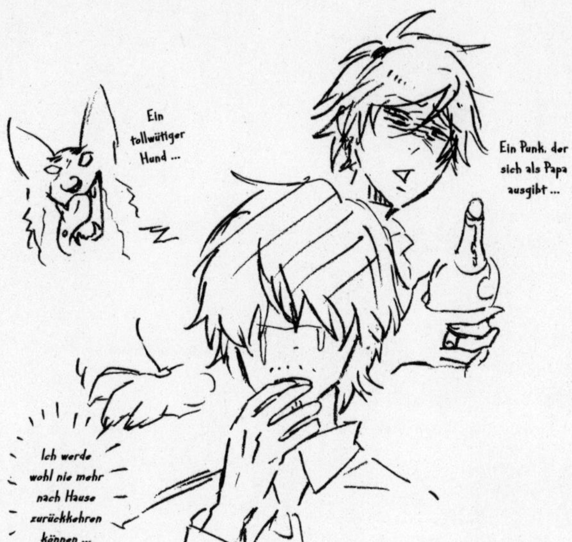
Ein tollwütiger Hund ...
Ein Punk, der sich als Papa ausgibt ...
Ich werde wohl nie mehr nach Hause zurückkehren können ...

HITORIJIME
MY HERO

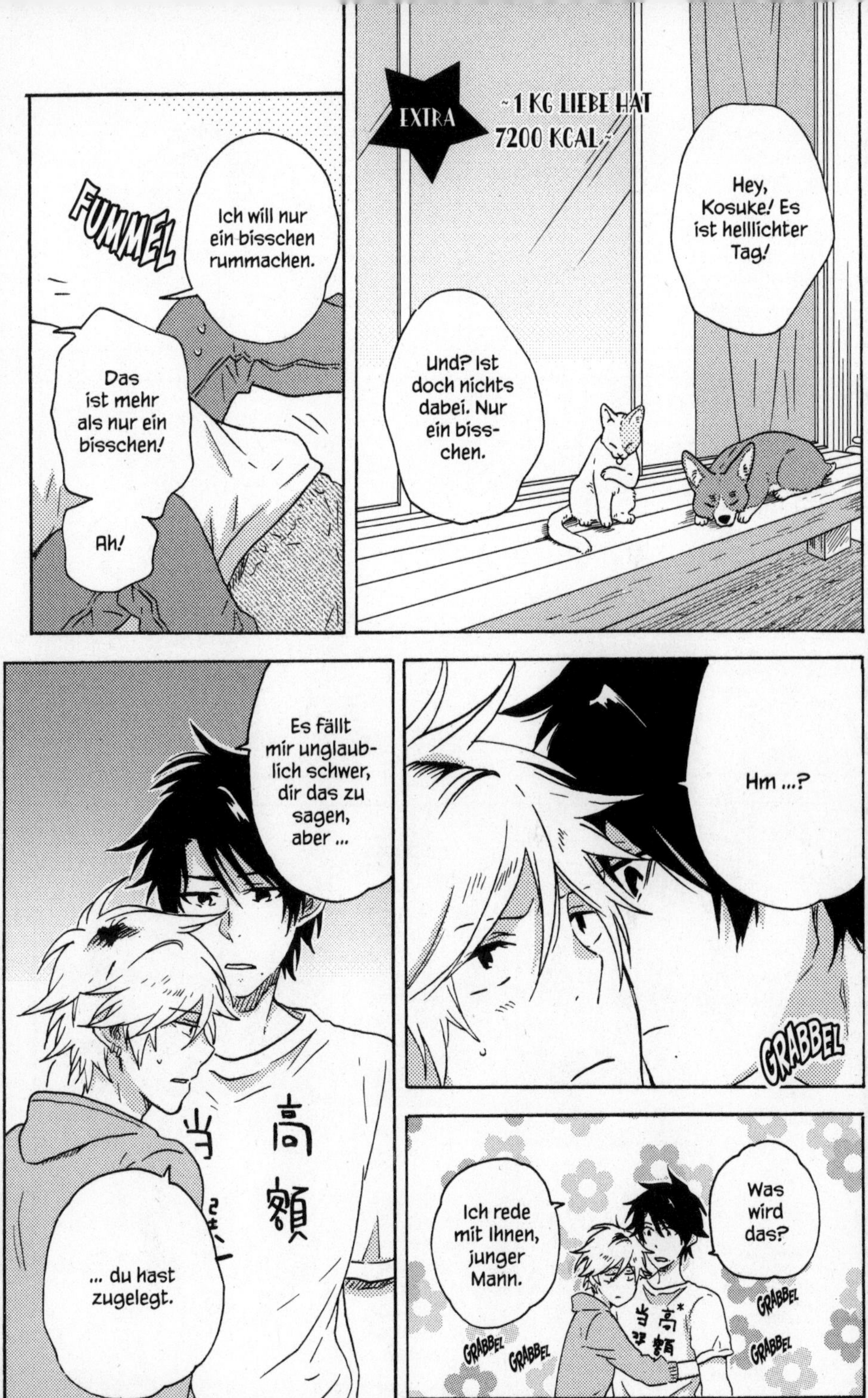

* Kostspielige Wahl

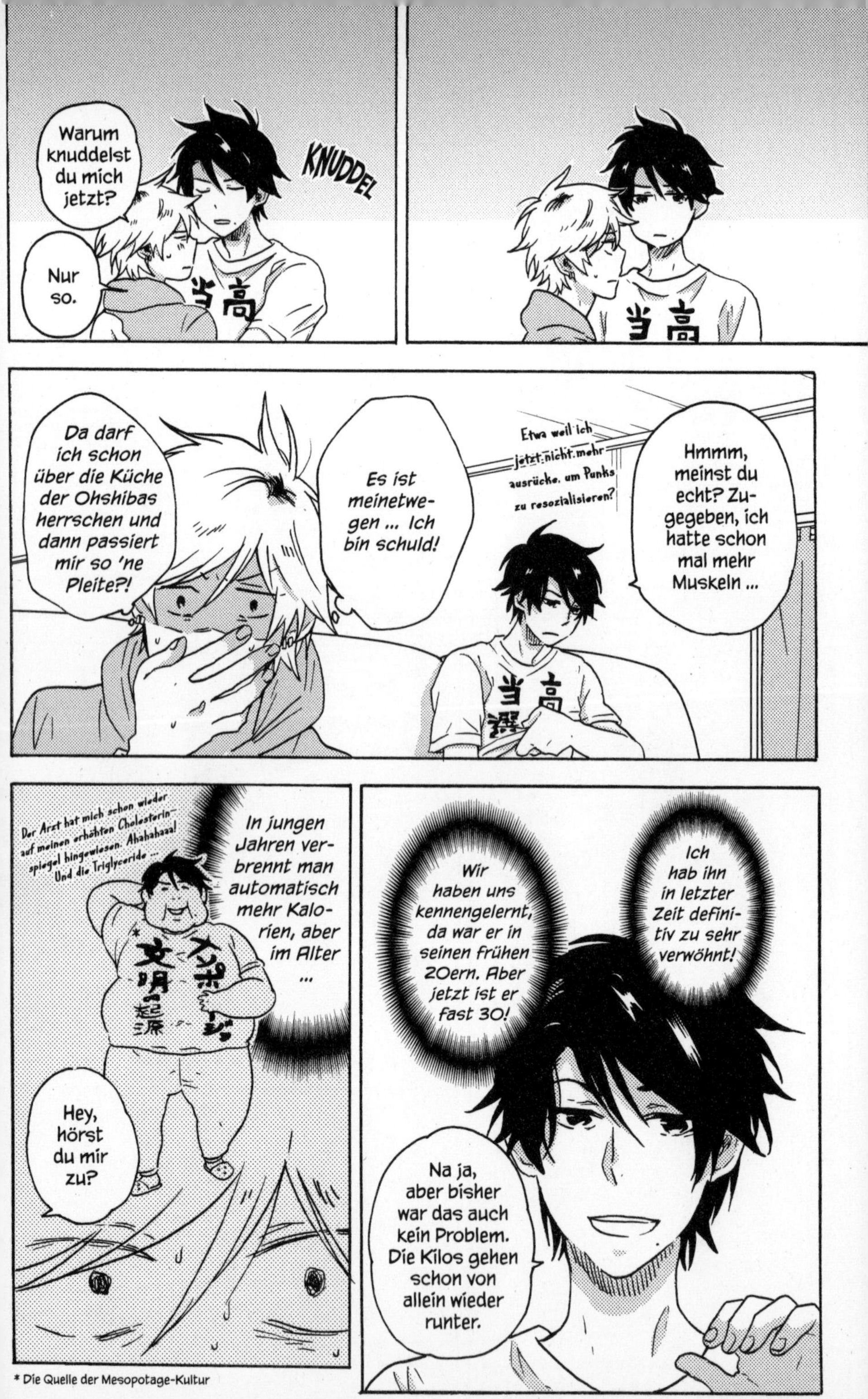

* Die Quelle der Mesopotage-Kultur

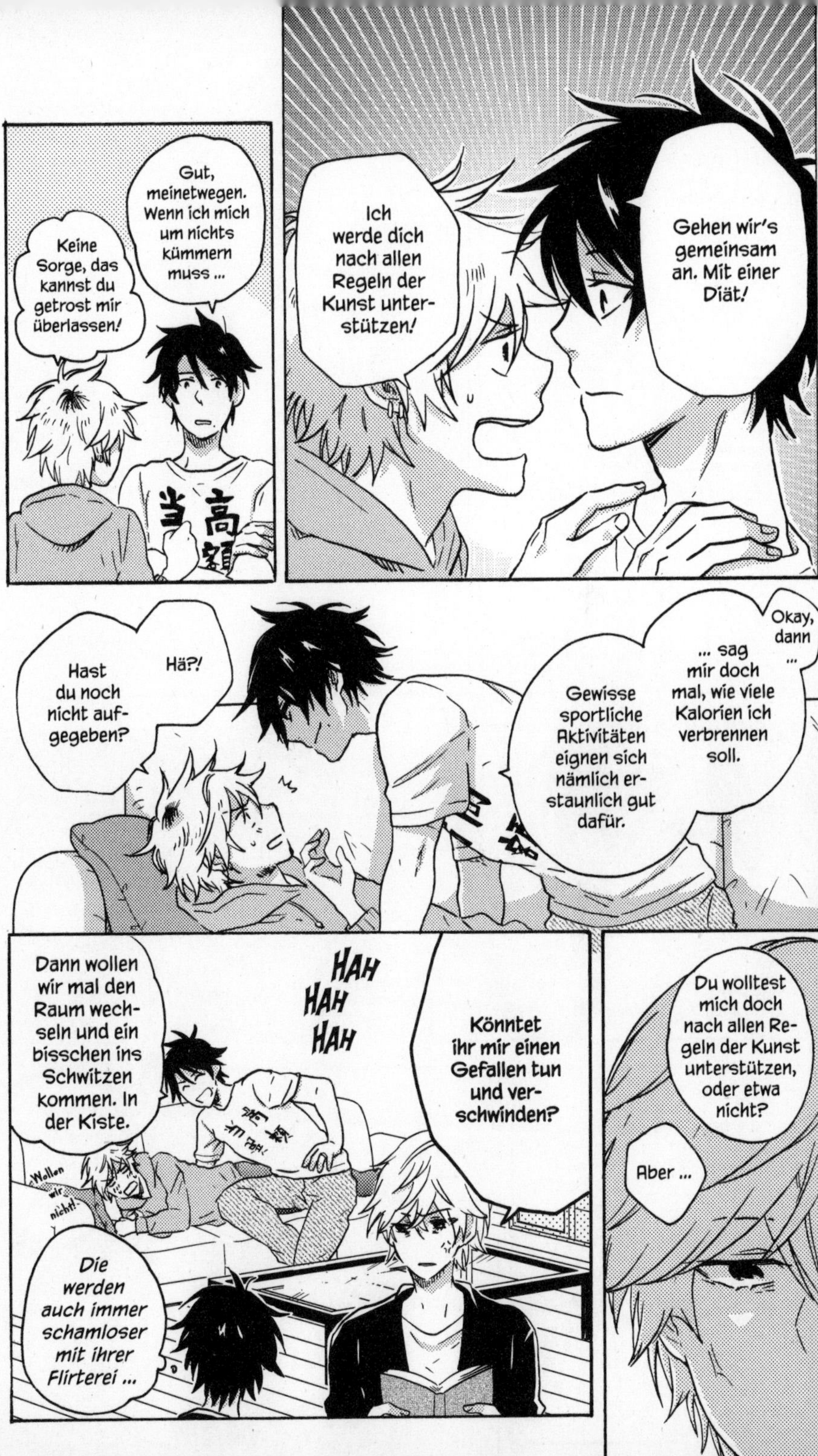
Gehen wir's gemeinsam an. Mit einer Diät!
Ich werde dich nach allen Regeln der Kunst unterstützen!
Gut, meinetwegen. Wenn ich mich um nichts kümmern muss ...
Keine Sorge, das kannst du getrost mir überlassen!
Okay, dann ...
... sag mir doch mal, wie viele Kalorien ich verbrennen soll.
Gewisse sportliche Aktivitäten eignen sich nämlich erstaunlich gut dafür.
Hä?!
Hast du noch nicht aufgegeben?
Du wolltest mich doch nach allen Regeln der Kunst unterstützen, oder etwa nicht?
Aber ...
Dann wollen wir mal den Raum wechseln und ein bisschen ins Schwitzen kommen. In der Kiste.
HAH HAH HAH
Wollen wir nicht!
Könntet ihr mir einen Gefallen tun und verschwinden?
Die werden auch immer schamloser mit ihrer Flirterei ...

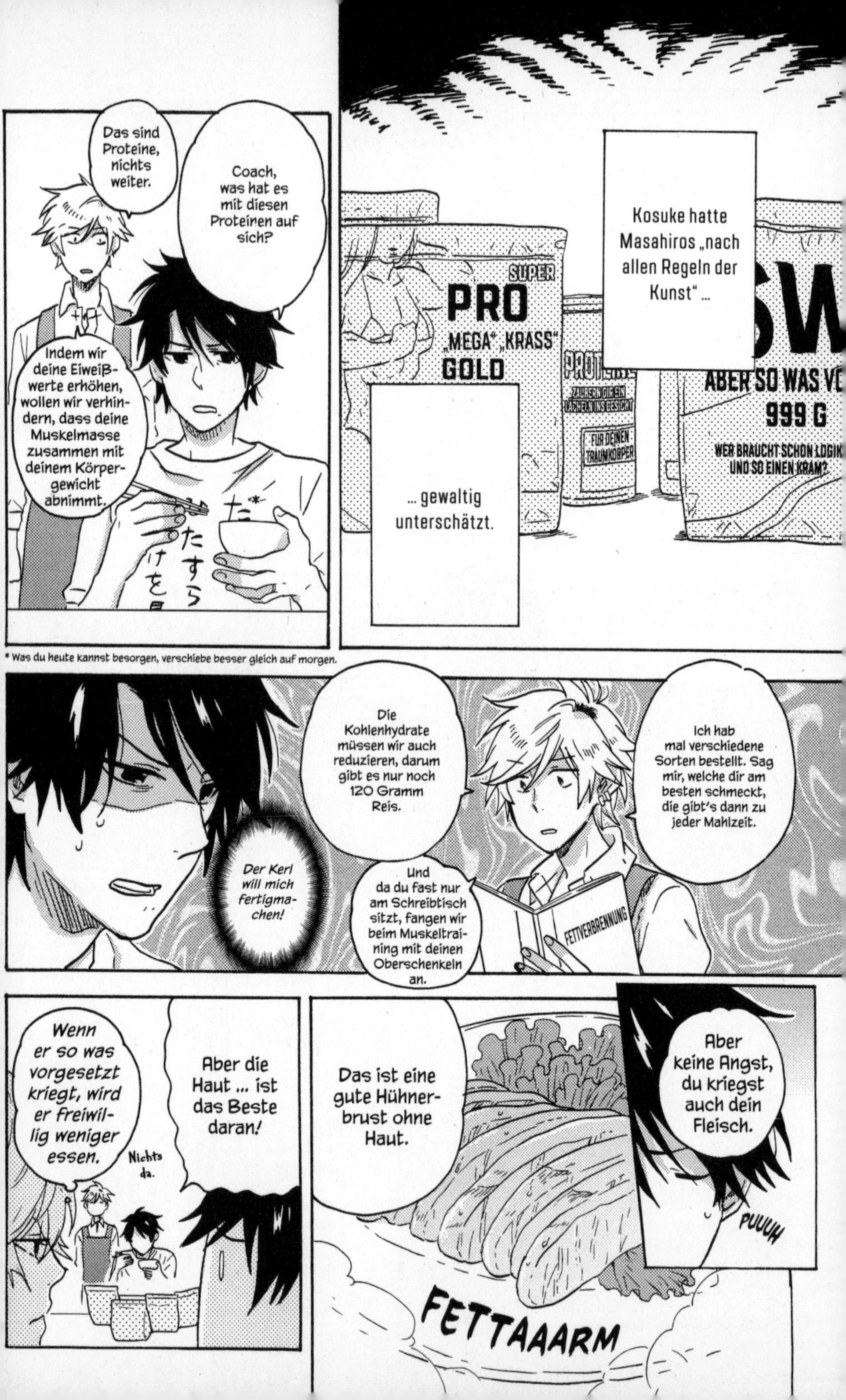

* Was du heute kannst besorgen, verschiebe besser gleich auf morgen.

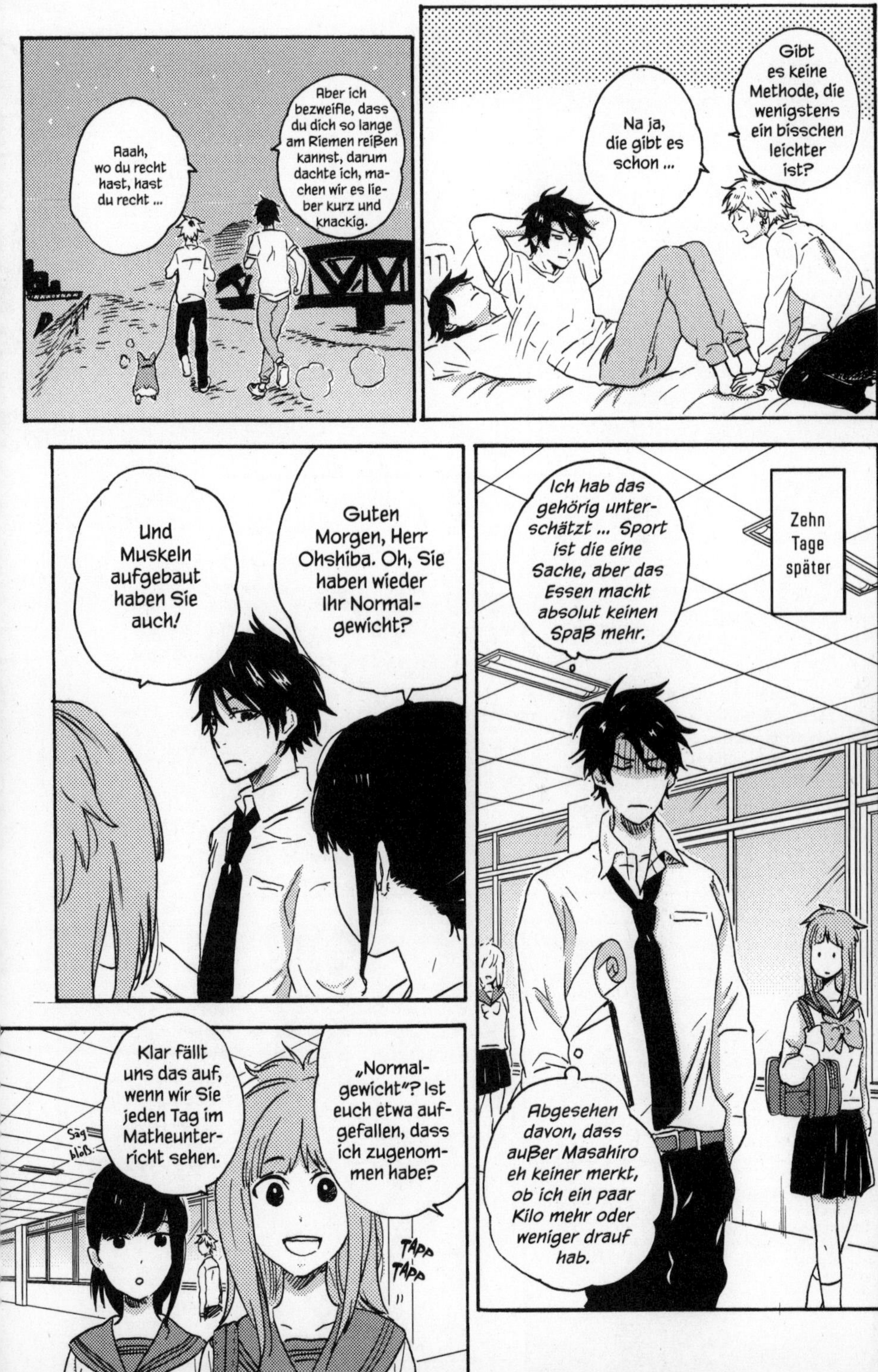
Gibt es keine Methode, die wenigstens ein bisschen leichter ist?
Na ja, die gibt es schon ...
Aber ich bezweifle, dass du dich so lange am Riemen reißen kannst, darum dachte ich, machen wir es lieber kurz und knackig.
Aaah, wo du recht hast, hast du recht ...
Zehn Tage später
Ich hab das gehörig unterschätzt ... Sport ist die eine Sache, aber das Essen macht absolut keinen Spaß mehr.
Abgesehen davon, dass außer Masahiro eh keiner merkt, ob ich ein paar Kilo mehr oder weniger drauf hab.
Guten Morgen, Herr Ohshiba. Oh, Sie haben wieder Ihr Normalgewicht?
Und Muskeln aufgebaut haben Sie auch!
„Normalgewicht"? Ist euch etwa aufgefallen, dass ich zugenommen habe?
TAPP TAPP
Klar fällt uns das auf, wenn wir Sie jeden Tag im Matheunterricht sehen.
Sag bloß.

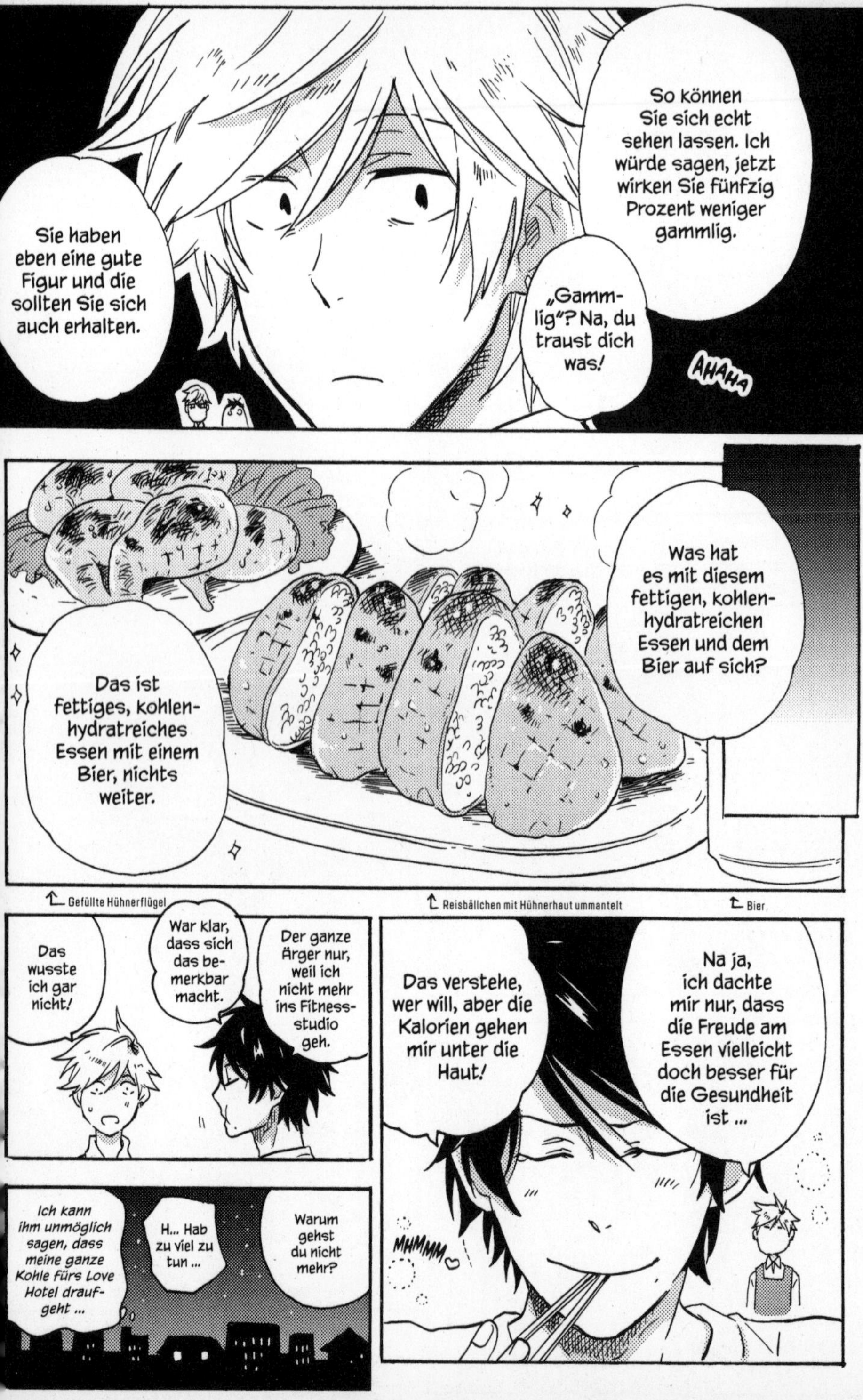
So können Sie sich echt sehen lassen. Ich würde sagen, jetzt wirken Sie fünfzig Prozent weniger gammlig.
„Gamm-lig"? Na, du traust dich was!
AHAHA
Sie haben eben eine gute Figur und die sollten Sie sich auch erhalten.
Was hat es mit diesem fettigen, kohlen-hydratreichen Essen und dem Bier auf sich?
Das ist fettiges, kohlen-hydratreiches Essen mit einem Bier, nichts weiter.
Gefüllte Hühnerflügel
Reisbällchen mit Hühnerhaut ummantelt
Bier
Na ja, ich dachte mir nur, dass die Freude am Essen vielleicht doch besser für die Gesundheit ist ...
Das verstehe, wer will, aber die Kalorien gehen mir unter die Haut!
MHMMM
Der ganze Ärger nur, weil ich nicht mehr ins Fitness-studio geh.
War klar, dass sich das be-merkbar macht.
Das wusste ich gar nicht!
Warum gehst du nicht mehr?
H... Hab zu viel zu tun ...
Ich kann ihm unmöglich sagen, dass meine ganze Kohle fürs Love Hotel drauf-geht ...

Erstveröffentlichung der Kapitel

Hitorijime my Hero #31	⟹ 2017 gateau* Juli-Ausgabe
Hitorijime my Hero #32	⟹ 2017 gateau August-Ausgabe
Hitorijime my Hero #32.5	⟹ 2017 gateau September-Ausgabe
Hitorijime my Hero #33.5	⟹ 2017 gateau November-Ausgabe
Hitorijime my Hero #33	⟹ 2018 gateau Januar-Ausgabe
Hitorijime Boyfriend #6	⟹ 2014 gateau Oktober-Ausgabe
Hitorijime Boyfriend #7	⟹ 2014 gateau November-Ausgabe
Hitorijime my Friend ~1~	⟹ 2017 gateau Februar-Ausgabe
Hitorijime my Friend ~2~	⟹ 2017 gateau März-Ausgabe
Hitorijime my Hero Zusatzkapitel	⟹ 2017 gateau Oktober-Ausgabe

* Japanisches Magazin des Ichijinsha-Verlags, in dem „Hitorijime my Hero" abgedruckt wird.

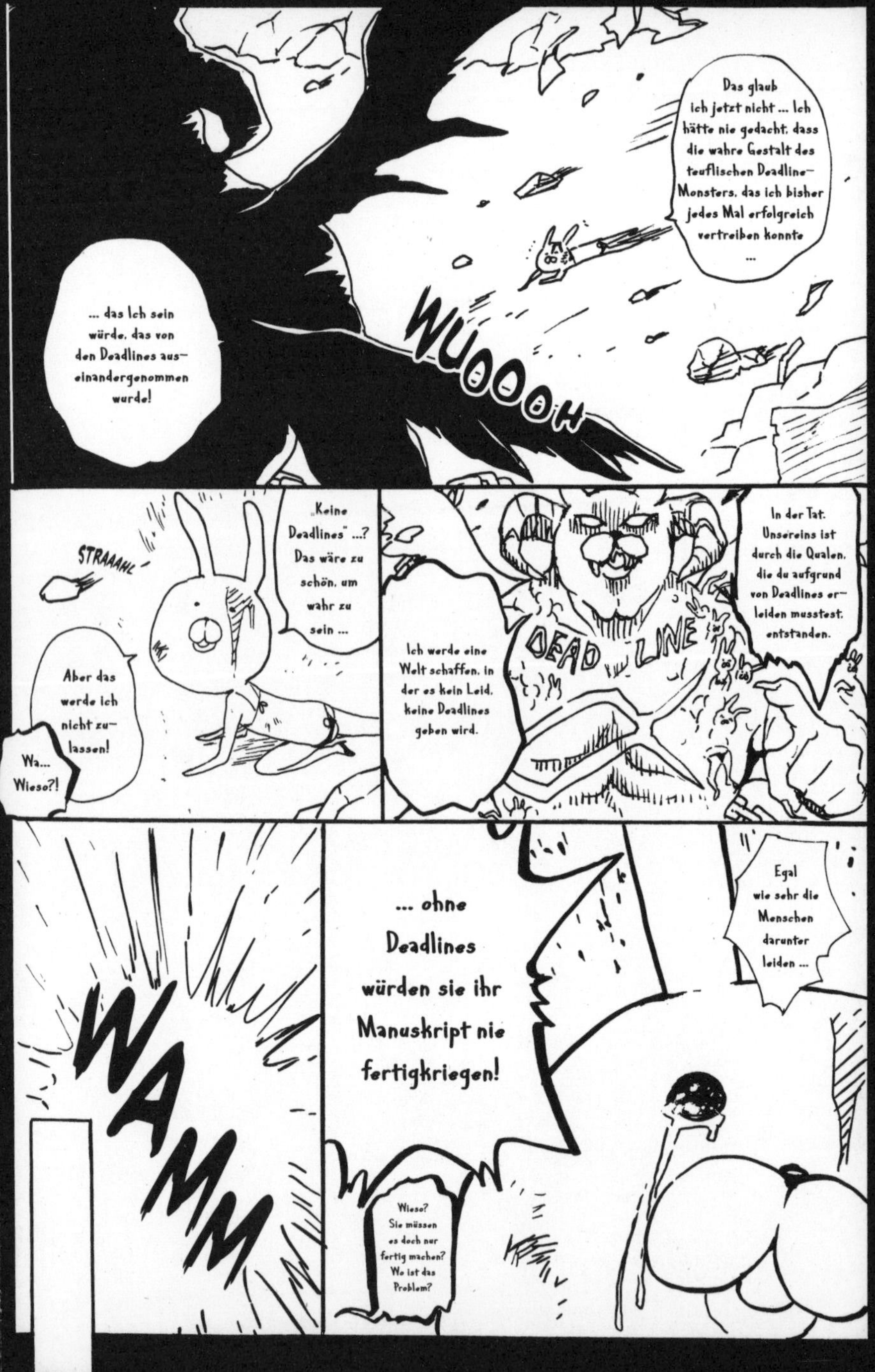
Das glaub ich jetzt nicht ... Ich hätte nie gedacht, dass die wahre Gestalt des teuflischen Deadline-Monsters, das ich bisher jedes Mal erfolgreich vertreiben konnte ...
... das Ich sein würde, das von den Deadlines auseinandergenommen wurde!
WUOOOOH
STRAAAHL
„Keine Deadlines" ...? Das wäre zu schön, um wahr zu sein ...
Aber das werde ich nicht zulassen!
Wa... Wieso?!
In der Tat. Unsereins ist durch die Qualen, die du aufgrund von Deadlines erleiden musstest, entstanden.
Ich werde eine Welt schaffen, in der es kein Leid, keine Deadlines geben wird.
DEAD LINE
WAMM
Egal wie sehr die Menschen darunter leiden ...
... ohne Deadlines würden sie ihr Manuskript nie fertigkriegen!
Wieso? Sie müssen es doch nur fertig machen? Wo ist das Problem?

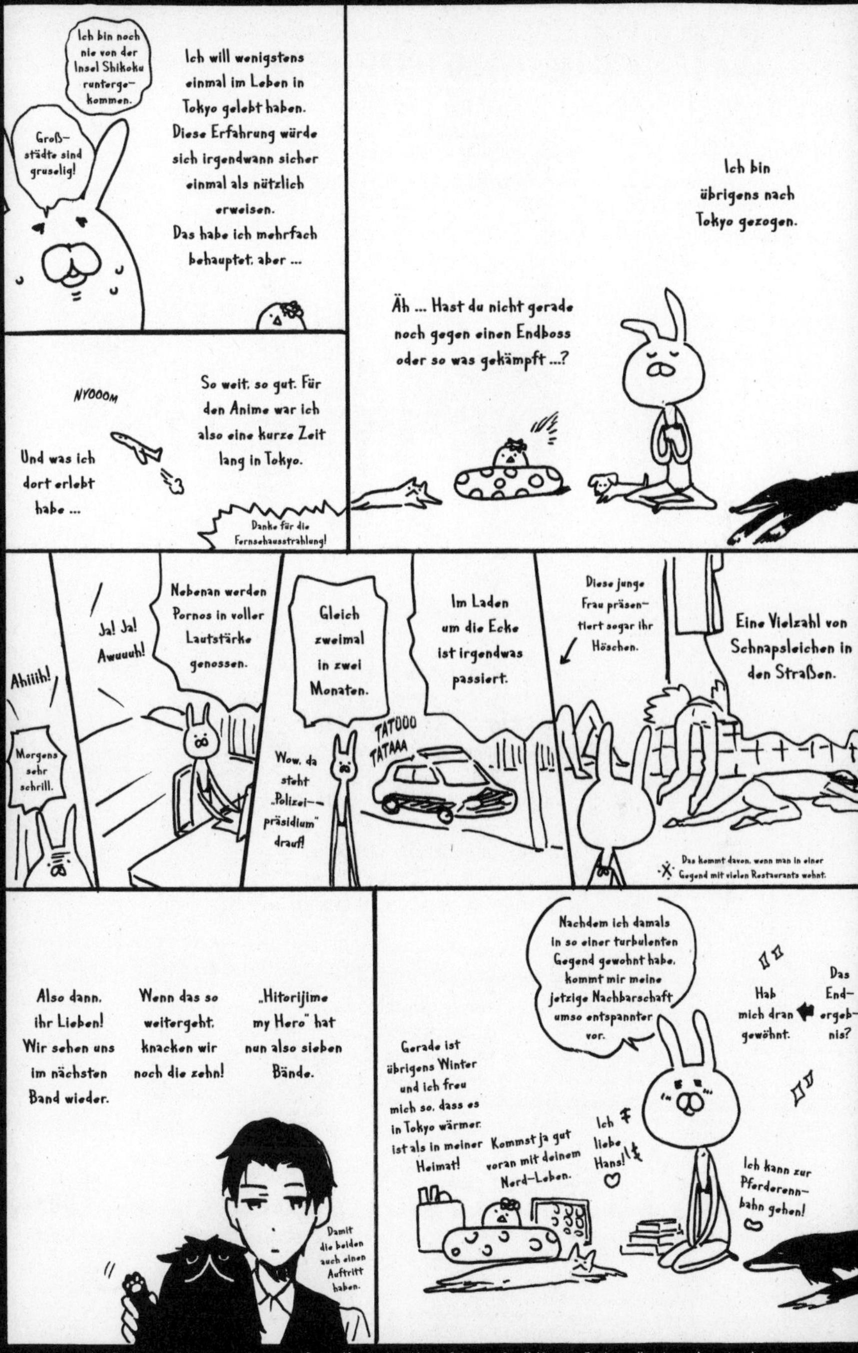

Danksagung → Mein Dank gilt der Redaktion; den Leuten vom Design; M und meiner kleinen Schwester fürs Helfen beim Zeichnen; allen, die am Anime beteiligt waren; und allen, die dieses Buch gelesen haben!

STOPP!

STOPP! DIES IST DIE LETZTE SEITE!

HITORIJIME MY HERO ist ein Manga, und einen japanischen Comic liest man von hinten nach vorne. Auch die Lesereihenfolge der Bilder und Sprechblasen auf den Seiten ist anders als gewohnt: von rechts oben nach links unten.

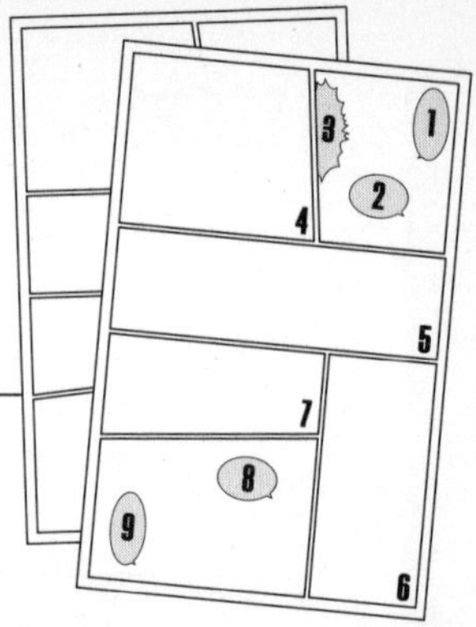

HITORIJIME MY HERO 07

von
Memeco Arii

1. Auflage, 2023
Deutsche Ausgabe/German Edition

Inh. Andreas Mergenthaler | Verlagsleitung: Luciana Bawidamann

Aus dem Japanischen von Carina Dallmeier

Programmleitung: Alexandra Grimsehl
Redaktion: Denise Hedrich
Lektorat: Matthias Höhne
Korrektorat: Katharina Altreuther
Grafik/Produktionsleitung: Elke Epple
Layout und Lettering: Manga Cult, Datagrafix GSP GmbH, Berlin
Druck: GGP Media GmbH, Pößneck

Print-ISBN: 978-3-96433-632-3

www.manga-cult.de | Juli 2023